님께

드림

내 편이 아니라도
적을 만들지 마라

내 편이 아니라도
적을 만들지 마라

적 을 만 들 지 않 는 사 람 이 성 공 한 다

스샤오옌 지음 | 양성희 옮김

㈜다연
DAYEONBOOK

차례

chapter3 때와 장소를 가려 타인을 대하는 훌륭한 태도

chapter4 성공적인 인간관계를 위한 지혜

chapter5 바른 의지를 위한 마음가짐

우리는 미래를 위해 당장의 희생을 감수하라고 강요받아왔다. 그러나 이런 논리에 따르면 영원히 현재는 사라지고 오직 미래만 존재하게 된다. 현재의 즐거움을 포기해야 한다고 하지만 앞으로도 영원히 즐거움을 누릴 수 없다. 우리가 미래라고 말하는 그날이 되면 그 순간 그것은 더 이상 미래가 아니라 현재가 된다. 그 현재 속에서 우리는 그 순간의 미래를 준비해야 한다. 이렇게 내일은 계속 다가오지만 그 미래의 오늘 속에서 우리는 항상 내일을 준비해야 한다. 우리는 영원히 행복할 수 없다.

chapter 1

행복한 인간관계를 위한 충고

01 좋은 말은 한겨울에도 따뜻함을 주고 악한 말은 한여름에도 한기를 느끼게 한다

사람은 누구나 칭찬을 받으면 매우 좋아한다. 남에게 비난받고 싶어하는 사람은 아무도 없다. 사람은 아주 작은 칭찬에도 큰 용기와 자신감을 얻어 더욱 분발할 수 있다.

칭찬은 특히 여자들에게 더 큰 힘을 발휘한다. 여자들은 대부분 매우 감성적이기 때문이다.

작가 리안과 그의 부인 몽스의 결혼기념일은 2월 23일이다. 리안은 '나는 영원히 우리 부부의 결혼기념일을 잊지 않을 거요. 워싱턴이 태어난 바로 다음 날이니 말이오'라고 말했다. 그러나 아내 몽스는 '나는 영원히 워싱턴의 생일을 잊을 수 없을 거예요. 바로 우리 결혼기념일 전날이니까요'라고 말했다.

프랑스 남자들은 대부분 여자들에게 예의바르게 행동하고 칭찬을 하는 것이 습관화되어 있다. 프랑스 남자들은 예의상 한 번 칭찬하는 게 아니라 하룻밤에도 수십, 수백 번 아름다운 말을 쏟아낸다. 프랑스 남자라면 거의 예외가 없다. 프랑스 남자들은 교양, 특히 칭찬의 중요성을 잘 알고 있기 때문이다.

칭찬은 결혼한 사람들이 행복한 가정을 유지하는 데 꼭 필요한 요소이다. 모든 아내와 남편들은 상대방을 칭찬하고 격려할 줄 알아야 한다. 칭찬만큼 아름다운 결혼생활을 보장해줄 수 있는 것은 없을 것이다.

어느 날 밤, 피에르 경은 노년에 접어든 아내와 함께 런던에서 열리는 영화인 파티에 참석했다. 두 사람이 파티장으로 들어서자 피에르 경은 곧 젊고 아름다운 여성들에게 둘러싸였다. 이 아름다운 여배우들은 위대하고 대단한 영향력을 지닌 비평가에게 좋은 인상을 남기고 싶어했다. 그러나 피에르 경은 미녀들을 외면하고 곁에 있는 아내를 끌어당기며 말했다.

"사랑하는 여보, 우리 어디 좀 조용한 곳으로 가서 앉읍시다. 오늘 밤 당신 유난히 아름답군. 난 아름다운 당신을 혼자 독차지하고 싶소."

피에르 경의 말은 어쩌면 노년에 접어든 아내에게 보낼 수 있는 최대의 찬사였을 것이다. 모든 여자들이 부러운 시선으로 피에르 경의 아내를 쳐다보았다.

칭찬은 어린아이들에게 더욱 중요하다. 아이들은 칭찬과 격려를 받으면 자신감이 높아져 훌륭하게 성장, 발전할 수 있다. 어린아이들은 세상에 태어나 처음 겪는 낯선 상황에 대한 두려움 때문에 의지가 꺾이기 쉽기 때문에 자신감을 심어주지 않으면 어떤 상황을 이겨내기 힘들다. 아주 사소한 것이라도 자주 칭찬해주면 올바른 인격을 키우고 숨겨진 재능을 계발하는 데 큰 도움이 된다.

한 젊은 어머니가 깊이 뉘우치며 자신의 잘못을 털어놓았다. 그녀는 아이가 실수를 할 때마다 항상 크게 꾸짖곤 했다. 한번은 아이가 하루 종일 아무 잘못도 하지 않은 날이 있었다. 그날 밤, 어머니는 아이를 재우고 방을 나오다가 아이의 울음소리를 들었다. 그녀는 얼른 몸을 돌려 아이 방을 엿보았다. 아이는 베개에 머리를 파묻고 눈물을 닦으며 "난 오늘도 착한 아이가 아니었단 말이야?"라고 중얼거렸다.

그녀는 말했다.

"아이의 말 한 마디에 나는 마치 감전된 것처럼 온몸을 부르르 떨었습니다. 나는 아이가 잘못을 저질렀을 때, 항상 크게 꾸짖었습니다. 그러나 아이가 최선을 다해 착한 일을 했을 때는 전혀 그 사실을 알아차리지 못했습니다. 나는 아이를 재우면서 칭찬 한 마디 해주지 않았던 것입니다."

THE WISDOM OF LIFE

칭찬은 인간관계에 윤활유 역할을 한다. 다른 사람을 칭찬하는 것은 곧 나 자신을 분발시키는 일이기도 하다.

모든 일에 여지를 남겨두어야
극단적인 상황을 피할 수 있다

세상에는 근본적으로 변화를 예측할 수 없는 일들이 아주 많다. 그러므로 어떤 일도 단정적으로 말해서는 안 된다. 여지를 남겨두어야 일이 잘못되어도 다시 되돌릴 수 있다.

춘추시대, 제나라 재상을 지낸 맹상군 수하에 세심하고 치밀하게 생각할 줄 아는 풍훤이라는 식객이 있었다. 어느 날 맹상군은 풍훤에게 자신의 봉지 설薛에 가서 빌려준 돈의 이자를 거두어오라고 명령했다. 설로 떠나기 전, 풍훤이 맹상군에게 물었다.

"이자를 거두어들인 후 무엇을 사가지고 돌아올까요?"

맹상군이 대답했다.

"집안에 뭐가 필요한지 살펴보고 자네가 알아서 필요한 것을 사오도록 하게."

설에 도착한 풍훤은 이자를 낼 능력이 되는 사람에게는 이자를 받고, 형편이 어려워 이자를 낼 수 없는 사람에게는 이자를 면제해주었다. 그리고 그 자리에서 바로 차용증을 불태워버렸다. 그러자 백성들은 기쁨을 감추지 못하며 일제히 "맹상군 만세!"를 외쳤고, 맹상군의 은혜에 보답하겠노라고 다짐했다.

풍훤은 제나라로 돌아와 맹상군에게 결과를 보고했다. 풍훤은 비록 이자는 얼마 거두어들이지 못했지만 그보다 훨씬 더 중요한 백성들의 마음을 가지고 돌아왔다고 말하고는 부디 너그럽게 이해해달라고 간청했다. 맹상군은 엄청난 이자 손해 때문에 화가 났지만 이미 엎질러진 물이니 화를 내봤자 소용없다고 생각했다. 이렇게 해서 이자 사건은 조용히 마무리되었다.

1년 후 맹상군은 제나라 왕에게 미움을 받아 관직에서 쫓겨나 고향이나 다름없는 설로 돌아왔다. 설에 도착한 맹상군은 뜻밖에 길을 가득 메우고 있는 환영 인파를 보고 놀라움과 감동을 감출 수 없었다. 날개 잃은 자신을 이렇게 환영해주는 곳이 있다니! 맹상군의 상처받은 영혼은 이것으로 충분히 위로를 받았다. 그리고 그제야 풍훤이 얼마나 지혜롭고 사려 깊은 사람인지 알게 되었다. 맹상군은 풍훤을 불러 크게 칭찬하고 더욱 중용했다.

그러나 풍훤은 여기에 만족하지 않고 또 다른 계책을 내놓았다.

"주공, 아직 기뻐하시기는 이릅니다. 지금 설땅은 주공의 확실한 근거지가 되었지만 이것은 시작에 불과합니다. 속담에 이르길 '총명한 토끼는 굴을 세 개 판다'라고 했습니다. 이것은 더 안전하고 더 오랫동안 목숨

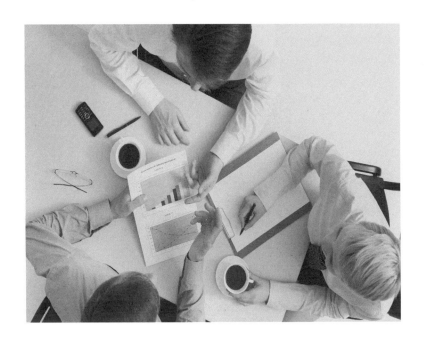

을 보전하기 위한 것입니다. 주공은 아직 굴이 한 개밖에 없습니다. 어서 빨리 또 다른 굴을 파두어야 합니다."

총명한 토끼는 굴을 세 개 판다. 만약 지금 살고 있는 굴이 위험해지면, 다른 굴로 피신하여 시간을 벌고 안전하게 훗날을 도모하기 위함이다. 이는 다양한 방법으로 앞날을 대비해두어야 예측할 수 없는 모든 불행에 대처할 수 있음을 강조하는 말이다. 맹상군은 풍훤의 말에 깊이 동감하여 곧바로 행동을 개시했다.

먼저 풍훤이 진땅에 있는 위나라 혜왕을 만나 다소 과장을 곁들여 맹상군을 소개하고는 마지막으로 이렇게 덧붙였다.

"이토록 훌륭한 인물을 기용하는 나라는 반드시 크게 흥할 것입니다."

혜왕은 풍훤의 말에 설복되어 맹상군을 대장군에 임명했다. 한편 이 소식을 들은 제나라 왕은 자기 나라의 인재를 다른 나라에 넘겨줄 수 없다고 생각하여 즉시 사람을 보내 맹상군을 다시 불러들이고는 재상으로 임명하였다.

풍훤의 계획은 여기서 끝나지 않았다. 그는 다시 맹상군에게 권했다.

"제나라 왕에게 청하여 설에 왕실 종묘를 건립하도록 하십시오."

얼마 후 설에 왕실 종묘가 건립되자 풍훤은 매우 기뻐하여 말했다.

"주공은 이제 제나라, 위나라, 설에 모두 근거지를 마련했으니, 큰 걱정이 없습니다!"

이후로 맹상군은 풍훤의 예언대로 평생 평안한 삶을 보냈다.

THE WISDOM OF LIFE

모든 일에는 충분한 여지를 남겨두어야 극단적인 상황을 피할 수 있다. 처세법에서도 마찬가지이다. 인간관계 중에 여지를 남겨두지 않으면 진퇴양난의 위기에 빠질 수 있다. 이것은 오늘날처럼 복잡한 현대사회에 꼭 필요한 처세술이다.

03 우리는 과거도 미래도 아닌, 바로 오늘을 산다

어제는 이미 과거가 되었고 내일은 아직 미래일 뿐이다. 중요한 것은 과거도 미래도 아닌 현재, 오늘이다. 우리는 오늘, 지금 이 순간에 살고 있기 때문이다. 그러므로 우리는 현재 속에서 삶의 의미를 찾아야 하며 지금 가지고 있는 것에서 행복을 찾아야 한다.

부자와 가난뱅이가 행복에 대해 각자의 생각을 말했다.

먼저 가난뱅이가 말했다.

"행복은 바로 지금 이 순간을 의미하오."

그러자 부자는 가난뱅이의 초가집과 낡아빠진 옷을 힐끗 쳐다보고 비웃듯 말했다.

"이런 것이 행복이라고? 나의 행복은 호화로운 대저택과 수천 명의 하인들이오."

그런데 어느 날 부자의 대저택에 큰 불이 났다. 부자의 대저택은 눈 깜짝할 새에 잿더미가 되었고, 하인들은 모두 뿔뿔이 도망갔다. 부자는 하룻밤 새에 알거지가 되었다.

불볕더위가 기승을 부리던 어느 여름날, 예전에 부자였던 거지가 땀을 비 오듯 흘리며 가난뱅이 집에 찾아와 물 한 바가지를 구걸했다. 가난뱅이는 큰 그릇에 맑고 시원한 물을 가득 담아 거지에게 주며 물었다.

"지금 당신은 행복이 무엇이라고 생각하시오?"

거지는 간절한 눈빛으로 대답했다.

"행복은 당신이 들고 있는 물바가지 속에 있습니다."

시카고 트리뷴지의 칼럼니스트 데이비드 그레싱은 말했다.

"현재를 완전히 내 것으로 만들지 못하면 그 인생은 내 것이 아니다. 현재를 즐기지 못하는 그 인생은 영원히 즐길 수 없다. 현재에 현명하게 대처하지 못하는 사람은 영원히 현명하게 행동할 수 없다. 과거는 이미 지나가버렸고 미래는 누구도 예측할 수 없기 때문이다."

지혜로운 사람은 인생의 의미를 정확히 알고 있기 때문에 탐욕을 이겨내고 어떤 유혹에도 흔들리지 않으며 모든 고통과 번뇌를 떨쳐버릴 수 있다. 지혜로운 사람은 시간을 황금보다 소중히 여기고 삶의 질과 인생의 가치를 높이기 위해 끊임없이 노력하며, 사회에 봉사하고 희생하여 세상을 아름답게 만든다. 반대로 어리석은 사람은 평생 무지를 벗어나지 못하며 부귀영화를 탐하느라 온갖 고통과 번뇌 속에서 너무 빨리 인생을 소모해버린다.

어제는 이미 과거가 되었고 내일은 아직 미래일 뿐이다. 중요한 것은 바로 오늘이다. 어제는 단지 기억 속에 존재할 뿐이며 시간이 지나감에 따라 이 기억도 점점 희미해진다. 내일은 단지 환상 속에 존재할 뿐이며 그 안에는 알 수 없는 불안과 고통이 가득하다.

지나간 일을 후회하고 미래를 걱정하느라 오늘을 제대로 살지 못하면 평생 과거와 환상에 갇혀 살 수밖에 없다. 후회와 걱정은 소중한 인생을 낭비하게 하는 안 좋은 감정이다. 후회하고 걱정한다고 해서 과거나 미래가 바뀌지는 않는다. 오히려 타성과 비관적인 감상에 젖어 현재를 망치게 할 뿐이다.

우리의 육체와 모든 감각은 현재에 존재하고 있다. 오로지 현재에서만 존재할 수 있다. 왜 자꾸 지나간 일을 후회하고 미래를 고민하는가? 아름다운 과거 혹은 반드시 반성해야 할 과거라도 너무 오랫동안 붙잡고 있으면 현재 생활에 좋지 않은 영향을 끼친다. 그만큼 현재의 비중이 줄어들 수밖에 없기 때문이다. 과거는 이미 지나갔고 더 이상 세상에 존재하지 않는다. 미래는 아직 오지 않았고 세상 어디에도 존재하지 않는다.

인생은 높은 산을 오르는 과정이다. 산에 오를 때 아래를 내려다보거나 너무 높은 곳을 쳐다보는 것은 좋지 않다. 시선이 너무 멀리 가 있으면 발걸음이 느려지기 때문이다. 산길은 평지와 다르기 때문에 걸음걸이에 신경 쓰지 않으면 돌부리에 걸려 넘어지기 쉽다. 어차피 알 수 없는 미래를 알려고 정력을 낭비하는 것은 정말 어리석은 짓이다.

옛날에 어느 왕이 지난날의 과오를 후회하고 다가올 미래를 걱정하느라 하루 종일 우울했다. 왕은 대신들에게 온 나라를 샅샅이 뒤져 가장 행복한 사람을 데려오라고 명령했다. 대신들은 수년 동안 나라 구석구석 안 가본 곳이 없을 만큼 돌아다녔다. 그러던 어느 날 가난한 농촌에 들어선 한 대신은 누군가의 행복한 노랫소리를 들었다. 소리를 따라가보니 그 주인공은 밭에서 쟁기질을 하고 나오는 농부였다.

대신이 농부에게 물었다.

"당신은 행복하오?"

농부가 대답했다.

"그럼요. 저는 행복하지 않은 날이 하루도 없습니다."

대신은 매우 기뻐하며 왕의 명령을 농부에게 전했다. 대신의 말을 들은 농부는 웃음을 참을 수 없었다. 그는 밝게 웃으며 말했다.

"나는 예전에 신발이 없어서 매우 상심한 적이 있었습니다. 그런데 어느 날 거리에서 발이 없는 사람과 마주쳤답니다."

행복이란 무엇인가? 행복이란 지금 내가 가진 모든 것을 소중히 여기는 것이다. 행복은 아주 간단하다.

월급이 적어서 고민하고 우울해하는 사람이 있었다. 그는 우연히 이웃집 아주머니가 회사에서 해고당한 사실을 알게 되었다. 그 순간 이 사람은 자기도 모르게 '난 참 다행이다' 라는 생각을 했다. 자신은 그래도 일할 수 있는 직장이 있지 않은가?

'비록 월급은 적지만 최소한 해고당하지 않았다.'

이렇게 생각하자 금방 기분이 좋아졌다.

사람들은 항상 자신의 고통만 볼 뿐 다른 사람의 고통에는 전혀 신경 쓰지 않는다. 아무리 고통스럽더라도 조금만 생각을 바꾸면 충분히 이겨낼 수 있다.

이렇게 해보라. 아주 기쁠 때는 자기보다 나은 사람을 보라. 나보다 훌륭하고 더 많이 갖춘 사람과 비교하면 더 크게 발전할 수 있다. 아주 괴롭고 우울할 때는 자기보다 못한 사람을 보라. 나보다 어려운 상황에 처한 사람을 보면 위안을 얻을 수 있다.

인간에게 가장 슬픈 일은 자신이 삶과 죽음의 갈림길에 놓여 있다는 것이 아니라 자기가 가지고 있는 것이 얼마나 소중한 것인지를 모른다는 사실이다.

옛날에 한 거지가 있었다. 이 거지는 사지가 멀쩡했지만 열심히 일할 생각은 하지 않고 매일 밥그릇 하나를 들고 다니며 구걸할 줄밖에 몰랐다. 어느 추운 겨울, 거지는 결국 거리에서 얼어 죽고 말았다.

거지가 남긴 것이라곤 매일 들고 다니던 밥그릇이 전부였다. 누군가 이 밥그릇을 보고 매우 특이한 모양이 마음에 들어 가져갔다. 이 사람이 집에 와서 밥그릇을 자세히 살펴보니 거지가 평생 구걸할 때 썼던 이 밥그릇은 값을 매길 수 없을 만큼 귀한 골동품이었다.

지금 내가 가지고 있는 밥그릇을 주의 깊게 살펴보자. 실력 없이 눈만 높아져 맹목적으로 다른 사람이 가진 것을 부러워하는 사람은 자기가 가진 밥그릇의 가치를 제대로 알지 못한다. 어쩌면 내가 나에게 과분한 밥그릇을 가지고 있는지도 모른다.

우리 사회에서는 전통적으로 미래를 위해 당장의 희생을 감수하라고 강요한다. 그러나 이런 논리에 따르면 영원히 현재는 사라지고 오직 미래만 존재하게 된다. 현재의 즐거움을 포기해야 한다고 하지만 앞으로도 영원히 즐거움을 누릴 수 없다. 우리가 미래라고 말하는 그날이 되면 그 순간 그것은 더 이상 미래가 아니라 현재가 된다. 그 현재 속에서 우리는 그 순간의 미래를 준비해야 한다. 이렇게 내일은 계속 다가오지만 그 미래의 오늘 속에서 우리는 항상 내일을 준비해야 한다. 우리는 영원히 행복할 수 없다.

물론 미래에 대한 희망이 전혀 필요 없는 것은 아니다. 희망이 있어야 공부를 하거나 일을 하면서 목표를 세우고 더욱 분발할 수 있다. 그래야 삶을 개선하고 사업을 발전하게 만들 수 있다.

사람은 희망이 있어야 실망, 불안, 걱정 등 부정적인 감정을 극복할 수 있다. 그러나 역시 가장 중요한 것은 현실 속에서 부지런히 노력하는 자세이다. 현실을 회피하면 아무리 아름다운 미래를 꿈꾸어도 전혀 소용없다. 미래에 대한 이상이 너무 지나치면 현실과 동떨어진 환상을 만들어낸다. 그러나 우리는 미래의 환상이 아니라 현실의 희망 속에서 살아야 한다는 것을 잊지 마라.

항상 내일을 위해 살면 우리가 꿈꾸는 미래는 영원히 오지 않는다. '내일을 위해서' 라는 핑계로 늘 틀에 박힌 똑같은 생활만 반복하게 될 것이다. 하루 빨리 이런 악순환의 고리를 끊어버려야 현재에 충실한 삶을 살 수 있다. 어떤 경우라도 현재를 포기하지 마라.

인생은 단 한 번뿐이다. 인간이 이 세상에 머물 수 있는 시간은 아무리 길어봐야 100년을 넘지 못한다. 지금 당장 힘차게 일어서라. 오늘을 내 것으로 만들어라. 어제와 내일의 문은 꼭 닫아두어라. 그리고 오늘을 소중히 여기고 최대한 즐겨라.

현재 안에서 행복해지는 방법은, 오늘 할 것은 지금 당장 하는 것이다. 이제 곧 사라져버릴 하루를 모든 것을 다 얻을 수 있는 하루로 바꾸어라. 현재를 사는 가장 좋은 방법은 지금 당장 행동하는 것이다.

THE WISDOM OF LIFE

어제는 부도수표나 다름없고, 내일은 약속어음 같은 것이다. 그러나 오늘은 지금 당장 손에 쥘 수 있는 현금이다. 이 점을 분명히 기억해야 자유롭고 풍요롭고 즐거운 오늘을 만들 수 있다. 이것은 우리 모두의 권리이자 삶의 가치를 높일 수 있는 가장 효과적인 원칙이다.

04 경솔한 행동으로 소인배와 문제를 일으키지 마라

사회생활을 하다보면 소인배와 부딪힐 수밖에 없다. 그런데 경솔히 행동하여 소인배들에게 미움을 사지 않도록 항상 주의해야 한다. 그 이유는 분명하다. 그들에게 미움을 사는 순간, 아름답고 행복해야 할 우리 인생은 엉망진창이 되어버릴 것이기 때문이다.

소인배들은 마음 깊은 곳에 강렬한 보복심리를 품고 있다. 그러니 그들의 감정을 건드려서 좋을 게 하나도 없다. 그들의 비위를 거슬렀다가는 음해를 당하기 십상이다. 그들은 상대를 주시하다가 언제든 기회가 생기면 어떤 수고도 마다하지 않고 수단과 방법을 동원해 신랄하게 음해한다. 즉, 소인배는 보복을 위해 만반의 준비를 갖추고 있으므로 어느 누구도 당해낼 수가 없는 것이다.

한편 소인배들과 문제를 일으키지 않기 위해 주의해야 하는 이유는 또 있다. 보복 자체도 무섭지만, 그보다 더욱 두려운 것은 보복이 한 번으로 끝나지 않는다는 것이다. 즉, 소인배들은 보복 후에도 상대를 끈질기게 괴롭히는 습성을 가지고 있다.

요컨대 소인배를 대할 때 최상의 방법은 그들을 피하거나 그들이 어떤 행동을 하더라도 끝까지 참으며 그들의 감정을 건드리지 않는 것이다. 이런 이치를 명확히 알려주는 말이 바로 '보이는 창은 쉽게 피할 수 있으나, 보이지 않는 곳에서 날아오는 화살은 막아내기가 어렵다' 이다.

역사를 보면, 간신들의 모함으로 쓰라린 좌절을 맛보고 삶을 불행하게 마쳐야 했던 충신들이 얼마나 많은가. 우리는 이런 피비린내 나는 역사의 교훈을 반드시 기억해야 한다.

이임보는 당나라 현종에게 붙어 그림자처럼 지냈던 간신으로, 그 성품이 매우 옹졸하여 다른 사람이 현종에게 총애받는 것을 결코 용납하지 못했다. 현종은 준수한 외모와 훌륭한 풍채 그리고 비범한 기개와 도량을 두루 갖춘 인재를 매우 좋아했다.

어느 날, 현종이 이임보 등과 함께 산책을 하고 있었는데, 멀리서도 한눈에 들어올 정도로 풍모가 훌륭하고 기개가 높은 장군이 지나가고 있었다. 이에 현종이 이임보에게 "오, 정말 호남아로다. 저토록 멋진 장군이 대체 누구더냐?"라고 물으며 감탄을 금치 못했다. 이임보는 잘 모르겠다면서 일부러 대답을 흐렸다. 현종이 그 장군을 총애하게 될까봐 안절부절 못했던 것이다. 그후 이임보는 암암리에 손을 써 그 장군을 아주 먼 곳으로 전출시켜버렸다. 결국 그 장군은 두 번 다시 현종의 눈에 띄는 일이 없었으니, 승진의 기회를 영원히 잃어버린 셈이었다.

이임보는 소인배의 전형이라고 할 수 있다. 소인배들은 속이 아주 좁고, 자신의 이익을 위해서는 남을 해치는 일쯤이야 서슴지 않는다.

당나라 중흥에 혁혁한 공을 세운 명장 곽자의郭子儀는 처세 방면, 특히 소인배를 다루는 데 가히 고수라 할 만했다. 그가 소인배를 다루는 데는 '군자에게 죄를 지을지언정 소인배들에게는 결코 죄를 짓지 않는다' 라는 원칙이 있었다. 이와 관련해 한 가지 일화가 있다.

'안사의 난'이 평정된 후 곽자의는 그 공로를 인정받아 높은 관직에 올랐다. 그럼에도 그는 결코 오만하게 구는 일 없이, 오히려 소인배들의 시기어린 눈빛에 대비해 전보다 더욱 조심하고 신중히 행동했다. 그러던 어느 날 곽자의가 병이 나 앓아눕자, 노기가 병문안을 왔다. 노기는 중국 역사상 악명 높기로 유명한 소인배 중의 하나로, 그 외모 또한 상당히 추했다. 얼굴은 까맣고 너부데데했으며 코는 낮은데다 그 끝이 위로 들려 콧구멍이 훤히 들여다보였고 눈은 단춧구멍만 했다. 사람들은 그를 괴물이라 놀렸고, 아녀자들은 그의 뒤에서 몰래 박장대소했다. 노기가 찾아왔다는 말에 곽자의는 옆에 있던 애첩들을 속히 물러가게 하고는 혼자서 정중히 그를 맞았다. 노기가 돌아간 뒤에 애첩들이 다시 그의 침상으로 돌아와 물었다.

"지금까지 수많은 관리들이 병문안을 왔으나, 대감께서 저희들을 물러가게 하신 적은 오늘이 처음입니다. 그 이유가 무엇이온지요?"

곽자의가 미소를 지으며 대답했다.

"노기는 외모만 추한 것이 아니라 그 심보도 아주 음흉한 인간이다. 그런데 만약 너희들 중 누군가가 그 얼굴을 보고 웃음을 참지 못해 실소라도 해버리면 어떻게 되겠느냐. 그는 필히 그 일을 못 박아둘 것이고, 훗날 실권을 장악한다면 우리 집안에 화를 끼칠 게 분명하다."

과연 노기는 훗날 재상이 되었고, 전에 자신의 기분을 거슬렀던 사람들을 하나도 남김없이 처결했다. 오직 곽자의만이 털끝 하나 상하지 않은 채 조정에 중용되었다. 이는 소인배에 대처한 곽자의의 주도면밀함이 돋보이는 이야기이다.

음지에서 불법을 자행하며 한번 보복하기로 마음먹은 이상 집요하게 들러붙는 습성, 이것이 바로 소인배일 수밖에 없는 이유이다. 한편, 군자가 뜬소문이나 간악한 흉계를 두려워하지 않는 것은 하늘을 우러러 한 점 부끄럼이 없기 때문이다.

THE WISDOM OF LIFE

세상을 살다보면 소인배를 상대하게 마련이다. 그들과 한데 어울려 똑같은 소인배가 되지 않겠다는 마음이 확고하고, 양쪽이 함께 망하는 것도 원치 않는다면 방법은 단 한 가지이다. 소인배들과 정면충돌하지 않도록 좀 더 넓은 시야를 갖추고 적당한 거리를 유지하는 것이다. 즉, 소인배들의 감정을 건드리지 않는 것이 최상의 방법이다.

05 잔꾀만 부리다가
자기 꾀에 넘어가는 수가 있다

　우리 주변에는 당장 눈앞의 편리를 위해 잔꾀를 부리는 사람들이 아주
많다. 이들은 스스로 똑똑하다고 여겨 거들먹거리지만 정확한 정황이나
핵심이 무엇인지 모르는 경우가 대부분이다. 어쩌다 운 좋게 한두 번 성
공할 수는 있겠지만 결국 얕은 지식이 바닥을 드러낼 것이고 온갖 추태를
보이며 비참한 신세가 된다.

　옛날에 스스로 똑똑하다고 생각하는 쥐가 있었다. 이 쥐는 어떻게 해
야 딸에게 대단한 권력을 지닌 훌륭한 배필을 찾아줄 수 있을까 골똘히
생각했다.

　그러던 어느 날 쥐는 위풍당당한 태양의 모습에 반해 태양을 찾아가 아
부하기 시작했다.

　"태양이시여! 당신은 정말 위대하고 뛰어난 능력을 가지고 있습니다.

당신이 없으면 이 세상에 어떤 생물도 살 수 없습니다. 청컨대, 제 아름다운 딸을 아내로 맞아주십시오."

그러나 태양은 정중히 거절했다.

"나는 그렇게 대단하지 않습니다. 구름이 가려버리면 나는 어떤 능력도 발휘할 수 없습니다. 그러니 구름에게 가보십시오."

쥐는 곧바로 구름을 찾아가 말했다.

"구름님! 저는 당신의 신비로운 힘을 매우 존경합니다. 청컨대, 제 딸을 아내로 맞이해주십시오."

그러나 구름 역시 거절했다.

"안 됩니다. 사실 나는 바람 앞에서는 꼼짝도 할 수 없습니다. 바람이 불어오면 나는 내 의지와 상관없이 바람이 부는 쪽으로 날려갈 수밖에 없습니다. 그러니 당신 딸을 바람과 결혼시키십시오."

쥐는 이번에는 바람을 찾아가 말했다.

"바람님! 제가 당신을 찾아온 이유는 당신이 매우 뛰어난 능력을 지니고 있다고 들었기 때문입니다. 청컨대, 제 아름다운 딸을 아내로 맞으시기 바랍니다."

황당무계한 쥐의 말에 바람은 양미간을 찌푸리며 말했다.

"어느 누가 자기 딸을 아끼지 않겠소? 그러면 담을 찾아가보시오."

쥐는 담을 찾아갔다. 담은 쥐가 찾아온 이유를 듣고 조용히 말했다.

"나는 사실 당신네 쥐가 세상에서 제일 무섭소. 당신들이 내 몸에 구멍을 뚫어놓으면 난 언제 무너질지 모른다오. 그러니 나는 당신이 원하는 사윗감이 아니오."

쥐는 곰곰이 생각해보았다. 담이 가장 무서워하는 것이 쥐라면 쥐가 가장 무서워하는 것은 무엇일까? 그 순간 그는 쥐들이 태어나면서부터 고양이를 가장 무서워한다는 사실을 떠올렸다. 쥐는 당장 고양이를 찾아가 이렇게 말했다.

"고양이님, 드디어 당신을 찾았군요. 당신은 총명하고 뛰어난 재주와 능력, 그리고 대단한 위세와 권력까지 지니고 있습니다. 청컨대, 제 사위가 되어주십시오."

고양이는 쥐의 말을 듣자마자 흔쾌히 승낙했다.

"아주 좋소. 자네 딸을 나에게 시집보내시오. 쇠뿔도 단김에 빼랬다고 아예 오늘 밤 혼사를 하는 것이 좋겠소."

고양이의 대답에 쥐는 자기가 드디어 딸에게 어울리는 훌륭한 배필을 찾아냈다고 생각했다. 쥐는 매우 기뻐하며 집으로 돌아갔다.

그날 밤 쥐는 딸을 꽃가마에 태워 청사초롱을 밝히고, 징과 북을 두드리고, 떠들썩하게 나팔을 불며 신랑 집으로 보냈다.

그러나 이 똑똑한 쥐는 고양이의 본성을 잠시 잊고 있었다. 신부의 꽃가마가 신랑 집으로 들어가자마자 고양이 신랑은 신부가 미처 가마에서 내리기도 전에 가마에 달려들어 어여쁜 신부를 한입에 넣고 삼켜버린 것이다.

총명은 하늘이 내려준 선물이지만, 너무 지나치면 오히려 자기 꾀에 넘어가 스스로 인생을 망칠 수도 있다. 그렇기 때문에 스스로 똑똑하다고 생각하는 사람의 결말은 대부분 비참하다.

'큰일을 망치는 것은 여색이 아니라 총명함이다' 라는 중국 속담이 있다. 이 말은 굳은 의지가 있으면 여색의 유혹을 물리칠 수 있지만, 편견이나 고집은 고치기 힘들다는 뜻이다. 그렇기 때문에 스스로 똑똑하다고 생각하여 자기 주장만 고집하는 것은 여색의 유혹이나 소인배의 아첨보다 훨씬 더 위험하다.

정말 총명한 사람은 결정적인 순간이 아니면 함부로 재주를 드러내지 않는다. 정말 똑똑한 사람은 겉으로는 순박하고 어수룩해 보이기 때문에 시기나 질투를 유발하지 않는다.

세상사는 매우 복잡하게 꼬여 있다. 객관적으로 현실을 직시하지 못하고 편견이나 고집, 혹은 어설픈 꾀를 부리려는 행동은 반드시 화를 부른다. 자신이 똑똑하다고 생각한다면 '더 많이 행동하고, 더 깊이 생각하라' 라는 말을 마음 깊이 새겨두어라.

'프랑스 사람들의 총명함은 안에 감추어져 있고, 스페인 사람의 총명함은 겉으로 보인다' 라는 서양 속담이 있다. 전자는 정말 똑똑한 것이고, 후자는 똑똑한 척한다는 뜻이다.

철학자 베이컨은 이렇게 말했다.

"겉으로만 총명해 보이려고 애쓰는 것은 쓸데없는 짓이다. 절대 현명한 행동이 아니다. 우리 주변에는 잔꾀만 부리다가 일을 그르치는 사람들이 한둘이 아니다. 냉정하게 들릴지 모르지만 이런 사람들은 아무리 머리를 써도 잔꾀 수준을 벗어나지 못하기 때문에 바보 같은 행동으로 결국 비웃음만 살 뿐이다. 예를 들어, 매우 비밀스럽고 뭔가 있어 보이는 사람은 아주 소중한 것을 깊이 숨겨두고 있는 것이다. 그러나 스스로 똑똑하다고 믿는 사람들은 자신의 허점을 감추기 위해 온갖 속임수와 계략을 동원하여 훌륭한 사람이라는 허명을 얻어낸다. 이것은 몰락한 가문의 후손이 체면을 유지하기 위해 겉으로 남들의 눈을 속이는 행위보다 더 어리석은 짓이다. 이런 사람들은 대개 어떤 일에든 말만 앞서기 때문에 절대 큰일은 하지 못한다. 스스로 똑똑하다고 믿는 사람은 반드시 큰 실수를 저지르게 되어 있다."

베이컨의 말은 아주 간단하지만 심오한 이치를 나타내고 있다. 지나치게 꾀를 부리는 사람은 반드시 자기 꾀에 걸려들게 되어 있다. '바위를 옮기려다 제 발등을 찍는다' 라는 속담 역시 자기 꾀에 넘어가는 어리석음을 표현한 것이다. 삼국지의 주유周瑜를 빗대어 '부인도 잃고 병사도 잃는다' 라는 말이 나온 것과 같은 맥락이다.

잔꾀를 부리는 사람의 머리 위에는 항상 다모클레스의 칼한 올의 말총에 매달린 칼이 언제 떨어져내릴지 모르는 것처럼 항상 위기와 불안 속에 있음을 나타내는 말이 있다고 생각하라. 이 칼이 언제 그 사람 머리 위로 떨어질지 모를 일이다.

잔꾀를 부리는 것은 일종의 위험한 모험이며 잔꾀의 결과는 아주 비참하고 경악스럽다. 처음에는 단맛이 느껴지기 때문에 아주 쉽게 그 안으로 빠져든다. 그리고 도저히 멈출 수 없는 상황이 되면 결국 자신의 목숨까지 내던지게 된다. 가장 비극적인 것은 이들은 자신에게 왜 이런 불행이 닥쳤는지 끝까지 이해하지 못한다는 사실이다.

두 친구가 함께 사막을 건너고 있었다. 사막을 반쯤 건너갔을 때 마실 물이 떨어졌고 그중 한 명은 더위에 지쳐 더 이상 움직일 수가 없었다. 아직 몸 상태가 양호한 사람이 더위에 지친 친구를 잠시 그 자리에 남겨놓고 주변에서 물을 찾아보기로 했다.

물을 찾으러 떠나기 전에 그가 친구에게 총을 주면서 당부했다.

"이 총에는 총알이 다섯 개 들어 있네. 내가 돌아오지 않으면 두 시간 간격으로 허공에다 총을 쏘게. 그러면 나는 그 총소리를 듣고 자네가 있는 곳으로 찾아오겠네."

그는 자신 있게 물을 찾으러 떠났다.

사막 한가운데 누워 있던 사람은 친구가 떠난 후 끊임없는 의구심에 시달렸다. 친구가 정말 물을 찾을 수 있을까? 친구가 이 총소리를 듣고 제대로 길을 찾아 돌아올 수 있을까? 혹시 애시당초 나를 구하러 돌아올 생각 같은 건 없었던 게 아닐까?

해질 무렵이 되자, 어느새 총알은 한 개밖에 남지 않았다. 그러나 물을 찾으러 간 친구는 아직 돌아오지 않았다. 그는 점점 더 두려워졌다. 시간이 지날수록 친구가 돌아오지 않을 거라는 생각이 강해졌고, 자신은 얼마 못 가 사막 한가운데서 죽음을 맞을 것이라고 생각했다. 그는 온갖 상상으로 자신을 괴롭히기 시작했다. 자기가 죽은 후, 아니 어쩌면 죽기도 전에 독수리들이 날아와 자신의 몸을 뜯어먹을지도 모른다는 데까지 상상이 전개되었다. 생각이 꼬리에 꼬리를 물고 일어나면서 그는 결국 더 이상 견딜 수 없는 깊은 절망에 빠져 마지막 총알을 자신의 관자놀이에 대고 쏘았다.

마지막 총성이 울리고 얼마 뒤 친구가 약속대로 물을 가지고 돌아왔다. 그는 물뿐만 아니라 더위에 지친 친구를 태워가려고 낙타 무리를 끌고 가던 상인까지 데려왔으나, 친구는 이미 스스로 목숨을 버린 뒤였다.

　사람들은 『홍루몽紅樓夢』에 나오는 왕희봉에 대해 평가할 때, 그녀가 집안을 다스리고 사람을 다루는 데 아주 뛰어났음에는 이견을 달지 않는다. 그러면서도 사람들은 그녀의 비참한 최후에 대해서 모두 동감한다. 문학 작품 속에 등장하는 인물 중 왕희봉은 자기 꾀에 무너진 전형적인 예이다. 다음은 왕희봉에 대한 평가가 잘 드러나 있는 시이다.

　　너무도 총명하여 잔재주만 부리다가,
　　그대는 도리어 목숨을 잃었구나.
　　살아서 잔꾀를 다 쓰고 나니
　　죽어서 영혼이 쭉정이가 되었네.
　　부유한 집에 태어나서 편안히 살더니
　　집안이 망하자 뿔뿔이 흩어졌네.
　　한평생 근심에 마음 졸여도
　　깨고 보니 한낱 꿈이었던 것을
　　고대광실 와르르 무너지듯이
　　심지까지 타던 등불이 깜박거리다 꺼지듯이
　　아! 기쁨도 잠깐 새에 슬픔으로 변해버리네.
　　이것이 인생인 걸 어찌 피하리오.

　왕희봉은 가씨 집안을 휘두른 여장부였다. 그녀는 온갖 꾀와 계략을 동원하여 쓰러져가는 가씨 집안을 일으키려 했다. 최소한의 대가의 면모를 유지하기 위해 어떻게든 재산을 끌어모으려 애썼다. 그러나 그녀가 몸과 마음을 다 바쳐 노력했음에도 불구하고 주변 사람들은 모두 그녀에게 불만을 느꼈고 집안 형편은 조금도 나아지지 않았다.

'세상만사에 대처하는 훌륭한 임기응변을 지녔고 언변이 뛰어났다', '성격이 매우 치밀했으며 남자들도 결코 그녀를 따를 수 없었다', '어려서부터 나이 많은 언니들과 어울리면서도 대담하고 결단력이 있었으며, 출가한 후 가씨 집안의 일을 도맡아하면서 더욱 노련해졌다', '촌스러워 보이지만 세상사에 밝았고, 손익을 아주 정확히 따질 줄 알았다', '세상 사람 모두가 그녀를 정확한 사람이라고 생각했다', '입으로는 달콤한 말을 하지만 속마음은 아주 독한, 두 얼굴에 세 개의 칼을 품은 여자', '겉으로 웃으며 뒤로는 올가미를 씌운다', '겉은 불처럼 밝지만 속으로는 몰래 칼을 감추고 있다'라는 말은 모두 왕희봉을 평가하는 말들이다.

이처럼 왕희봉과 가까이 지냈던 인물들이 그녀에 대해 평가한 말들을 보면 그녀는 분명 온갖 잔꾀를 부리는 인물의 전형임을 알 수 있다. 이처럼 지나치게 똑똑한 사람은 외롭고 고독한 삶을 살아가야 하고, 평생 심신을 혹사시키면서도 결국 아무 보답도 없이 생을 마감할 수밖에 없으니, '자기 꾀에 걸려든다'는 말이 딱 알맞지 않는가?

왕희봉은 보통 사람들보다 수십 배 많은 시련과 고통을 겪었다. 그녀의 등 뒤에는 항상 그녀를 욕하는 수많은 사람들이 있었다. 그녀는 온갖 계략을 만들어내기 위해 머리를 쥐어짜느라 평생 몸과 마음이 편할 날이 없었다. 그러나 그녀가 죽을 당시의 처량함과 죽은 후의 적막함은 그녀가 살아생전 겪었던 고통보다 훨씬 더 비참한 것이었다.

그러나 왕희봉처럼 의지가 강하지도 않고 별다른 노력이나 고생을 하지도 않았던 이환홍루몽 등장인물은 평생 편안하고 자유로운 삶을 살았다. 이환이 중년에 접어들었을 때 그녀의 아들이 크게 성공했고 그녀의 행운은 계속 이어졌다.

왕희봉의 가장 큰 문제는 앞으로 나갈 줄만 알고 뒤를 살필 줄 몰랐다는 것이다. 그녀는 잔꾀를 부릴 줄만 알았지 덕으로 사람을 감싸 안아야 한다는 것을 몰랐다. 그녀는 남에게 손해를 끼치면서까지 자신의 이익을 탐했고 그 결과 남편조차 그녀에게 등을 돌리고 그녀를 비난했다. 그녀가 힘겹고 피곤한 삶을 살 수밖에 없었던 것은 자업자득이었던 것이다.

THE WISDOM OF LIFE

총명함은 장점이 될 수 있지만 지나치게 총명함을 뽐내면 자기 꾀에 일을 그르치는 상황을 피할 수 없게 된다. 그래서 정말 똑똑한 사람은 다른 사람이 알아차리지 못하도록 자신의 재능을 깊이 감춰둔다. 그리고 정말 중요한 순간이 아니면 그 재능을 함부로 드러내지 않는다. 잔꾀 부리기를 좋아하는 것은 화를 부르는 어리석은 행동이다. 말보다는 행동하는 것이 중요하고 행동하기 전에는 깊이 생각하는 자세가 필요하다. 그래야만 자기 꾀에 넘어가 인생을 그르치는 실수를 피할 수 있다.

06 신용을 지켜라

나폴레옹은 "약속을 지키는 최선의 방법은 약속을 하지 않는 것이다"라고 말했다. 약속은 누구나 쉽게 할 수 있지만, 그 약속을 지키는 일은 아무나 할 수 있는 일이 아니다. 어떤 일이든 충분히 생각하지 않고 쉽게 응낙하면 안 된다. 어쩌면 이 때문에 깐깐하다는 비난을 얻을지도 모른다. 그러나 약속을 했다가 지키지 못하면 신용 없는 사람 혹은 불성실한 사람으로 낙인 찍힐 것이고, 더 나아가 친구도 잃고 인생을 망칠 수도 있다.

동한시대, 여남군에 사는 장소와 산양군에 사는 범식이 수도 낙양에서 동문수학했다. 두 사람은 학업을 마치고 각자 제 갈 길로 떠나게 되었다. 장소가 갈림길에 서서 먼 하늘의 기러기를 바라보며 눈물을 흘렸다.

"오늘 이별하면 이제 언제 다시 볼 수 있을지 모르는데……."

범식은 장소의 손을 잡으며 말했다.

"여보게, 친구. 너무 슬퍼하지 말게. 이 년 뒤 가을에 내 반드시 자네를 찾아갈 테니 그때 다시 만나세."

2년이 지나고 어느 가을날, 낙엽이 우수수 떨어지고 울타리에 국화가 만발한 가운데 먼 하늘에서 기러기 울음소리가 들려왔다. 장소는 옛 친구에 대한 그리움이 더욱 간절해져 자기도 모르게 "그가 곧 오리라"라고 중얼거렸다. 장소가 어머니에게 말했다.

"어머니, 방금 먼 하늘에서 기러기 울음소리가 들렸으니 곧 범식이 올 겁니다. 어서 그를 맞이할 준비를 해야 해요."

그러자 어머니가 탄식했다.

"아들아, 너는 어쩜 이렇게 순진하단 말이냐? 산양군이 여기에서 얼마나 먼지 모르느냐? 범식이 어떻게 여기까지 온단 말이냐?"

"범식은 정직하고 진실하고 신용 있는 사람입니다. 그는 반드시 올 겁니다."

"그래, 그래. 올 것이다. 나는 가서 음식 준비를 해야겠다."

장소의 어머니가 말했다. 그녀는 물론 범식이 올 것이라고 생각하지 않았지만, 아들이 실망할까봐 그냥 그렇게 말했던 것이다.

그런데 약속한 기일이 되자, 범식이 정말 장소를 만나러 왔다. 그는 산양군에서 여남군까지 온갖 고초를 겪으며 먼 길을 달려왔다. 장소의 어머니는 너무 감동하여 두 사람 옆에 서서 눈물을 닦으며 말했다.

"세상에 이렇게 믿을 만한 친구가 다 있구나!"

일본의 유명한 기업가 고이케는 가난한 집안에서 태어나, 20살 때 한 기계회사의 영업사원으로 취직했다.

처음 한 달 동안 그는 뛰어난 영업실적을 올렸다. 불과 15일 만에 33명의 고객과 계약을 성사시켰다. 그러나 얼마 뒤 고이케는 자기가 팔고 있는 기계가 다른 회사에서 만든 비슷한 성능의 기계보다 훨씬 비싸다는 사실을 알게 되었다. 그는 자신의 고객들이 이 사실을 알면 분명히 자신의 신용이 깨질 것이라고 생각했다. 그래서 고이케는 즉시 계약서와 계약금을 가지고 3일 동안 밤낮을 가리지 않고 33명의 고객을 찾아다니며 자초지종을 설명했다. 그는 고객들에게 자신이 판 기계가 다른 회사의 것보다 비싸기 때문에 계약을 파기해도 좋다고 말했다. 그런데 뜻밖에도 33명의 고객들은 그의 정직한 태도에 깊은 감동을 받았고 그의 진실함에 완전히 매료되었다. 그 결과 33명의 고객 중 계약을 파기한 사람은 단 한 명도 없었고, 이 일을 계기로 그는 오히려 더 큰 신뢰와 존경을 얻었다. 그후, 고이케와 계약하려는 고객이 끊이지 않았고 그는 얼마 지나지 않아 일본에서 손꼽히는 큰 부자가 되었다.

펩시콜라의 회장 크레이그 웨더럽이 콜로라도 대학에서 강연할 때 있었던 일이다. 제프라는 상인이 강연회를 주최한 사람을 통해 크레이그 웨더럽과의 면담을 요청했다. 크레이그 웨더럽은 제프의 요청을 수락했으나 강연회가 끝난 후 15분밖에 시간이 없었다.

강연이 끝날 즈음 제프는 강당 밖에 쭈그리고 앉아 크레이그 웨더럽이 나오기를 기다렸다. 그러나 크레이그 웨더럽은 강연에 심취하여 어느새 제프와 약속한 시간을 넘기고 말았다.

크레이그 웨더럽이 열띤 강연을 하고 있을 때, 갑자기 누군가 강당 문을 열고 안으로 들어왔다. 그 사람은 곧바로 강단 위로 올라와 크레이그 웨더럽 앞에 서더니 아무 말 없이 명함 한 장을 꺼내놓고 조용히 밖으로 나갔다. 명함 뒤에는 '당신은 제프와 오후 2시 30분에 선약이 되어 있습니다'라고 적혀 있었다.

크레이그 웨더럽은 그제야 자신이 약속을 잊고 있었음을 깨달았고 곧바로 강연을 멈추고 학생들에게 말했다.

"오늘 제 강연을 들으러 와주신 여러분, 정말 감사합니다. 저는 여러분과 이 문제에 대해 계속 토론하고 싶지만 선약이 있습니다. 더군다나 이미 많이 늦었습니다. 시간이 늦어 이미 상대방에게 큰 실례를 범했지만, 약속을 어길 수는 없습니다. 그래서 여러분에게 양해를 구하고 이제 강연을 마칠까 합니다. 여러분 모두에게 행운이 있기를 바랍니다."

우레와 같은 박수소리가 울려퍼지는 가운데 크레이그 웨더럽은 걸음을 재촉하여 강당을 나왔고, 밖에서 자신을 기다리고 있는 제프를 만났다. 훗날 제프는 사업에 크게 성공했고, 친구들을 만날 때마다 크레이그 웨더럽과의 만남에 대해 말하곤 했다. 제프의 친구들은 제프의 이야기를 듣고 크레이그 웨더럽은 물론 펩시콜라에 강한 믿음을 가졌다. 그래서 그들은 너도나도 앞다퉈 펩시콜라를 판매하고 광고를 대행하기 시작했다.

흔히 '신뢰가 없는 사람은 성공할 수 없다', '신용이 없는 말은 그 진실성을 알 수 없다'라고 한다. 이것은 사람이 신용을 잃으면 어떤 일에도 성공할 수 없고 살아남을 수 없다는 뜻이다. 그래서 성공한 사람들은 대부분 자신이 크게 성공할 수 있었던 이유로 신용을 꼽는다.

신용은 인간이 갖추어야 할 기본적인 덕목 중 하나이다. 주변 사람들에게 신용을 잃으면 당신의 모든 말과 행동은 아무 가치 없는 것이 된다.

기원전 4세기 경 이탈리아에 피티아스라는 젊은이가 왕에게 미움을 받아 억울하게 사형을 선고받았다. 피티아스는 속수무책으로 사형날짜만 기다리고 있었다. 소문난 효자였던 피티아스는 죽기 전에 먼 곳에 계신 어머니를 만나는 것이 소원이었다. 그는 어머니를 만나 더 이상 봉양하지 못함을 사죄하고 싶었다.

왕은 피티아스의 소원을 듣고 그의 효성에 감동하여 집으로 돌아가 어머니를 만나고 오도록 허락해주었다. 그러나 여기에는 한 가지 조건이 있었다. 피티아스 대신 다른 누군가가 옥에 갇혀 있다가 그가 돌아오지 않으면 대신 사형을 당해야 했다. 이 조건은 아주 간단하지만 거의 불가능한 일이었다. 어느 누가 감히 목숨을 걸고 다른 사람을 대신해 감옥에 들어가겠는가? 그러나 수많은 사람 가운데 단 한 사람, 죽음을 두려워하지 않고 기꺼이 피티아스를 대신해 감옥에 들어가려는 사람이 있었으니 바로 피티아스의 절친한 친구 다몬이었다.

다몬이 대신 감옥에 들어가자 피티아스는 곧바로 집으로 돌아갔다. 사람들은 모두 이 일이 어떻게 될 것인지 궁금해하면서 조용히 지켜보았다. 시간은 눈 깜짝할 새 지나갔고, 피티아스는 아직 돌아오지 않았다. 사형 집행 날짜가 임박했지만, 피티아스는 여전히 돌아올 기미가 없었다. 사람들은 하나둘 다몬이 피티아스에게 속은 것이라고 수군거리기 시작했다.

사형이 집행되기로 한 날 마침 비가 내렸다. 다몬이 사형장으로 끌려

나오자, 구경꾼들은 모두 그가 너무 어리석었다고 혀를 찼다. 그러나 수레에 실려 사형장으로 나온 다몬의 표정에는 전혀 두려워하는 기색이 없었고, 담담히 죽음을 받아들이려는 기백이 뚜렷했다.

정신을 뒤흔드는 대포 소리가 울리고, 밧줄이 다몬의 목에 걸렸다. 겁 많은 사람들은 놀라서 두 눈을 질끈 감았다. 이들은 불쌍한 다몬의 죽음을 안타까워하는 동시에 친구의 목숨을 팔아먹은 파렴치한 피티아스를 욕했다. 바로 이 일촉즉발의 상황에 비에 흠뻑 젖은 피티아스가 달려왔다. 피티아스는 크게 소리쳤다.

"내가 돌아왔소! 내가 돌아왔소!"

이것은 아마 역사 속의 가장 감동적인 장면일 것이다. 사람들은 모두 자신이 꿈을 꾸고 있는 것이 아닌가 생각했지만, 이것은 분명히 눈앞에 일어난 현실이었다.

이 소식은 빠르게 왕의 귀에까지 전해졌다. 왕은 이 소식을 듣고 미친 사람이 떠들어대는 말도 안 되는 얘기라고 생각했다. 그래서 직접 사형장으로 나가 자기 눈으로 사실을 확인했다. 그리고 두 사람의 진실함에 감동한 왕은 피티아스를 사면해주었다.

THE WISDOM OF LIFE

'신용 없는 말을 가장 경계해야 한다' 라는 중국 속담이 있다. 다른 사람과 약속한 일은 반드시 이행해야 한다. 그래야만 사람들에게 인정받고 신뢰와 존중을 얻을 수 있다. 자신이 할 수 없는 일이라면 처음부터 절대 호언장담하지 마라. 한 번 약속한 것은 틀림없이 지키는 것이야말로 올바른 인간의 도리이며 더 큰 발전을 위한 기초가 될 것이다.

07 능력을 숨기고
적당히 바보가되어라

제2차 세계대전 중 소련을 이끌었던 스탈린은 심각한 유아독존에 빠져 다른 사람의 의견은 전혀 받아들이지 않았다.

스탈린은 자신보다 능력이 뛰어난 사람을 절대 용납하지 않았는데, 그 대표적인 예가 바로 주코프 장군이었다. 모스크바까지 진격해온 독일군을 저지하기 위해 열린 최고사령부회의에서 총사령관 주코프는 키예프 성을 포기해야 한다고 주장했다. 키예프 성은 여러 가지 정황으로 보아 독일군의 포위를 벗어나기가 쉽지 않았다. 주코프는 이 점을 예리하게 파악하여 정확한 전략을 제시했으나, 스탈린은 이를 무시했다. 스탈린은 주코프의 주장을 쓰레기라고 비난하며 그를 최고사령부에서 쫓아냈다. 얼마 후 독일군의 포위를 건너내지 못해 키예프 성을 지키던 소련군 정예부대는 전멸하고 말았다. 스탈린은 주코프의 생각이 옳았음을 시인했지만,

이미 때늦은 후회였다.

주코프의 뒤를 이어 총사령관을 맡은 바실리예프스키는 주코프와는 달랐다. 그는 스탈린이 자신의 정확한 군사전략을 자연스럽게 받아들일 수 있도록 유도했고, 덕분에 소련군은 맹위를 떨칠 수 있었다.

스탈린은 자신의 집무실에서 바실리예프스키와 사적으로 만나 편안히 일상적인 이야기를 나누곤 했다. 바실리예프스키는 바로 이 기회를 이용하여 아주 자연스럽게 전혀 의도하지 않은 것처럼 군사적인 문제를 언급했다. 그러나 절대 심각하거나 진지한 분위기를 만들지 않고 농담하듯 두서없이 이런저런 생각을 늘어놓기만 했다. 그러면 스탈린은 바실리예프스키가 돌아간 후 그가 했던 말을 곰곰이 생각해보고 정리하여 절묘한 전략을 완성했다. 그리고 곧바로 전략회의를 열어 이 계획을 발표했고, 사람들은 모두 그것이 스탈린의 생각인 줄만 알고 그의 원대한 안목에 감탄해 마지않았다. 기분이 좋아진 스탈린이 무의식적으로 바실리예프스키를 쳐다보니 그 역시 다른 사람들과 마찬가지로 마치 처음 듣는 얘기인 듯 놀라움을 금치 못하고 있었다. 아무도 이 훌륭한 전략이 바실리예프스키의 생각이라는 것을 알아차릴 수 없었고, 심지어 스탈린조차도 그것이 자신의 지혜라고 생각했다.

군사전략회의가 열리면 바실리예프스키도 물론 최고사령관으로서 의견을 발표했다. 그러나 그는 항상 어이없고 황당무계한 말들을 늘어놓기 일쑤였다. 그는 먼저 대략 세 가지 방법을 제시한다. 그중 첫 번째 방법을 말할 때는 일부러 말주변이 없는 사람처럼 부적절한 용어를 사용하거나 똑같은 말을 계속 반복하여 무슨 말인지 알아듣기 힘들게 했다. 다 기어들어가는 목소리라 멀리 앉은 사람들에게는 잘 들리지도 않았다. 이것은 항상 바로 옆에 앉아 있는 스탈린에게만 들리게 하려는 의도였다. 그리고 나머지 두 번째, 세 번째 방법을 이야기할 때는 아주 당당하고 또렷하게 모두가 알아들을 수 있도록 힘주어 말한다. 이 두 가지 방법이 얼마나 터무니없고 엉터리인지 모두에게 확실히 각인시키기 위함이었다. 그래서 바실리예프스키가 발표를 시작하면 회의에 참석한 사람들은 그 터무니없는 발언을 들으며 스탈린의 눈치를 보느라 전전긍긍해야 했다.

이렇게 해서 의견 발표가 모두 끝나면 마지막으로 스탈린이 가부를 결정한다. 스탈린은 먼저 바실리예프스키가 말한 두 번째와 세 번째 의견을 신랄하게 비난하고 곧이어 자신의 계획을 조목조목 명확히 제시했다. 물론 스탈린은 바실리예프스키처럼 우물쭈물하거나 모호하게 말하지 않았다. 그러나 지금 스탈린이 말하고 있는 계획은 방금 전 바실리예프스키가 말한 것을 정리한 것에 불과했다. 바실리예프스키만이 그것이 자신의 생각이라는 것을 알 뿐 나머지 사람들은 그것이 스탈린의 생각이라는 것을 믿어 의심치 않았다.

바실리예프스키의 생각은 자연스럽게 스탈린의 머릿속에 스며들어 스탈린화되었고 곧바로 실행되었다. 그러나 군사전략회의가 끝나고 나면 사람들은 모두 바실리예프스키에게 제정신이 아니라고 비난했다. 스탈린에게 욕을 먹는 것도 한두 번이지 매번 그러는 걸 보면 분명 '마조히즘 환자'일 것이라고 단정 짓기도 했다. 그래도 바실리예프스키는 말없이 웃기만 했다. 그런 그가 딱 한 번 사람들의 비난을 참지 못하고 되받아친 적이 있었다.

"만약 내가 당신처럼 똑부러지게 말하고 스탈린 앞에서 사람들의 칭찬을 받으려 했다면 내 생각 역시 당신 것처럼 똥통에 처박혔을 것이오. 나는 내 계획이 하루 빨리 실행되어 전쟁터에 나가 있는 병사들이 조금이라도 피를 덜 흘리고 우리 소련군이 승리할 수 있다면 그것으로 족하오. 이것이 스탈린 앞에서 칭찬받는 것보다 훨씬 중요하오."

평화로운 삶 속에서 자신의 재능을 최대한 발휘하고 싶다면 남들 앞에서 칭찬받기 위해 자신의 능력을 과시하지 마라. 잘난 척하려 하지 말고, 요란하고 시끄럽게 떠들어대지 말고, 겸손과 양보의 미덕을 길러라.

'꽃은 반 정도 피었을 때, 술은 반쯤 취했을 때가 가장 좋다'라는 중국 속담이 있다. 꽃이 만개하여 아름다움을 뽐내는 순간 바로 사람들에게 꺾이거나 시들기 시작한다. 인생도 마찬가지이다. 자신의 뜻대로 순조롭게 일이 진행될 때는 잘난 척 으스대거나 안하무인으로 행동한다. 이렇게 자기가 최고인 줄 아는 사람은 다른 사람들의 표적이 되어 화를 면하기 어렵다. 아무리 뛰어난 능력을 가졌더라도 절대 예외가 될 수 없다. 그러므로 늘 자신을 과대평가하지 말고, 자기중심으로만 생각하지 마라. 또한 자신이 이 나라와 백성을 위해 태어난 성인군자라는 착각을 버려라.

옛날 정나라 장공莊公이 허나라를 정벌하기로 계획을 세웠다. 그는 대회를 열어 이 전쟁의 선봉장을 뽑기로 했다. 대회 소식을 들은 전국의 장수들은 전쟁에서 공을 세워 이름을 날리기 위해 너도나도 대회에 참가하겠다고 아우성이었다.

1차는 검술과 격투 겨루기였다. 참가자들은 모두 자신의 기량을 발휘

하여 검과 방패를 휘둘렀다. 1차 테스트는 리그 방식으로 진행되었고, 최종 여섯 명을 선발했다.

2차 시합은 활쏘기였다. 1차에서 선발된 여섯 명의 장수들은 각각 화살 세 발을 쏘게 되는데, 과녁에 명중시키는 사람이 우승하는 방식이었다. 과녁을 빗나가는 화살과 명중하는 화살은 대략 반반이었다.

다섯 번째 참가자 공손자도公孫子都는 무예가 뛰어나고 혈기왕성한 청년이었으나, 아직까지 기회가 닿지 않아 관직에 등용된 적은 없었다. 공손자도는 화살을 장전하자마자 연속 세 발을 모두 명중시켰다. 그는 거만하게 고개를 들고 다음 주자를 힐끗 쳐다보며 뒤로 물러났다.

마지막 선수는 수염이 희끗희끗한 노인 영고숙穎考叔이었다. 그는 일찍이 장공과 그 어머니를 화해시키는 데 공을 세워 중용된 바 있었다. 영고숙은 앞으로 나가 침착하게 화살을 장전했고, 역시 세 발 모두 명중시켰다. 이로써 활쏘기에서 무승부를 기록한 공손자도와 영고숙은 다시 결승전을 치르게 되었다.

장공은 전차를 끌어오게 하고는 말했다.

"두 사람은 이 전차를 사이에 두고 백 보 뒤로 물러서라. 동시에 출발하여 이 전차를 먼저 차지하는 사람이 선봉장이 될 것이다."

공손자도는 우승은 따놓은 당상이라는 듯 상대방을 무시하는 눈길로 힐끗 쳐다보았다. 그러나 누가 상상이나 했을까? 공손자도는 반쯤 달려가다 발이 미끄러지는 바람에 보기 좋게 바닥에 나뒹굴고 말았다. 그가 일어서 보니 영고숙은 이미 전차에 올라가 있었다. 그러나 공손자도는 순순히 패배를 인정하지 않고 다시 창을 들고 전차를 뺏으려 달려들었다. 영고숙이 이를 보고 반격할 태세를 취하자 장공이 황급히 두 사람을 저지하고 영고숙을 선봉장으로 선언했다. 공손자도는 이 일을 두고두고 한스러워했다.

선봉장 영고숙은 장공의 기대를 저버리지 않았다. 영고숙은 정나라 깃발을 휘날리며 선봉대를 지휘하여 허나라 도성을 향해 진격했다. 그는 어느새 성으로 들어가는 구름다리를 건너 성벽 꼭대기까지 올라갔다. 드디어 영고숙이 임무를 완수하려는 찰나, 질투심에 눈 먼 공손자도가 성벽 위의 영고숙을 향해 화살을 날렸다. 승리를 눈앞에 둔 영고숙은 전혀 예상치 못한 내부의 적에 의해 비극을 맞이했다. 그때 영고숙을 보좌하던 장수 하숙영瑕叔盈은 그가 허나라 병사의 화살에 맞아 전사한 줄로 알았다. 하숙영은 황급히 정나라 깃발을 주워들고 병사들을 지휘하여 허나라 도성을 함락시켰다.

　중국 역사는 수많은 영웅호걸들의 치열한 패권다툼의 역사라 해도 과언이 아니다. 이러한 상황에서 한 장수의 수하에 모인 수많은 인재들은 장수의 눈에 들기 위해 서로 자신의 능력을 뽐내야 했다. 장수들은 이런 인재들의 힘을 빌려 자신의 야망을 실현시킬 수 있었다. 그러나 일단 천하의 주인이 정해지고 나면 뛰어난 능력을 지닌 인재들은 오히려 황제의 근심거리가 된다. 개국 황제들은 이런 인재들이 자신이 그랬던 것처럼 언젠가 힘을 모아 자신을 무너뜨릴지 모른다고 생각했다. 그래서 역사적으로 건국 초기에는 항상 대대적인 공신 살육, 즉 여우 사냥이 단행되었다. 한신韓信이 숙청되고 명나라 태조가 개국공신 대부분을 죽인 것도 이런 이유였다.

　남들 앞에서 재능을 드러내지 않으면 평생 출세의 기회를 얻지 못할 수도 있다. 그러나 지나치게 재능을 드러내면 다른 사람에게 음해당하기 쉽다. 비록 한순간 성공을 맛볼 수 있을지 모르나, 결국 스스로 제 무덤을 파는 꼴이 될 것이다. 당신이 재능을 드러내는 순간 기회가 생길 수도 있지만 동시에 위기의 씨앗이 뿌려진다는 사실을 명심하라. 꼭 재능을 드러내야 한다면 적당한 선에서 거두어들일 줄도 알아야 한다.

　평화로운 삶을 위해서는 적당히 바보가 될 필요가 있다. 남들 앞에서 자신의 지혜와 재능을 뽐내지 말고 다른 사람의 생각에 조목조목 따지며 반박해서는 안 된다. 물론 이것은 생각만큼 쉬운 일은 아닐 것이다. 어쩌면 바실리예프스키처럼 뛰어난 연기력이 필요할 수도 있다. 이 세상 모든 사람이 바보가 되어야 하는 것은 아니지만 완벽할 수 없으면 차라리 멍청한 것이 낫다. 어설프게 재주를 부리려다가 오히려 돌이킬 수 없는 과오를 저지를 수 있기 때문이다.

독일의 철학자 니체의 시에 '평지 위에 머물지 마라. 너무 높은 곳에 올라가지도 마라. 반쯤 올라 바라보는 세상이 가장 아름답다' 라는 구절이 있다.

너무 멀리 혹은 너무 높이 오르려 욕심 부리지 마라. 가장 빼어난 나무가 가장 먼저 바람에 꺾이는 법이다. 또한 너무 급하게 일을 추진하면 급히 먹는 밥이 체하는 것처럼 일을 망칠 수 있음을 명심해야 한다. 적당한 높이에서 인생을 관망하는 것이 가장 이상적인 삶이다.

THE WISDOM OF LIFE

총명함은 분명 하늘이 준 선물이지만 어떻게 사용하느냐에 따라 인생의 성패가 나뉠 수 있다. 정말 지혜로운 사람은 평소에는 재능을 감추어두고 정말 중요한 순간에 조용히 드러낸다. 반면에 얕은 지식을 뽐내려 하거나 지나치게 튀어 보이려는 사람은 늘 화를 자초하게 마련이다.

08 허세를 버리고 대중과 가까워져야 한다

현대사회는 중세와 같은 계급사회는 아니지만 분명한 계층이 존재한다. 법적으로 모든 인간이 평등하다고 해도 현대사회의 계층은 돈으로 뚜렷이 구분된다. 아무리 평등한 사회라고 해도 그 이면에는 이렇게 어두운 부분이 있게 마련이다.

특히 공직사회에서 이런 현상이 두드러지고, 말단 관리일수록 더 심하다. 예부터 안목이 짧고 그릇이 작은 말단 관리들이 세상물정 모르고 허세를 부리기 일쑤였다. 그래서 2천 년 전 공자와 노자는 "백성을 위해 왕을 세우는 것이지, 왕을 위해 백성이 존재하는 것이 아니다"라는 명언을 남겼다. 또한 당나라의 현군으로 불리는 태종 이세민도 "물은 배를 뜰 수 있게 하지만, 배를 뒤집어버릴 수도 있다"라고 말했다. 이것은 고집스럽고 허세 부리기 좋아하는 사람은 아랫사람들을 분노케 할 수 있음을 경고

하는 말이다.

분노와 불만을 품은 사람들은 자신의 마음을 안으로 숨기고 적당한 기회가 오기만을 기다린다. 그리고 확실한 기회가 왔을 때 단번에 상대방을 쓰러뜨린다.

'높은 지위는 한 사람의 모든 능력과 재력을 보여주는 성공의 상징이다. 그러나 지금 높은 자리에 있다고 해서 절대 기고만장하지 마라. 지위는 영원한 것이 아니다' 라는 말 역시 윗사람으로서 항상 아랫사람들을 잘 살펴야 함을 강조한다.

예로부터 훌륭한 지도자는 아랫사람들과 하나가 되어 일을 추진했기 때문에 성공과 동시에 아랫사람들의 존경까지 한 몸에 받을 수 있었다. 고대의 제갈량에서부터 현대의 정치인 저우언라이에 이르기까지 우리가 본받을 만한 대상은 수없이 많다.

제2차 세계대전이 끝나갈 무렵 마지막 전투를 지휘하던 미국의 아이젠하워 장군은 잠시 짬을 내어 라인 강변을 걷고 있었다. 그때 반대편에서 한 병사가 매우 괴로운 표정으로 힘없이 걸어오고 있었다. 병사는 장군을 보자 너무 놀라고 긴장하여 어찌할 바를 몰라했다. 아이젠하워는 만면에 웃음을 머금으며 병사에게 물었다.

"자네, 지금 어떤 느낌인가?"

"장군님, 저는 지금 너무 긴장해서 어찌해야 할지 모르겠습니다."

병사의 솔직한 대답에 아이젠하워가 말했다.

"그런가? 그렇다면 우린 아주 어울리는 장군과 병사가 아닌가? 사실은 나도 그렇다네."

그 순간 병사는 마음이 편안해져 장군과 자연스럽게 이야기를 나눌 수 있었다.

주변 사람들에게 친근하게 다가가 상대를 편안하게 해주는 것 또한 일종의 선행이라고 할 수 있다. 이렇게 조금씩 선행을 쌓아두면 훗날 크게는 성인이 될 수 있고, 작게는 현자가 될 수 있다.

중국 청나라 말기 거상으로 유명한 호설암은 경영의 귀재였을 뿐만 아니라 아랫사람의 마음을 움직이는 데도 고수였다. 호설암은 당대 최고의 부자이면서 뒤에는 권력자들의 든든한 보살핌을 받고 있었다. 그러나 호설암은 아랫사람들 앞에서 절대 허세를 부리지 않았고 오히려 그들에게 가까이 다가가 따뜻한 대화를 나누었다.

어느 날, 호설암은 외출했다 돌아오는 길에 우연히 얼마 전 전장錢莊, 현재의 은행에 해당하는 옛 개인 금융기관에서 퇴직한 이치어를 만났다. 호설암은 매우 반가워하며 당장 그를 데리고 근처 작은 음식점으로 들어가 양고기 샤브샤브, 삶은 닭고기, 돼지 머릿고기를 시키고 땅콩 등 안줏거리도 몇 가지 더 주문했다. 그리고 이치어의 잔에 술을 가득 따라주며 정중히 권했다.

"이형, 고향으로 내려가면 뭘 하며 지낼 생각입니까?"

호설암이 물었다.

"시골에 내려가면 그저 농사일밖에 없지요. 그런데 농사를 지어본 적이 없으니 굶주리지나 않을지 걱정입니다."

이치어는 걱정스러운 말투로 대답했다.

"평생 전장에서 뛰어난 능력을 발휘해오셨는데, 여기에서 이렇게 끝나다니 정말 안타깝습니다. 평생을 몸 바쳤는데 이렇게 쫓겨나다니, 억울하지 않습니까?"

"우리 전장 사장이 꼭 나쁜 사람이어서가 아니지요. 누가 나처럼 늙은 이를 고용하고 싶겠소? 운명으로 받아들일 수밖에요."

호설암은 순간 눈을 반짝이며 이치어를 뚫어져라 쳐다보았다.

"만약 당신의 나이나 출신 따위에 연연하지 않고 오직 당신의 능력을 믿고 전장 관리를 맡긴다면 해보시겠습니까?"

"정말 그런 분이 있다면 내 평생의 은인으로 생각하겠습니다. 하지만 역시 불가능한 일이 아닙니까? 어느 누가 상도를 거스르면서까지 그렇게 대담한 모험을 한단 말입니까?"

이치어가 반신반의하며 말했다.

"멀리 있지 않습니다. 그 사람은 지금 바로 당신 눈앞에 있습니다. 바로 접니다."

"예? 정말입니까?"

"우린 오랫동안 같은 업계에서 일해왔습니다. 영웅은 영웅을 알아보고 지혜로운 사람은 지혜로운 사람을 아끼는 법입니다. 오래전부터 이형의 능력을 지켜보고 존경해왔습니다. 이형에게 전장 점장을 맡기고 싶습니다. 우리 한번 같이 일해봅시다."

"지금 농담하시는 거지요? 전장을 열려면 얼마나 큰돈이 필요한데. 설마 강도짓이라도 한 건 아니겠지요?"

이치어는 어안이 벙벙해져 물었다.

호설암은 허허 웃음을 터뜨렸다.

"농담이 아닙니다. 제가 신화信和, 호설암이 직원으로 일하던 전장에서 쫓겨난 후 아주 대단한 분을 만나 인연을 맺게 되었습니다. 그분이 자금을 대주어 전장을 열려고 하는데 적임자를 찾지 못해 고민하고 있었습니다. 마침 이렇게 이형을 만났고 이형이 거절하지 않는다면 전장 책임자로 모시고 싶습니다. 어떻습니까?"

호설암에게 자초지종을 듣고 나자 이치어는 벼랑 끝에서 다시 되살아난 기분이었다. 전장 점장은 그가 평생 갈망하던 꿈이었다. 드디어 기회가 찾아왔는데 어찌 마다하겠는가?

이치어는 감격의 눈물을 흘리며 호설암에게 절을 하며 고마워했다. 호설암은 황급히 그를 붙잡으며 말했다.

"우리는 이제 한 지붕 아래서 생사를 함께할 형제나 다름없는 사이 아닙니까? 더구나 이형은 저보다 나이가 많으니 이렇게 예의를 차릴 필요 없습니다. 앞으로 최선을 다해 전장을 크게 키워봅시다."

그는 주머니에서 2천 냥짜리 수표를 꺼내 이치어에게 주면서 말했다.

"자, 이제부터 이형은 새로 생길 부강전장의 점장입니다. 매월 월급은 열 냥이고 연말에 따로 보너스를 드리겠습니다. 우선 이 돈으로 집을 사고, 점원을 고용하고, 그 외에 필요한 물품을 구입하십시오. 필요한 것은 아끼지 말고 사시고 돈이 부족하면 언제든 말씀만 하세요."

호설암의 진심과 세심한 배려에 감동한 이치어는 "설암선생, 걱정 마시오. 이 이치어가 어떻게 하는지 앉아서 구경만 하십시오"라고 자신 있게 말했다.

호설암은 다시 한 번 강조했다.

"이제 우리는 같은 배를 탄 동지입니다. 모든 운명을 함께할 것입니다. 좋은 일도 궂은일도 함께 겪어야 합니다."

이 순간 전장의 달인 이치어는 이미 호설암에게 목숨까지 바칠 각오가 되어 있었다.

혼자 고고한 척하는 허세는 버려라. 훌륭한 지도자가 되려면 대중의 마음을 편안히 해주고 그들과 가까워져야 한다. 대중들은 가까이에서 당신의 진심을 발견하면 진심으로 당신을 존경하고 따를 것이다.

09 치열한 경쟁은 모두에게 상처를 주지만 양보는 세상을 아름답게 만든다

인생은 길어봤자 몇십 년이다. 그 몇십 년 동안 우연히 만나 서로를 깊이 이해하면서 만들어지는 인연은 보통 인연이 아니다. 그런 소중한 인연을 뒤로한 채 언젠가 연기처럼 사라질 돈 때문에 다툴 필요가 있을까? 포기하고 양보하는 것이 세상을 얼마나 아름답게 만드는지 알아야 한다.

중국 역사상 '문경지치文景之治'라 불리는 시기가 있다. 바로 서한西漢의 문제文帝와 경제景帝가 훌륭한 정치를 펼쳐 한나라가 제2의 전성기를 맞이했던 때이다.

문제는 매우 능력 있는 황제였다. 그는 원로대신 진평, 주발 등을 존중했고, 이들도 문제에게 충성을 다했다. 진평과 주발은 서로 존중하고 위해주며 진정한 양보 정신이 어떤 것인지를 몸소 보여주었다.

문제는 고조의 서자로 원래 대왕代王에 봉해져 있었다. 그는 성품이 인자하고 너그러웠는데, 당시 폭정과 전횡을 일삼던 여후가 죽은 후 나머지 여후 세력이 모두 제거되자 조정에서 황제로 추대되었다.

문제가 즉위한 후 모든 대신이 황제를 알현하러 왔다. 그러나 승상 진평이 보이지 않았다.

문제가 대신들에게 물었다.

"승상은 어찌하여 오지 않았는가?"

"승상 진평은 지금 병이 나 누워 있다고 합니다. 체력이 쇠하여 황제를 알현하지 못한 것이니 황제께서 너그러이 이해해주십시오."

대전 아래 서 있던 태위 주발이 대답했다.

문제는 믿을 수가 없었다. 어제까지만 해도 멀쩡하던 진평이 어찌하여 오늘 갑자기 병이 났단 말인가? 그러나 문제는 내색하지 않고 말했다.

"됐소. 알겠소. 그만들 물러가시오."

회의가 끝나고 문제는 사람을 시켜 진평의 병문안을 다녀오게 하려다가 마음을 고쳐먹었다. 진평은 개국공신이자 이 나라의 중요한 원로대신이 아닌가? 게다가 진평은 그에게 아버지나 다름없는 사람이었다.

'아버지가 병이 났는데 아들이 직접 병문안을 가지 않으면 어찌 인간으로서의 도리를 다했다 할 수 있겠는가?'

문제는 평상복으로 갈아입고 직접 진평의 집에 찾아갔다.

진평은 마침 누워서 책을 보고 있다가 문제의 방문에 놀라 황급히 예를 갖추었다. 문제는 그를 붙잡으며 말했다.

"일어나지 마시오. 짐은 경을 내 아버지처럼 생각하고 있소. 앞으로 조정 밖에서는 군신 간의 예를 차릴 필요 없소."

문제는 집안을 휘 둘러보고 말을 이었다.

"오늘 태위에게 경이 아프다는 말을 들었기에 특별히 찾아온 것이오. 혹시 어의에게 진찰을 받아봐야 하는 것이 아니오? 경은 나이가 많아 몸이 아프면 바로바로 치료해야 하오."

문제의 세심한 배려에 진평은 크게 감동했다. 그는 더 이상 문제를 속일 수 없다고 생각하여 사실대로 털어놓았다.

"폐하의 마음은 바다처럼 한량없이 넓으십니다. 그런 폐하께 저는 죄를 지었으니, 이 불충한 마음을 감출 길이 없나이다."

원래 진평은 병이 난 것이 아니고 아픈 척 꾀병을 부린 것이었다. 그는 왜 꾀병을 부렸을까? 그는 승상 자리에서 물러나 주발에게 자신의 뒤를 잇게 하고 싶었던 것이다. 문제가 그에게 왜 그런지를 물었다.

진평은 그가 승상 자리를 양보해야 하는 이유를 설명했다. 본래 고조 유방은 한나라를 세울 때 종실의 정통성을 지키기 위해 '반드시 유씨만 왕이 될 수 있다' 라는 규정을 만들었다. 그러나 고조가 죽고 황제가 된 혜제는 너무 유약했다. 이에 여후는 고조의 유언을 무시하고 여씨의 집안 사람을 왕으로 봉했다. 여후의 세력이 날로 강대해지자 유씨의 세력은 날이 갈수록 약해졌다. 여후가 죽자 남은 여후의 세력은 지금이 마지막 기회라 생각하여 반란을 도모했다. 이에 진평이 주발과 함께 계획을 세워 여후 세력을 처단해 한나라 왕실은 다시 안정을 되찾을 수 있었다.

진평은 이 공로를 인정받아 진曲땅을 하사받았다. 진평은 주발이 여후의 세력을 몰아내는 데 자신보다 더 큰 공을 세웠으므로 승상의 자리를 주발에게 주어야 한다고 생각했다. 그러나 주발은 이를 극구 사양했다.

여후 세력을 몰아내는 계획을 주도한 것이 진평이었기 때문에 주발은 진평이 승상이 되는 게 당연하다고 생각했다. 그래서 진평은 병을 핑계로 조정에 나가지 않은 것이다. 그러면 문제가 주발을 승상으로 임명할 충분한 이유가 생기므로 주발이 더 이상 승상직을 사양할 수 없을 것이라 생각했기 때문이다.

진평은 문제에게 간청했다.

"고조께서 재위에 계실 때 주발은 그 공을 제대로 인정받지 못했습니다. 또한 여후 세력을 몰아낼 때는 태위가 저보다 큰 공을 세웠습니다. 청컨대 태위에게 승상직을 양보할 수 있도록 허락해주십시오."

문제는 사실 여후 세력을 몰아낸 상황에 대해서는 잘 알지 못했다. 그는 여후 세력이 완전히 제거된 후 진평과 주발의 보호 아래 장안에 들어왔기 때문이다. 지금 진평의 설명을 듣고 나서야 주발이 큰 공을 세웠다는 것을 알았다. 문제는 진평의 청을 받아들여 주발을 우승상으로, 진평을 좌승상으로 각각 임명했다. 서열상으로는 우승상이 첫 번째이고 좌승상이 두 번째였다.

문제는 훌륭한 황제가 되려는 마음에 국정에 관련된 일을 모두 직접 알고 싶어했다. 어느 날 문제는 우승상 주발에게 물었다.

"지금 하루에 전국에서 사형되는 죄인의 수가 얼마나 되오?"

주발은 모른다고 대답했다.

"그럼 일 년에 전국에서 거두어들이는 세금이 얼마나 되오? 국가 재정 수입이 총 얼마이고, 지출은 얼마요?"

주발은 이번에도 대답하지 못했고 그저 부끄러워 고개를 들지 못했다.

문제는 좌승상 진평에게 말했다.

"좌승상, 대답해보시오."

진평은 당황하지 않고 대답했다.

"폐하께서 이것과 관련해 자세한 상황을 알고 싶으시다면 제가 해당 관리를 불러오도록 하겠습니다."

"그런가? 누가 이 일을 관리하고 있는가?"

진평이 대답했다

"사형되는 죄인의 수는 정위에게 물어보면 되고, 조세 수입과 지출에 대해서는 치속 내사에게 물어보면 됩니다. 그들은 아주 자세히 설명해줄 것입니다."

이에 문제는 불쾌한 표정으로 말했다.

"모든 일마다 각각 담당이 정해져 있다면 승상들은 도대체 무엇을 하는가?"

진평은 이번에도 주저하지 않고 대답했다.

"모든 사람의 능력에는 한계가 있습니다. 혼자서 모든 일을 처음부터 끝까지 직접 나서서 할 수는 없습니다. 승상은 위로 황제를 보좌하고, 아래로 조정 국사를 조정하고, 대외적으로 오랑캐와 제후를 진압하여, 안으로 백성들을 편안케 해야 합니다. 또한 수많은 대신들을 관리하여 그들이 자신의 직분에 최선을 다하도록 하고 있습니다."

진평의 조리 있는 대답에 문제는 고개를 끄덕이며 매우 만족스러워했다.

한편 주발은 진평의 언변에 크게 탄복했다. 그리고 자신은 일개 무장으로 마땅히 진평의 아랫사람이 되어야 한다고 생각했다.

주발은 집으로 돌아온 후에도 오랫동안 마음을 가라앉힐 수 없었다. 그는 비록 자신이 여후 세력을 몰아내는 데 공을 세우기는 했지만 황제를 보필하고 국정을 처리하는 면에 있어서는 진평을 따라가지 못한다는 것을 알고 있었다. 국가와 백성을 위해서라도 역시 진평이 승상이 되어야 했다. 그래서 주발은 진평이 그랬던 것처럼 병을 핑계로 조정에 나가지 않고 문제에게 사퇴 의사를 밝혔다.

문제는 주발의 마음을 이해하여 그의 사퇴를 받아들이고 진평을 다시 승상으로 임명했다. 이번에는 우승상과 좌승상을 따로 두지 않았다. 진평은 문제를 보필하면서 최선을 다해 국정에 힘써 한나라 중흥에 일등공신이 되었다. 진평과 주발은 한나라의 개국공신이었으나 자신의 욕심을 비우고 대중의 이익을 바탕으로 양보 정신을 발휘하여 모든 이에게 훌륭한 귀감이 되었다.

THE WISDOM OF LIFE

자고로 인간관계에 있어 양보만큼 아름다운 것은 없다. 명예, 돈, 권리 등은 모두 덧없이 사라져버리는 신기루 같은 존재이다. 가볍고 상쾌한 마음으로 자유롭고 행복하게 살고 싶다면 포기하는 법과 양보하는 법을 배워라. 그것이 곧 인생을 행복하게 만드는 지혜이다.

10 한걸음 물러서면 세상이 넓어진다

용서는 도량을 나타내는 지표이며 세상을 살아가는 데 없어서는 안 될 처세철학 중 하나이다. 용서는 나약하고 소심한 자세가 아니라, 타인에 대한 관심과 배려이다. 용서는 아무나 쉽게 할 수 없는 일이다. 도량이 넓은 사람만이 용서의 의미를 이해하고 실천할 수 있다.

제2차 세계대전 중 울창한 산림 속에서 격렬한 전투가 벌어졌다. 이 와중에 두 병사가 부대로부터 떨어져 길을 잃었다. 두 병사는 같은 고향 출신이었다.

두 사람은 산을 빠져나가기 위해 끊임없이 서로 격려하고 위로했다. 그러나 10여 일이 지나도록 여전히 산을 빠져나가지 못했고 부대와도 연락하지 못했다. 그러던 어느 날, 두 사람은 운 좋게 사슴 한 마리를 잡았다. 그들은 사슴 고기를 나누어 먹고 힘을 내 길을 찾기 시작했다. 전쟁 때문에 산속의 동물들이 모두 흩어져 도망갔거나 몰살당했는지 그날 이후로는 동물 그림자도 발견할 수 없었다.

이제 사슴 고기는 한 덩어리밖에 남지 않았다. 두 사람 중 나이 어린 병사가 고기를 짊어지고 있었다. 그러던 어느 날 두 사람은 산중에서 적병과 맞닥뜨렸다. 한 차례 총격전이 벌어졌고, 두 사람은 간신히 도망쳤다.

두 사람이 이제 안전할 것이라고 생각하고 마음을 놓는 순간, 한 발의 총성이 허공을 갈랐다. 앞서 걷고 있던 나이 어린 병사가 어깨에 총상을 입고 쓰러졌다. 뒤에 있던 병사는 황급히 달려가 정신없이 전우를 안고 하염없이 눈물을 흘렸다. 그는 울면서 얼른 자기 셔츠를 찢어 전우의 상처를 싸맸다.

그날 밤, 상처를 입지 않은 병사는 밤새도록 눈을 부릅뜬 채 경계를 늦추지 못했다. 그러면서도 입으로는 계속 어머니를 부르고 있었다. 두 사람은 이 고비를 넘길 자신이 없었다. 정말 힘겹게 배고픔을 참았고, 어느 누구도 마지막 남은 사슴 고기에 손을 대지 않았다. 두 사람이 얼마나 힘겹게 그날 밤을 지새웠는지는 하늘만이 알 것이다. 다음 날, 두 사람은 기적적으로 부대원들에게 구출되었다.

30년이 지난 뒤, 그때 부상을 입었던 병사 앤더슨은 이렇게 말했다.

"나는 그날 누가 나에게 총을 쏘았는지 알고 있었습니다. 바로 생사를 함께하고 있던 전우였습니다. 그가 달려와 나를 안았을 때 나는 그의 총이 뜨겁다는 것을 느꼈거든요. 그가 왜 나를 쏘았는지 이해할 수 없었지만, 그날 밤 나는 그를 용서하기로 했습니다. 그는 내가 짊어지고 있던 사슴 고기를 독차지하기 위해 나를 쏘았던 것입니다. 그러나 그날 밤 끊임없이 어머니를 부르는 그를 보며 그가 어머니를 위해 어떻게든 살아남고 싶었다는 것을 알았습니다. 그후 삼십 년 동안, 나는 이 사실을 덮어두었습니다. 드디어 참혹한 전쟁이 끝나고 우리는 고향으로 돌아갔지만 그의 어머니는 이미 세상을 떠난 후였습니다. 나는 그와 함께 장례를 치렀습니다. 그날 그는 내 앞에 무릎을 꿇고 나에게 용서를 빌었고, 나는 더 이상 그와 그날의 일을 말하고 싶지 않았습니다. 나는 그날 밤 이미 그를 용서했고, 우리는 지금까지 둘도 없는 친구로 지내고 있습니다."

용서는 원한을 없애버릴 수 있다. 용서는 인의를 바탕으로 하기 때문에 타인의 잘못을 이해하고 용서하는 사람은 훌륭한 명성을 얻을 수 있고 세상을 평온하게 만들 수 있다.

미국의 제25대 대통령 윌리엄 매킨리는 실업문제 대책을 논의하던 중 강력한 반대에 부딪혔다. 어느 날 한 상원의원이 대놓고 그를 비난하기 시작했다. 매킨리는 화가 머리끝까지 치밀어올랐으나, 모든 인내력을 총동원하여 간신히 참아 넘겼다. 상원의원이 말을 마치자 매킨리는 부드러운 말투로 대답했다.

"의원님, 노기를 가라앉히시지요. 사실 정확히 따지자면 의원님이 이렇게 나를 질책할 권리는 없습니다. 하지만 나는 의원님의 뜻을 이해했습니다. 그러니 이번에는 의원님이 내 뜻을 이해하도록 자세히 설명해드리겠습니다."

매킨리의 태도는 상대방을 매우 부끄럽게 만들었고, 모든 감정을 사라지게 만들었다.

대통령이라는 자리는 현대사회 최고의 위치이지만 옛날의 왕과는 사뭇 다르다. 반드시 논리적으로 상대를 설복시켜야만 아랫사람들을 따르게 할 수 있다. 생각해보라. 만약 매킨리가 논리적으로 상대를 설득하지 않고 자신의 직위와 권위를 바탕으로 기세등등하게 상대를 공격했다면, 상대는 절대 진심으로 그를 따르지 않았을 것이다. 쌍방이 첨예하게 대립하고 있을 때 이치에 따라 논리적으로 행동할 수 있는 사람은 양보와 인내를 발휘하여 근본적인 문제를 해결하고 모든 감정을 해소시킬 수 있다.

옛사람들은 '작은 일을 참지 못하면 큰일을 망친다'라고 했다. 즉, 보통 사람들은 참을 수 없는 일을 참아내는 사람만이 큰일을 할 수 있다는 의미이다. 인내는 뒤로 움츠러드는 소극적인 태도가 아니다. 인내는 지혜롭고 능력을 갖춘 사람만이 베풀 수 있는 것이다. 인내하는 중에 상황이 반전되어 새로운 기회를 맞이할 수 있음을 명심하라.

일본의 백은선사는 평생 깨끗한 수도자의 길을 걸어 사람들에게 성인으로 존경받았다.

그 마을에 사는 한 부부에게 예쁜 딸이 있었다. 어느 날, 부부는 딸의 배가 불러오고 있음을 발견했다. 부부는 크게 노하여 딸을 추궁했고, 그녀는 아이 아버지로 백은선사를 지목했다.

두 부부는 당장 백은선사를 찾아가 따졌다. 그러나 백은선사는 잠자코 있다가 마치 모르는 일이라는 듯 "일이 그렇게 되었군요"라고 대답할 뿐이었다. 부부는 딸이 아이를 낳자 바로 백은선사에게 보냈다. 백은선사는 아무 말 없이 아이를 거두었다. 그는 마을을 돌아다니며 아이에게 동냥젖을 먹이고, 아이에게 필요한 물건도 동냥했다. 그러는 동안 사람들에게 온갖 무시와 멸시를 당했지만, 백은선사는 언제나 담담했다.

1년이 지난 어느 날, 아이 엄마는 양심에 가책을 느껴 더 이상 사람들을 속일 수 없었다. 그녀는 아이의 아버지가 어시장 청년이라고 고백했다. 그녀의 부모는 당장 딸을 데리고 백은선사를 찾아가 용서를 구했다. 백은선사는 언제나처럼 담담한 태도로 아이를 돌려주며 "일이 그렇게 되었군요"라고 조용히 말할 뿐이었다.

인내는 심신을 수양하고, 강한 의지를 키우고, 신념을 굳건히 하는 데 가장 효과적인 방법이다. 화를 내는 사람은 현실을 도피하려는 비겁한 겁쟁이일 뿐이다. 거칠고 급한 성격은 일을 그르치고 실패를 야기하지만, 인내는 절대 함락시킬 수 없는 철옹성과 같다.

옛날 티베트에 아이디바라는 사람이 있었다. 아이디바는 화가 나거나 다툼이 생기면 곧바로 집으로 뛰어가 집 주변과 정원을 세 바퀴쯤 돌고 나서 밭두둑에 앉아 숨을 고른다.

아이디바는 매우 부지런하고 성실했기 때문에 그는 점점 부자가 되었다. 그러나 그는 큰 부자가 되어 대저택과 넓은 땅을 소유한 후에도 남들과 다툼이 생기거나 화가 날 때면 항상 집과 땅을 세 바퀴씩 돌았다.

"아이디바, 왜 화날 때마다 그렇게 뛰는 거야?"

주변 사람들은 이 점이 너무 궁금했지만 아이디바는 아무리 물어도 명쾌하게 대답하지 않았다.

어느덧 아이디바는 할아버지가 되었고, 그의 집과 땅은 더 넓어졌다. 그러던 어느 날 아이디바는 화나는 일이 생기자 지팡이를 짚고 힘겹게 집과 땅 주위를 돌았다. 간신히 세 바퀴를 다 돌고 나니, 해는 이미 서산으로 기울고 있었다. 아이디바가 늘 그랬던 것처럼 밭두둑에 앉아 숨을 고르고 있을 때 손자가 다가와 그에게 간절히 말했다.

"할아버지! 할아버지는 너무 연로하세요. 그리고 할아버지의 땅은 너무 넓어서 예전처럼 이곳을 세 바퀴나 도는 것은 무리라고요. 할아버지, 왜 화가 날 때마다 땅 주위를 세 바퀴씩 도는지 이유를 말씀해주세요!"

아이디바는 몇십 년간 마음속에 담아두었던 자신만의 비밀을 손자에게 알려주기로 했다.

"나는 젊은 시절부터 다른 사람과 싸우거나 화나는 일이 있으면 집과 땅 주변을 세 바퀴씩 돌았다. 처음에 나는 집 주위를 돌면서 이렇게 생각했단다. '집이 이렇게 작고 땅도 좁은데 남들과 싸우고 화낼 시간이 어디 있나?' 이런 생각을 하면, 곧바로 화가 가라앉았단다. 그리고 나는 더 열심히 일했고 이렇게 부자가 될 수 있었다."

"할아버지! 하지만 지금은 나이가 많이 들었고, 또 이미 큰 부자가 되셨잖아요. 그런데 왜 아직도 집 주위를 도는 거예요?"

아이디바는 웃으며 이렇게 대답했다.

"사람은 나이가 들어도 화가 나는 법이란다. 나는 화가 나면 집과 땅 주위를 세 바퀴씩 돌면서 이렇게 생각한단다. '내가 가진 집과 땅이 이렇게 넓은데, 사람들과 그런 사소한 일 때문에 싸울 필요가 뭐가 있어?' 이렇게 생각하면 곧바로 화가 가라앉는단다."

THE WISDOM OF LIFE

살다보면 크고 작은 문제들이 끊임없이 일어나지만 대부분 충분히 참고 양보할 수 있다. 용서는 희생이고 봉사이면서 일종의 처세철학이다. 용서는 원만한 인간관계를 만들어주는 보증수표이다. 용서는 심신의 건강에 도움을 주고, 우정을 얻게 해주고, 화목한 가정과 원만한 부부관계를 유지하게 해준다. 또한 용서는 사회적으로 성공하는 데도 없어서는 안 될 기본 조건이다.

양보와 용서는 말은 쉽지만, 행동으로 옮기기란 결코 쉽지 않다. 모든 양보와 용서에는 대가가 따르기 때문이다. 더구나 이런 대가를 치르는 일은 매우 고통스럽다. 살다보면 누구나 타인으로부터 개인의 이익을 침해당할 수 있다. 상대방이 의도한 것일 수도 있고 그렇지 않을 수도 있다. 그러나 어떤 경우라도 우리는 훌륭한 인격을 배양하고 단련시키기 위해 양보와 용서가 주는 시련을 과감히 받아들여야 한다. 감정을 억누르기 힘들다면 어금니 꽉 깨물고 스스로의 감정과 행동을 조절하여 참아내야 한다.

chapter2

삶에서 배우는 인간관계의 진실

11 타인을 배려하는 것이 곧 나를 위한 것이다

타인을 배려하는 자세는 일상의 사소한 행동 중에 나타난다. 길 한가운데 커다란 돌이 놓여 있는 것을 보았을 때 타인을 배려할 줄 아는 사람은 당장 돌을 길 옆으로 치워놓는다. 돌을 치우는 사람은 나는 다행히 돌을 피해갔지만 누군가 걸어가다 돌에 걸려 넘어질 수 있고, 차 사고가 나서 사람이 다칠지 모른다는 생각을 했을 것이다.

유리문을 밀고 들어갈 때, 뒤따라오는 사람이 있는지 살피고, 뒤에 사람이 있을 경우 그 사람이 갑자기 닫히는 문에 부딪히지 않도록 잠시 문을 잡아준다. 엘리베이터를 탈 때 뒷사람을 위해 열림 버튼을 눌러준다. 이것들은 모두 아주 사소한 행동이지만 그 안에는 분명 타인을 배려하는 마음이 담겨 있다.

미국의 무용가 이사도라 던컨은 "이기적인 사람이 비난을 받는 이유는 그들이 자기 이익만 챙기기 때문이 아니라 다른 사람의 이익을 무시하기 때문이다'라고 말했다. 무의식적으로 반응하는 사소한 행동 속에 그 사람의 인품과 인격 그리고 타인에 대한 배려심이 나타난다.

막심 고리키는 평생의 투쟁을 통해 '받는 기쁨보다 주는 기쁨이 크다'라는 교훈을 얻었다. 그는 "봉사는 곧 행복"이라고 주장했다.

칼 마르크스는 어려서부터 남다른 원대한 포부를 지녔다. 그는 평생 쉬지 않고 노력한 결과 마르크스 이론을 완성했고, 프롤레타리아혁명의 명확한 방향을 제시했다. 그러나 마르크스는 이러한 업적을 세우기 위해 커다란 대가를 치러야 했다.

마르크스는 평생 가난하게 살았다. 옷을 팔아 원고지를 사야 했고, 병에 걸린 아이를 치료할 돈이 없어 일곱 명의 자식 중 네 명을 먼저 저세상으로 떠나보냈다. 마르크스의 삶은 슬픔으로 가득했지만, 그는 비통해하지 않고 오히려 당당하게 외쳤다.

"인류에게 큰 행복을 주는 일을 하기 위해서는 반드시 그에 따른 대가를 감수해야 한다. 그것을 힘겨운 부담으로 생각해서는 안 된다. 나는 인류를 위해 나를 희생할 것이다. 나는 사리사욕을 채우며 가련한 쾌락을 즐기지 않겠다. 나의 행복은 수천수만 인류의 행복과 연결되어 있기 때문이다."

봉사를 하면 왜 행복해질까?

행복이란 물질적인 만족이 아니라 정신적인 기쁨에서 얻을 수 있다. 마르크스나 장하이디張海迪, 1980년대 중국 대중의 영웅. 장애와 가난에도 불구하고 독학으로 의학을 공부했고, 수많은 봉사활동으로 사회적 귀감이 되었다 같은 사람들의 봉사와 희생은 절대 다수의 행복을 바탕으로 하고 있기 때문에 빛이 나는 것이다. 이들은 자신의 공헌이 대중에게 물질적으로나 정신적으로 만족을 줄 수 있다는 확신이 들면 어떤 노력도 마다하지 않는다. 대신 이들은 대중의 열렬한 지지와 환호 속에서 성취감과 행복을 느꼈다.

사람마다 각기 다른 상황에서 행복을 느끼는 것은 그 사람의 인생관이 다르기 때문이다. 개인주의자들은 항상 무언가를 손에 넣어야 행복하다. 그러나 남을 배려하는 사람들은 마치 꿀벌이나 황소처럼 말없이 부지런히 일하면서 봉사와 희생을 통해 행복을 느낀다.

명나라의 여곤은 타인을 위한 학문이 최고의 학문이라고 생각했다. 이것은 교묘하고 능수능란한 처세술만으로는 설명할 수 없다. 반드시 진심과 인품이 바탕에 깔려 있어야 한다.

돈이 많은 사람들은 남들을 위해 거액의 돈과 재물을 내놓는다. 정치인들은 몸을 굽혀 가난하고 불쌍한 어린아이들을 안고 입을 맞춘다. 그런데 이들의 행동이 과연 정말 타인을 배려하는 마음에서 나온 것일까? 남들에게 그렇게 보이려고 연극을 하는 것은 아닐까? 아마 의식 있는 사람이라면 누구든 그 진실을 알아차릴 수 있을 것이다.

마오쩌둥이 "자신만 이롭게 하려 하지 말고 타인을 이롭게 하는 정신을 길러라"라고 말한 것도 같은 맥락이 아닐까?

고상한 인품을 지닌 사람은 어떤 상황에서든 상대방을 배려한다. 항상 세심하게 살피고 인내하며 관심과 사랑과 존경을 표현한다.

한 부자가 우울한 표정으로 교회에 와서 기도를 하고 목사에게 도움을 청했다.

"목사님, 저는 그토록 원하던 부자가 되었는데 왜 행복해지지 않을까요? 저는 도대체 제가 가진 돈을 어디에 써야 할지도 모르겠습니다. 이 돈으로 즐거움과 행복을 살 수는 없나요?"

목사는 부자를 창문 앞으로 데리고 갔다. 그리고 부자에게 무엇이 보이느냐고 물었다.

"사람들이요. 저들은 모두 활기 넘쳐 보이는군요. 정말 아름다운 광경이에요."

부자가 말했다.

목사는 다시 부자를 커다란 거울 앞으로 데리고 갔다. 그리고 부자에게 무엇이 보이느냐고 물었다.

"나군요. 아주 우울해 보여요"

부자가 대답했다.

그러자 목사가 말했다.

"창문이나 거울이나 똑같은 유리로 만들어졌지요. 다만 거울은 유리의 한쪽 면을 은색으로 칠했다는 것이 다릅니다. 유리를 통해서는 다른 사람을 볼 수 있고, 아름다운 세상을 볼 수도 있습니다. 유리는 당신의 시선을 방해하지 않습니다. 그러나 은색으로 칠해져 있는 유리, 즉 거울은 당신 자신밖에 볼 수 없게 만듭니다. 그래서 당신의 마음은 돈에 가로막혀 아름다운 바깥 세상을 보지 못하고 오로지 자기 돈을 지키는 데만 급급해진 것입니다."

부자는 목사의 말을 듣고 행복이 무엇인지를 깨달았다. 그날 이후 부자는 돈을 아끼지 않고 최대한 어려운 사람을 도왔다. 부자는 어려운 사람들에게 사랑을 베풀었고 그에게 도움을 받은 사람들은 부자에게 축복을 빌어주었다. 부자는 주는 기쁨이 무엇인지 알았고, 사람들에게 축복을 받으며 베풀수록 마음은 더 큰 부자가 된다는 것을 깨달았다.

마음의 눈이 돈에 가려지면 사람들은 오로지 자기 생각밖에 할 수 없게 된다. 이런 사람들은 베푸는 즐거움 같은 것은 전혀 알 길이 없다.

『아낌없이 주는 나무』라는 이야기가 있다.

아이는 어려서부터 나무와 함께 행복한 시간을 보냈다. 아이는 나무 그네를 타고, 나무에 열린 과일을 따 먹고 나무 그늘 아래서 낮잠을 자기도 했다. 나무도 아이와 함께하는 시간이 너무나 행복하고 소중했다.

시간이 흘러 아이는 어느새 어른이 되었다. 어른이 되자 나무와 함께하는 시간은 점점 줄어들었다. 그는 먹고 살기 위해 동분서주하며 돈을 벌어야 했다.

그의 삶이 너무 고달파 보이자 나무는 그에게 "내 열매를 따다가 팔아 보렴" 하고 말했다.

그는 열매를 몽땅 따 가지고 갔다. 나무는 자신이 그를 위해 무언가를 할 수 있는 것이 너무 기뻤다.

그후로 그가 아주 오랫동안 나무를 찾아오지 않자 나무는 매우 외로웠다. 그러던 어느 날 그가 나무를 찾아왔다. 나무는 반갑게 그를 맞으며 말했다.

"어서 와, 우리 함께 즐겁게 놀아보자."

그러나 그는 더 이상 어린아이가 아니었다. 그는 넓은 세상으로 나가고 싶어했다. 그는 "이렇게 작은 세상에 갇혀 있고 싶지 않아. 이곳을 떠나고 싶어"라고 말했다.

나무는 그 말을 듣자 주저하지 않고 말했다.

"나를 베어가렴. 내 몸통을 가져다가 배를 만들면 네가 가고 싶은 곳 어디든 갈 수 있을 거야."

그래서 그는 나무를 베어 배를 만들어 넓은 세상으로 나갔다.

여름이 가고 겨울이 왔다. 시간은 쉬지 않고 흘러갔다. 춥고 외로운 무수한 밤을 보내며 나무는 묵묵히 그를 기다렸다.

그러던 어느 날 드디어 그가 돌아왔다. 그는 백발의 노인이 되어 있었다. 그는 늙고 지쳐 더 이상 나무와 놀 기운이 없었다. 더 이상 돈을 벌 수도 없었고 항해를 할 수도 없었다.

나무는 그에게 말했다.

"나는 꽤 훌륭한 나무 밑동인데, 네가 앉아 쉬기에 아주 좋을 거야."

그는 나무 밑동에 걸터앉았고 나무는 아직도 그를 위해 해줄 수 있는 것이 있다는 사실이 무척 기뻤다.

희생과 봉사는 바로 이런 것이다.

THE WISDOM OF LIFE

이사도라 던컨은 "이기적인 사람이 비난을 받는 이유는 그들이 자기 이익만 챙기기 때문이 아니라 다른 사람의 이익을 무시하기 때문이다"라고 말했다. 막심 고리키는 일생의 경험을 통해 '베푼 만큼 행복해진다'라는 진리를 얻었다. 다른 사람을 위한 배려가 곧 나 자신을 위한 것임을 기억하라.

12 내가 먼저 남을 존중해야 남도 나를 존중한다

성공한 사람들은 기본적으로 타인을 존중할 줄 안다. 존중이 바탕 되지 않는 인간관계는 길게 유지될 수 없다. 상대방을 존중하고 인정하며 상대방의 입장에서 그 상황을 이해하려 한다면 상대방도 당신을 인정하고 받아들인다. 이처럼 성공한 사람들은 먼저 타인을 배려할 줄 아는 마음을 갖고 있다.

프랭클린은 이기적인 '자기중심'에서 벗어나는 자신만의 방법을 갖고 있었다. 그는 언제든 필요할 때마다 스스로 생각을 바꿀 수 있었다. 이를 위해 프랭클린은 단호한 표현을 피하고 다소 모호한 단어를 융통성 있게 이용하는 습관을 길렀다. 40여 년 동안, 그의 친구들은 그가 독단적이고 극단적인 표현을 쓰는 것을 들어본 적이 없었다.

그는 분명한 인간관계 원칙이 있었다. 지나친 자신감을 나타내는 표현을 피하는 것이다. 이 원칙만 철저하게 지킨다면, 훗날 자기가 했던 말 중 잘못된 것이 있음을 알았을 때, 힘들게 그 말을 주워 담으려 하지 않아도 된다. 그러나 여기에는 반드시 기억해야 할 점이 하나 있다. 내가 말로 표현하는 것은 결국 나의 생각이나 신념일 뿐이라는 사실이다. 상대방도 자신만의 생각과 신념을 가지고 있으며 어떤 것을 선택할지는 그 사람의 고유 권한이다. 인간관계에서 이 점을 유의하면 서로 간의 실수를 너그럽게 이해하고 받아들일 수 있으며 체면을 지키려고 잘못을 인정하지 않거나 막무가내로 고집을 부리지 않아도 된다. 이렇게 하면 자연스럽게 유아독존 사상에서 벗어날 수 있다.

자존심 없는 사람은 없다. 최고 권력을 쥐고 있는 한 나라의 대통령도, 길거리에서 구걸하는 거지도 자존심은 있다. 그런데 많은 사람들이 자신의 자존심을 지키기 위해 아무렇지도 않게 타인의 자존심을 짓밟곤 한다.

놀기만 좋아하고 공부나 숙제에 전혀 관심이 없는 한 초등학생이 있었다. 이 아이는 특히 수학을 싫어했는데, 더하기, 빼기, 곱하기, 나누기가 세상에서 제일 무서웠다. 어느 날 수학 시험에서 아이는 반에서 유일하게 낙제 점수를 받았다. 수학 선생님은 아이를 교무실로 불러 많은 선생님들이 지켜보는 가운데 아이를 호되게 꾸짖었다.

"너는 도대체 수학 시간에 뭘 한 거니? 어쩌면 이렇게 멍청하니? 문제가 이렇게 쉽게 나왔는데도 낙제라니! 넌 도대체 뭐가 되려고 그러니?"

아이는 아직 어렸지만, 이 일로 자존심에 아주 깊은 상처를 받았다. 그리고 성인이 된 후에도 종종 이 괴로운 기억이 떠오르곤 했다.

그날 이후 아이는 정말 아무 희망 없는 아이가 되어버렸다. 걸핏하면 이유 없이 수학 수업을 빼먹었고, 수학이라면 진저리를 쳤으며, 수학 선생님에 대한 반감은 이루 말할 수 없었다. 다행히 아이의 부모가 늦지 않게 이 사실을 알고 부족한 기초를 보충해주어서 다음 시험에서는 낙제를 면할 수 있었다.

학년이 올라가면서 수학 선생님이 바뀌었다. 새 수학 선생님은 수업 시간에는 매우 엄했다. 숙제를 안 해오는 학생들을 엄하게 꾸짖었지만 그 외에는 화를 내는 일이 없었다. 선생님은 이 아이가 기초가 부족하다는 것을 알고 언제나 차근차근 자세히 설명해주었고 아이가 조금이라도 나아지는 부분이 있으면 그것을 놓치지 않고 크게 격려해주었다. 이렇게 하니 아이는 점점 자신감이 생기고 수학에 흥미를 갖기 시작했다. 아이는 성인이 된 후에도 그 인자하신 수학 선생님의 은혜를 잊을 수 없었다.

이 이야기는 아주 당연하지만 사람들이 쉽게 지나쳐버리곤 하는, 인간으로서 갖추어야 할 기본적인 자세에 대해 말하고 있다. 다른 사람 앞에서 자존심 상하는 일을 당하고 아무렇지도 않은 사람은 아무도 없다. 누구나 타인에게 인정받기를 원하고 칭찬받고 싶어한다. 그러나 사람들은 대부분 곱지 않은 시선으로 바라보고 있다가 상대방이 아주 작은 실수라도 하면 그것을 꼬투리 삼아 신랄한 비판을 가한다. 마치 이렇게 남에게 상처를 주어야만 자신이 행복해지는 것처럼 말이다.

하지만 이 순간 자존심에 깊은 상처를 입은 상대방의 마음이 어떨지 생각해보았는가? 사람들은 장미꽃은 좋아하지만 줄기에 돋아 있는 가시는 싫어한다. 비난은 장미 줄기의 가시와 같아 조금만 잘못해도 상대방의 자존심에 깊은 상처를 입힐 수 있다. 사람들은 비난을 겸허히 받아들이기보다는 불만과 반항심을 키우기 때문에 종종 예기치 못한 비극이 초래되기도 한다. 내가 별 뜻 없이 내뱉은 비난의 말들이 한 사람의 소중한 자존심을 무참히 짓밟을 수 있다는 점을 잊지 말아야 한다. 상대방의 입장에서 생각하고 신랄한 비판보다는 따뜻하게 격려하고 차근차근 가르치는 것이 훨씬 큰 효과를 나타낸다.

링컨은 젊은 시절, 시비를 가려 잘잘못을 따지고 비평하기를 즐겼다. 그는 종종 편지나 시의 형식으로 다른 사람의 잘못을 풍자하곤 했다. 그는 누군가를 비난하는 글을 써서 일부러 그 사람이 지나다니는 길에 떨어뜨려놓곤 했다. 이 습관은 그가 견습 변호사로 일하던 스프링필드에서 드디어 큰 문제를 일으키고 말았다.

1842년 가을, 링컨은 당시 스프링필드에서 가장 거만하기로 유명한 정치인 제임스 시어스를 비난하는 글을 익명의 편지 형식으로 신문에 실어 그를 완전히 웃음거리로 만들었다. 시어스는 크게 분노했고 수소문 끝에 이 글을 쓴 사람이 링컨이라는 사실을 알아냈다. 시어스는 곧바로 말을 타고 링컨을 찾아가 당시 관습대로 결투를 신청했다. 링컨은 결투를 좋아하지 않았지만 어쩔 수 없이 결투를 받아들여야 했다.

결투 방식은 기마검술이었다. 링컨은 웨스트포인트사관학교미국 육군사관학교의 통칭 출신의 지인에게 검술을 배우며 결투를 준비했다. 그러나 다행히 결투가 벌어지기 바로 1분 전 제삼자에 의해 결투가 저지되었다. 만약 결투가 중지되지 않았다면 둘 중 한 사람은 치명상을 입었을 것이다.

이 일을 계기로 링컨은 큰 교훈을 얻었다. 자존심에 상처를 입은 사람이 얼마나 무섭게 변할 수 있는지 확실히 깨달은 것이다. 이후로 링컨은 두 번 다시 남의 잘못을 들춰내어 비난하거나 조롱하지 않았다.

남북전쟁이 한창이던 어느 해, 링컨이 새로 임명한 총사령관이 연일 참패를 거듭했다. 국민의 절반 이상이 그를 능력 없는 장군이라고 욕했지만 링컨은 그에 대해 말을 아꼈다. 다만 "내가 남을 비난하지 않으면 남도 나를 비난하지 않는다"라고 말할 뿐이었다.

링컨의 아내와 주변 사람들이 남부 사람들을 비난할 때도 링컨은 이렇게 말했다.

"그들을 비난하지 마세요. 만약 그들과 같은 상황이었다면 우리도 그들처럼 행동했을 것입니다."

링컨은 항상 상대방을 배려하고 자존심을 지켜주려 노력했기 때문에 많은 사람들과 원만한 인간관계를 유지할 수 있었고, 이런 인간관계를 바탕으로 역사에 길이 남을 위대한 대통령이 될 수 있었다.

타인의 자존심을 배려하는 데에는 여러 가지 방법이 있다. 미국의 캘빈 쿨리지 대통령이 임기 중에 한 친구를 백악관으로 초대해 주말을 함께 보낸 적이 있었다. 친구는 우연히 대통령 개인 집무실에 들어갔다가 대통령이 비서에게 하는 말을 들었다.

"오늘 입은 옷 정말 예쁘군. 당신은 정말 매력적인 여자요."

이 말은 평소 과묵하기로 유명한 쿨리지가 비서에게 할 수 있는 최대의 찬사였다.

비서는 대통령에게 전혀 예상치 못한 뜻밖의 칭찬을 듣고 얼굴이 새빨갛게 달아오른 채 매우 당황스러워했다. 이때 대통령이 말을 이었다.

"그렇게 당황할 필요 없소. 그냥 서로 기분 좋자고 한 얘기요. 아참, 그리고 앞으로 서류 문장부호에 좀 더 신경을 써주겠소?"

쿨리지가 상대방의 자존심을 지켜주기 위해 사용한 방법은 다소 과장스럽지만 효과만은 확실했다. 일반적으로 사람들은 먼저 칭찬을 들은 후에 다소 기분 나쁜 말을 들으면 비교적 호의적으로 쉽게 받아들인다.

1896년 대통령 선거 중 윌리엄 매킨리가 겪은 일이다. 당시 공화당의 유명한 연설가가 매킨리의 연설문을 작성해왔다. 그 연설가는 자신의 연설과 문장력에 자부심이 아주 강한 사람이었다. 이 연설가는 매킨리 앞에서 자신 있게 연설문을 낭독했다.

그런데 연설문은 훌륭한 관점이 돋보이기는 했으나, 이대로 연설했다가는 반대파의 거센 비난이 몰아칠 것이 불을 보듯 뻔했다. 매킨리는 연설가의 자존심을 다치게 하고 싶지 않았지만 이 순간 반드시 'No'라고 말해야 했다. 이 일은 매우 곤란하고 힘든 일이었지만 매킨리는 아주 훌륭하게 문제를 해결했다.

"여보게. 자네가 쓴 글은 역시 대단해. 아주 강한 힘이 느껴지는군. 정말이지 자네 연설문이 최고네. 아주 논리적이고 정확하기까지 하군. 하지만 지금 우리 당이 처한 상황에서 이 연설문이 효과를 발휘할 수 있을지 모르겠네. 일반적인 상황이었다면 별 문제 없었겠지만, 지금은 당의 입장을 고려하지 않을 수 없네. 이 내용을 기초로 하여 우리 당에 필요한 사항을 몇 가지 덧붙여서 연설문을 수정해주겠나? 연설문이 완성되면 곧장 팩스로 보내주게."

연설가는 매킨리가 요구하는 대로 기꺼이 연설문을 수정해주었다. 이후 이 연설가는 매킨리가 대통령 선거 유세를 하는 동안 매킨리에게 가장 큰 힘이 되어주었다.

물론 매킨리가 다르게 행동했을 수도 있었다. 만약 매킨리가 이 연설가의 자존심 따위는 생각하지 않고 직접적으로 잘못을 지적했다면 어떤 결과가 생겼을까? 어쩌면 미국의 대통령 역사가 바뀌었을지도 모른다.

THE WISDOM OF LIFE

유아독존 사상은 치명적인 정신적 결함이다. 이런 생각을 지닌 사람은 이것이 곧 위대한 인물이나 훌륭한 지도자들의 전유물이자 자신감의 표현이라고 생각한다. 그러나 이것은 대단한 착각이다. 전 세계적으로 이름을 떨치고 대중의 존경을 한 몸에 받았던 위대한 인물이나 훌륭한 지도자들은 절대 유아독존 식으로 행동하지 않았다. 오히려 지위에 연연하지 않고 자신을 낮추며 스스로 웃음거리가 되는 것도 마다하지 않았다. 이들은 대중과 동떨어져 그 위에 군림하려 들지 않았고 대다수인 평범한 사람들과 하나가 되려 했기 때문에 위대한 업적을 이룰 수 있었다.

13 더 많이 양보하고 끊임없이 용서하라

『증광현문^{增廣賢文}』은 중국의 서민들에게 아주 친숙한 처세 관련서이다. 여기에는 오랜 역사를 통해 검증된 철학적인 격언들이 수록되어 있다. 그 중 '남을 용서하는 사람은 바보가 아니다. 바보는 용서할 줄 모른다' 라는 말이 있다. 그리고 이 말을 '내가 옳더라도 상대에게 더 많이 양보하라. 그리고 용서할 수 있는 만큼 용서하라' 라고 풀이해놓았다.

할리우드의 한 여배우가 실연을 당한 후 복수심에 사로잡혔다. 그녀는 어떻게든 자기 얼굴의 주름살을 감추고 팽팽하게 보이고 싶었다. 그래야 세상에 복수할 수 있다고 생각한 것이다. 그녀는 가장 실력 있고 유명한 분장사를 찾아가 화장을 부탁했다. 그러나 이 분장사는 여배우의 심리를 정확히 파악하여 아주 직설적으로 충고했다.

"당신 마음속의 원망과 한을 풀어버리지 않으면, 이 세상 어떤 분장사도 당신을 아름답게 만들어줄 수 없습니다."

명대의 문인 왕기의 『우포잡기寓圃雜記』에 나오는 양저의 이야기를 보자.

양저의 옆집 사람은 키우던 닭이 없어지자 양저를 도둑놈이라고 동네 방네 떠들고 다녔다. 주변 사람들이 양저에게 이 사실을 알려주자 그는 "이 마을에 양씨가 어디 나 하나뿐인가요? 욕하는 건 그 사람 마음이지요"라고 말했다. 또 양저의 뒷집에서는 빗물을 양저네 집으로 흘러가게 만들어 비가 오는 날이면 양저네 집은 항상 온갖 오물과 빗물로 뒤범벅이 되었다. 사람들이 이 사실을 양저에게 알려주자 그는 "살다보면 맑은 날이 더 많지 않습니까? 비오는 날이 며칠이나 되겠습니까?"라고 말했다. 이렇게 계속 시간이 흐르니 양저의 이웃 사람들은 그의 인내심과 양보심에 감동할 수밖에 없었다. 어느 날 도적떼가 양저의 집을 털 계획이라는 것을 알게 된 이웃 사람들은 자발적으로 나서서 양저의 집을 밤새도록 지켜주었다. 양저는 이웃들의 도움으로 화를 면할 수 있었다.

옛날에 진효와 기백이라는 사람이 이웃에 살고 있었다. 어느 날 밤 기백은 몰래 진효네 집 울타리를 뽑아 조금 뒤로 옮겨놓았다. 이때 진효가 이 광경을 목격하고는 '좀 더 넓은 땅을 갖고 싶은 게로군. 그렇다면 내가 도와주지'라고 생각했다. 그래서 기백이 들어간 후 다시 울타리를 뽑아 더 많이 뒤로 옮겨놓았다. 날이 밝자 기백은 자기 집 마당이 생각보다 더 많이 넓어진 것을 보고 진효가 자기에게 땅을 양보해주었다는 사실을 알아차렸다. 기백은 너무나 부끄러웠다. 그는 진효를 찾아가 자기가 침범한 땅을 다시 돌려주었다.

양보와 용서는 말은 쉽지만, 행동으로 옮기기란 결코 쉽지 않다. 모든 양보와 용서에는 대가가 따르기 때문이다. 더구나 이런 대가를 치르는 일은 매우 고통스럽다. 살다보면 누구나 타인으로부터 개인의 이익을 침해당할 수 있다. 상대방이 의도한 것일 수도 있고 그렇지 않을 수도 있다. 그러나 어떤 경우라도 우리는 훌륭한 인격을 배양하고 단련시키기 위해 양보와 용서가 주는 시련을 과감히 받아들여야 한다. 감정을 억누르기 힘들다면 어금니 꽉 깨물고 스스로의 감정과 행동을 조절하여 참아내야 한다. 조급하고 무모한 생각과 충동적인 행동을 억제시켜야 한다. 진효와 양저처럼 자신의 감정을 평화롭게 가라앉힐 수 있는 이유를 찾아내어 자신을 설득하면 양보의 고통에서 벗어날 수 있고 관용과 도량을 키울 수 있다.

용서와 양보는 복수를 낳지 않는 가장 좋은 방법이다. 항상 용서와 인내라는 부적을 몸에 지니면 일평생 평안하게 살 수 있다. 용서와 양보를 할 줄 아는 사람은 불합리한 세상사에 농락당하지 않으며 설사 타인으로부터 피해를 입더라도 절대 복수에 복수를 낳는 행동 따위는 하지 않기 때문이다.

'용서와 양보의 고통은 반드시 달콤한 열매를 선물해준다' 라는 말처럼 한 번 양보하면 아름다운 한 줄기 인생의 빛을 얻을 것이며, 또 한 번 용서하면 행복의 문이 열릴 것이다. 상대방을 숨도 쉬지 못할 만큼 밀어붙이면 그 사람은 죽을힘을 다해 당신과 맞서려 할 것이다. 이런 경우 양쪽 모두 큰 손해를 볼 수밖에 없다. 그러므로 내가 옳더라도 남에게 더 많이 양보하라. 그리고 용서할 수 있는 만큼 용서하라.

14 유머는 얼음산도 녹일 수 있다

유머가 없는 삶은 어떤 모습일까? 아마 우리가 생각하는 것보다 훨씬 끔찍할 것이다. 유머는 때로 아주 놀라운 효과를 만들어낸다. 그러나 유머를 잘못 이용하면 상대방의 마음에 큰 상처를 주고 당신은 독설가라는 오명을 뒤집어쓸 수도 있다.

미국의 존 앨런은 전쟁터를 방불케 하는 치열한 주의원후보경선대회에서 유머 몇 마디로 다른 후보들을 모두 제치고 당당히 승리를 거두었다. 당시 앨런과 가장 강력한 경쟁을 벌이고 있던 상대는 바로 후커 장군이었다. 후커 장군은 남북전쟁 당시 뛰어난 공을 세워 이미 수차례 주의원에 당선된 바 있었다.

경선 당시 후커 장군은 연설을 마치면서 이렇게 말했다.

"존경하는 국민 여러분, 십칠 년 전 바로 어제 새벽을 기억하십니까?

저는 그때 병사들을 이끌고 밀림 속에서 치열한 전투를 벌이다가 밀림 속에서 그대로 잠이 들었습니다. 제가 당시 얼마나 힘겨운 전투를 벌였는지 여러분이 기억해주시길 바랍니다. 아니, 제발 잊지 말아주십시오. 밀림 속에서 하늘을 이불 삼아 잠을 청하는 것이 얼마나 고생스러운 것인지 기억해주십시오. 그렇게 해서 얻은 나의 승리를 여러분이 절대 잊지 않을 것이라고 믿습니다."

후커 장군의 연설이 끝나자 사람들은 뜨거운 가슴으로 열렬한 박수를 보냈다. 후커 장군이 승리를 확신하며 연단을 내려온 후 뒤이어 등장한 존은 가벼운 농담 몇 마디로 후커 장군의 연설을 물거품으로 만들고 최후의 승리를 거머쥐었다.

"친애하는 국민 여러분, 후커 장군이 말한 십칠 년 전의 전투는 정말 치열했습니다. 그는 그 전쟁에서 분명히 큰 공을 세웠고 그로 인해 지금까지 큰 명예를 누려왔습니다. 저는 당시 후커 장군 아래에 있던 일개 병사에 불과했습니다. 하지만 우리 이름 없는 병사들은 장군을 대신해 목숨을 내놓고 적진으로 돌진해 싸워야 했습니다. 그리고 장군님이 편안히 숲속에서 주무시는 동안에도 총을 들고 황량한 들판에 서서 차가운 바람과 이슬을 맞으며 장군님을 보호해야 했습니다. 여러분, 그 모습을 상상해보십시오. 그 모습을 상상하고 나서도 후커 장군을 지지하신다면 그에게 표를 던지십시오. 그러나 만약 저를 지지하시는 분이 계시다면 절대 여러분의 선택을 부끄럽지 않게 만들겠습니다."

비록 존의 연설은 아주 짧았지만 청중들의 마음을 사로잡기에 충분했다. 존은 후커 장군을 누르고 주의원에 당선되었다.

존은 의회활동을 하면서 항상 국민을 존중하고 헌법을 준수했다. 그 와중에도 그는 늘 유머를 잃지 않았다. 그는 의회활동을 하면서 어려운 문제가 생길 때면 어김없이 유머 능력을 발휘했다.

한번은 그가 의회에서 연설을 시작하려는 순간 한 의원이 그의 연설을 제지했다. 존은 그 의원 앞에서 울상을 지으며 말했다.

"좋습니다. 이렇게까지 제 연설을 막으시겠다면 어쩔 수 없지요. 대신 의회 기록에 제가 엄청난 박수와 갈채를 받았다고 적어주십시오. 이것도 안 될까요?"

이 한 마디에 모든 의원들은 박장대소했고 의회는 온통 웃음바다가 되었다. 본래 존이 연설하려던 내용이 바로 융통성 없는 의회 기록 방식과 연설 방식을 고치자는 것이었다. 그런데 상대편 의원은 기존의 연설 방식을 근거로 존의 연설을 제지했던 것이다. 그러나 존이 이렇게 뼈 있는 농담을 던지자 사람들은 자연스럽게 그 법이 너무 융통성 없는 것이 아닌가 생각하게 되었다. 그리고 의원들은 만장일치로 존의 연설을 허가했다.

존은 연설을 마치면서 다시 한 번 유머 실력을 발휘했다.

"존경하는 의장님! 이제 제가 하고 싶은 말을 다했습니다. 이제 여러분의 판단만 남았습니다. 저는 이제 곧바로 휴게실로 향하려 합니다. 여기에 서서 여러 의원님들의 축하를 받기는 너무 부끄럽지 않겠습니까?"

존은 이 한 마디로 자신의 확고한 신념을 표현하는 동시에 수많은 사람들의 찬성을 이끌어낼 수 있었다.

인생을 살다보면 내 인생에 어떤 영향을 미치거나 심한 경우 내 인생을 아주 힘들게 만드는 사람이 있게 마련이다. 이런 경우 유머는 그 사람에

게 스스로 잘못을 깨닫게 하는 가장 효과적인 방법이다. 유머는 상대방을 적으로 만들지 않으면서 상대방에게 나의 넓은 도량과 뛰어난 기지에 대한 강한 인상을 남길 수 있다. 그리하여 상대방으로 하여금 자연스럽게 좀 더 주의해야겠다는 생각이 들게 할 수 있다.

빌 게이츠가 신제품 판매촉진을 위한 홍보활동을 벌일 때였다. 그런데 그 자리에 참석한 빌 게이츠는 전혀 세계 최고의 갑부처럼 보이지 않았다. 그는 언제나처럼 수십 년 된 낡은 자동차를 직접 운전하고 나타났다. 지금 빌 게이츠는 더 이상 이름을 숨기고 돌아다닐 수 없는 유명인이 되어 어딜 가든 수많은 파파라치를 몰고 다닌다. 이렇게 많은 사람이 몰려들고 혼잡해지면 누구든 짜증이 나게 마련이지만 빌 게이츠는 곧잘 유머를 이용해 분위기를 진정시키곤 했다.

빌 게이츠는 언제나 웃는 얼굴로 기자들을 대한다.

"이봐요, 나의 멋진 애마와 사진 한 장 찍는 게 어때요?"

그는 농담을 던져놓고 사람들이 긴장을 풀고 있는 사이 아주 노련하게 조용히 그 혼잡한 상황을 빠져나간다. 그의 유머는 기자들에 대한 불만을 은근히 표현하면서 교묘히 그들을 따돌릴 수 있는 가장 효과적인 방법이었다.

당신은 일상 속에서 어떤 유머를 이용해 어떤 문제를 해결해보았는가?

어느 날 이웃집에 놀러간 마크 트웨인은 그 집 서재를 둘러보다가 아주 흥미로운 책 한 권을 발견했다. 그는 집주인에게 책을 빌려갈 수 있겠느냐고 물어보았다. 그러자 집주인이 말했다.

"언제든지 이곳에 와서 책을 읽는 것은 환영입니다. 그러나 반드시 이 서재에서만 보실 수 있습니다. 이건 제가 정한 규칙입니다. 여기에 있는 책들은 절대 밖으로 가지고 나갈 수 없습니다."

몇 주 후 그 이웃이 마크 트웨인의 집에 찾아와 제초기를 빌려달라고 했다. 마크 트웨인이 대답했다.

"물론이지요. 하지만 제가 정한 규정에 따라주서야 합니다. 이 제초기는 반드시 여기에서만 사용해야 합니다."

상대방의 행동을 바꾸게 하고 싶다면 마크 트웨인처럼 유머를 이용해보라. 유머를 이용하면 훨씬 쉽고 더 효과적으로 일을 해결할 수 있다. 다음의 이야기를 보면 이 말의 뜻을 이해할 수 있을 것이다.

유머 이야기 1

맹장염에 걸린 환자가 있었다. 의사는 환자의 맹장을 떼어내는 수술을 했다. 그런데 환자는 상처가 아문 뒤에도 아랫배가 여전히 아팠다. 검사를 해보니 뱃속에서 수술칼이 발견되었다. 결국 다시 수술을 해서 수술칼을 꺼냈다. 다시 수술을 한 후에도 환자는 계속 뱃속이 더부룩했다. 다시 검사를 해보니 이번엔 거즈가 들어 있었다. 다시 수술을 했다. 그러나 상처가 아문 후에도 여전히 뱃속이 불편했다. 이번에는 솜이 뱃속에 들어 있었다.

환자가 의사에게 소리쳤다.

"이봐요, 의사선생, 아예 내 배에다가 지퍼를 달지 그래요? 그게 피차 편하지 않겠소?"

물론 이것은 아주 황당한 우스갯소리지만 정말 이런 일이 일어난다면 충격이 아닐 수 없다. 이야기 속의 남자는 환자의 생명을 가볍게 생각하는 의사들의 안일한 정신 상태에서 비롯된 실수에 대해 일침을 가했다. 이 남자의 말은 화나고 슬프면서도 웃을 수밖에 없는 상황을 만들어냈다. 실재로 이렇게 말할 수 있는 사람이 있다면 분명 대단한 도량을 지닌 비범한 인물일 것이다.

살다보면 내 뜻대로 되지 않는 일이 더 많게 마련이다. 그래서 사람들은 항상 고통과 고민에서 헤어나지 못한다. 이럴 땐 먼저 마음을 비워라. 그러면 어떤 것이든 이해하고 받아들일 수 있으니 곧 불쾌한 감정도 사라질 것이다.

유머가 우리 삶에 주는 영향력은 아주 대단하다. 왜 그렇게 고민하고 걱정하는가? 마음을 넓게 가져라. 사실 따지고 보면 대부분 별 일 아니다.

어떤 사람이 한 중년 부인에게 물었다.

"당신은 남편과 이십 년을 함께 살았습니다. 당신들 두 사람에게는 어떤 공통점이 있습니까?"

부인은 즉시 대답했다.

"우리의 유일한 공통점은 모년 모월 모일에 결혼했다는 것입니다."

유머 이야기 2

취재차 뉴욕에 간 한 기자가 한밤중에 숙소로 돌아가고 있었다. 이때 복면강도가 나타나 기자의 앞길을 막아섰다. 강도는 기자 머리에 총부리를 들이대며 거칠게 소리쳤다.

"빨리 있는 돈 다 내놔! 안 그러면 네 머리통을 날려버릴 테니."

그러자 기자가 말했다.

"차라리 날 쏘시오. 뉴욕에서는 머리통 없이는 살 수 있어도 돈 없이는 살 수 없는 것 같소."

눈앞에 강도가 총부리를 겨누고 있는데 이런 유머를 구사할 수 있다니, 정말 대단하지 않은가!

유머 이야기 3

러시아의 한 백작이 임종을 눈앞에 두고 있었다. 백작의 주치의는 그에게 나지막이 속삭였다.

"백작님, 이번에는 쉽게 병이 나을 것 같지가 않습니다. 마음의 준비를 하시는 것이 좋겠습니다. 마지막으로 만나고 싶은 사람이 있습니까?"

그러자 백작은 힘없이 고개를 끄덕이며 말했다.

"그렇소. 나는 다른 의사 선생을 만나고 싶소!"

우리 인생에서 죽음보다 더 큰 고통은 없다. 죽음이라고 하면 어떤 사람들은 화들짝 놀라 정신을 차리지 못하기도 하고, 어떤 사람은 남의 일처럼 무관심하기도 하고, 어떤 사람은 그냥 크게 웃어넘기기도 하고, 어떤 사람은 유머를 이용해 경직된 분위기를 살려낸다.

유머 이야기 4

한 사형수가 교수대에 올라 제발 줄을 목에 감지 말고 허리에 감아달라고 간청했다. 그는 "나는 목 부분이 특히 민감해서 가려움을 잘 탑니다. 아마 목에 줄을 감으면 난 웃다가 죽을지도 몰라요"라고 말했다.

어떤 사람이 자살을 하려고 기찻길에 누웠다. 그 사람은 간식거리를 한 무더기 들고 있었다. 지나가던 사람이 도저히 이해할 수 없어 물어보았다.

"죽겠다는 사람이 왜 그렇게 많은 먹을거리를 지니고 있는 거요?"

자살하려는 사람은 귀찮다는 듯 지나가는 사람을 쳐다보며 대답했다.

"만약 기차가 한참 동안 오지 않으면 난 굶어 죽을 것이 아니오?"

노신의 소설 속에 나오는 아Q는 죽음을 눈앞에 두고 자기 목 위에 그린 동그라미가 비뚤어졌다며 불만스러워했다.

하이네는 죽음을 눈앞에 두고 하느님이 자기를 받아주지 않을까봐 걱정했다. 비처는 죽음을 눈앞에 두고 칼끝이 무딜까봐 걱정했다. 윌리스는 죽음을 눈앞에 두고 교수형에 쓰일 노끈이 튼튼한지 걱정했다.

유머는 공기처럼 이 세상 어디에나 존재할 수 있다. 유머로 상대의 마음을 움직이게 할 수 있다면 당신은 어디에서나 환영받는 매력만점의 인기인이 될 수 있다.

15 남들에게 베풀면
나에게도 이익이 돌아온다

'남풍南風 법칙' 혹은 '자선慈善 법칙' 이라는 말을 들어보았는가? 이 말은 프랑스 작가 라퐁텐의 우화에서 유래되었다.

북풍과 남풍이 서로 자기 힘이 더 세다고 다투다가 누가 행인의 외투를 벗기는지 내기를 했다. 먼저 북풍이 뼈를 시리게 할 정도로 매섭고 차가운 바람을 일으켰다. 행인은 외투를 더 단단히 조였고 북풍이 아무리 세차게 바람을 일으켜도 외투는 벗겨지지 않았다. 다음은 남풍이 나서서 천천히 따뜻한 바람을 일으켰다. 차가운 바람이 몰아치다가 갑자기 따뜻한 바람이 불어오자 행인은 봄기운을 느끼며 단추를 풀기 시작했다. 그리고 잠시 후 외투를 완전히 벗었다. 남풍의 승리였다.

이 이야기는 타인에게 선을 베푸는 사람이 승리할 수 있다는 교훈을 알려준다.

산악전문가 싱어가 동료와 함께 히말라야 산맥의 한 산봉우리를 넘어가고 있었다. 그들은 엄청난 눈보라와 세 시간 가까이 악전고투한 후였기 때문에 이미 기진맥진한 상태였으며, 추위에 배고픔까지 더해져 어딘가 앉아서 잠시 쉬고 싶은 생각이 굴뚝같았다. 그러나 그들은 감히 앉아서 쉴 수 없었다. 잠시라도 움직임을 멈추고 앉았다가는 얼마 안 가 얼음덩어리로 변해 다시는 일어설 수 없을 것임을 잘 알고 있었기 때문이다. 쉬지 않고 걸어야만 체온을 유지할 수 있는 상황이었다.

물론 그동안 산에 오르면서 위험한 순간을 경험한 적이 몇 차례 있었다. 그러나 이번처럼 위험한 순간은 없었다. 두 사람은 더 확실하고 충분히 준비했어야 했다고 자책했다. 어쩌면 이렇게 가장 안 좋은 계절과 날씨에 에베레스트에 오른 것 자체가 잘못이었는지 몰랐다. 그러나 지금 이 순간 어떤 후회나 자책도 도움이 되지 않았다. 두 사람은 오직 마지막 힘이 다하기 전까지 쉴 만한 안전한 장소를 찾아야 한다는 생각뿐이었다.

잠시 후 두 사람은 눈 위에 정신을 잃고 쓰러져 있는 사람을 발견했다. 그의 몸은 이미 반 이상 눈으로 덮여 있었다. 그는 두 사람과 같은 목적으로 산에 올랐다가 운 나쁘게 눈보라를 만나 쓰러졌을 것이다. 순간 싱어는 측은지심이 일어 황급히 다가가 무릎을 꿇고 상태를 살폈다. 그 사람은 잠시 정신을 잃었을 뿐 아직 살아 있었다. 만약 그를 따뜻한 곳으로 옮길 수만 있다면 충분히 목숨을 살릴 수 있었다. 싱어는 친구에게 그 사람을 데리고 가자고 동의를 구했다. 그러나 친구는 펄쩍 뛰었다.

"어리석은 짓 하지 말게, 친구. 우리는 지금 우리 자신의 목숨도 부지할 수 있을까 의문이네. 여기에 또 하나 짐을 지고 가다가는 우리도 살 수 없을 걸세."

친구의 말이 틀린 건 아니지만, 싱어는 친구의 말에 동의할 수 없었다.

잠시 머뭇거리던 싱어는 결국 눈 위에 쓰러진 사람을 구하기로 결심했다. 그는 죽어가는 사람을 보고 도저히 그냥 지나칠 수 없었다. 싱어는 친구에게 그 사람을 업을 수 있도록 도와달라고 했으나 친구는 냉랭한 말투로 거절했다.

"자네가 그 사람을 구하겠다고 정 고집을 피우면 어쩔 수 없지. 하지만 그건 자네 일이네. 나와는 아무 상관 없는 일이야."

친구는 앞으로 걸어가버렸다.

싱어는 할 수 없이 혼자서 젖 먹던 힘을 다해 그 사람을 일으켜 등에 업고 힘들게 한 걸음 한 걸음 앞으로 나아갔다. 정신을 잃은 사람은 더 무거운 법, 천지가 눈과 얼음으로 뒤덮인 에베레스트였지만 잠시 후 싱어의 온몸이 뜨거워지기 시작했다. 싱어의 등에 업힌 사람과 함께 체온이 올라가기 시작한 것이다. 몸이 따뜻해지자 정신을 잃었던 사람이 깨어났고, 얼마 후 두 사람은 어깨를 나란히 하고 걷기 시작했다.

두 사람이 또 다른 산등성이로 들어서는 순간 싱어는 앞서 떠났던 친구를 발견했다. 친구는 눈 위에 쓰러져 이미 얼어붙어 있었다.

남을 돕는 행동은 선량한 마음의 표현임과 동시에 자신에게 이익을 주기도 한다. 싱어는 자신과 또 다른 사람, 즉 두 명의 목숨을 살려야 한다는 생각 때문에 생존에 대한 열망이 더 강해졌다. 싱어는 등에 사람을 업고 걷는 동안 온몸에 열이 나면서 체온이 상승했다. 그러나 그의 친구는 이기심 때문에 얼어 죽고 말았다.

인간관계에서는 단 두 가지 경우만이 존재한다. 타인에게 잘하는 경우와 그렇지 못한 경우이다. 자신은 물론 타인이나 사회의 이익까지 생각한다면 당연히 전자를 택해야 한다.

타인에게 선을 베풀면 상대의 감동을 이끌어내 보다 쉽게 이해와 상호협력관계를 만들어낼 수 있다. 이것은 곧 성공으로 연결될 수 있다. 또한 모든 사람이 서로 돕고 이해하면 보다 효과적으로 훌륭한 생활환경을 만들 수 있다. 이것이 바로 행복이고 아름다운 인생일 것이다.

미국 중서부의 작은 도시에 사는 요하임은 '이렇게 작은 도시에서 일자리 찾기란 정말 쉬운 일이 아니야'라고 생각하며 집으로 돌아가고 있었다. 하지만 그는 절대 포기하지 않겠다고 다시 한 번 다짐했다.

겨울이 가까워오자 바람도 차가워지고 기온도 많이 떨어졌다. 요하임은 운전을 하면서도 한기가 느껴져 옷깃을 단단히 여미고 황량한 시골 길을 지나갔다. 이 길은 고향 사람들이 마을을 떠날 때 지나가는 길이다. 요하임의 친구들은 대부분 이 길을 지나갔다. 그들은 가족을 먹여 살리고 자신의 꿈을 이루기 위해 큰 도시로 떠났다. 그러나 요하임은 고향에 남는 쪽을 선택했다. 어쨌든 이곳에는 자신의 부모가 묻혀 있고 그는 이곳에서 태어나 이곳에서 자랐으며 이곳의 나무 한 그루 풀 한 포기에 모두 정이 들었기 때문이다.

날이 어두워지자 눈발이 더 거세졌고 요하임은 좀 더 서둘렀다. 그 바람에 그는 하마터면 길가에 서성거리고 있는 노부인을 못 보고 그냥 지나

쳐갈 뻔했다. 다행히 요하임은 누군가의 도움을 기다리고 있는 노부인을 발견했고, 노부인의 벤츠 옆에 차를 세웠다.

요하임은 미소를 지으며 차에서 내렸지만 노부인은 그를 경계했다. 한 시간이 지나도록 한 사람도 차를 세우고 그녀를 도와주지 않았다.

'저 사람이 정말 나를 도와주기 위해 차를 세운 것일까?'

그의 궁핍한 모습을 보니 금방이라도 배에서 꼬르륵 소리가 날 것만 같았다. 어딜 봐도 미덥지 않았다. 요하임은 노부인이 자신을 무서워하고 있음을 알아차리고는 잠시 차가운 바람 속에 걸음을 멈추었다. 그는 그녀가 무슨 생각을 하고 있는지 잘 알았다. 지금 이 순간 노부인을 이렇게 떨게 만들 수 있는 것은 추위와 두려움뿐이었다.

"저는 부인을 도와드리려는 것입니다. 안심하세요. 부인, 차에 무슨 문제가 있나요? 이렇게 추운데 왜 밖에 나와 계십니까? 아참, 제 이름은 요하임입니다."

노부인의 차는 타이어에 바람이 빠졌을 뿐 큰 문제는 없었다. 요하임은 차 밑으로 기어들어가 손을 보며 몇 번인가 차 밑을 들락날락했다. 잠시 후 그는 온몸에 먼지와 기름때를 뒤집어썼고 손에 상처를 입었다. 그가 마지막 나사를 조이자 부인은 그제야 마음을 놓고 요하임과 이야기를 나누기 시작했다. 그녀는 세인트루이스에 살고 있는데, 이곳을 지나가던 중 차가 고장이 났다고 말했다. 그녀는 요하임의 도움에 거듭 감사 인사를 했다. 요하임은 빙그레 웃으며 구급상자를 닫았다.

노부인은 요하임에게 얼마간 보답을 하고 싶다며 그에게 얼마를 원하느냐고 물었다. 그러나 요하임은 돈을 받을 생각이 전혀 없었다. 그는 도움을 필요로 하는 사람을 도왔을 뿐이다. 왜냐면 그 역시 예전에 도움이 필요할 때 사람들로부터 많은 도움을 받았었기 때문이다.

그가 말했다.

"만약 부인이 저에게 정말 고맙다고 생각한다면 다음에 누군가 부인의 도움을 필요로 하는 사람을 만났을 때 그 사람을 아낌없이 도와주세요. 그 순간 제 생각을 해주시면 됩니다."

그는 부인이 차에 시동을 걸고 출발하는 것을 보면서 자기도 돌아갈 채비를 했다. 날씨는 여전히 추웠지만, 집으로 돌아가는 요하임의 마음은 어느 때보다 즐거웠다. 차를 움직이기 시작하자 어둠이 사라졌다.

차를 몰고 가던 부인은 작은 레스토랑을 발견했다. 그녀는 뭔가 따뜻한 걸 좀 마시고 몸을 녹인 후 다시 출발해야겠다고 생각했다.

부인에게 다가온 종업원은 따뜻한 미소를 띠며 그녀에게 깨끗한 수건을 건네주었다. 부인의 머리가 눈발에 젖어 있었기 때문이다. 여종업원은 임신 8개월쯤 된 것 같았다. 그러나 그녀는 일이 고되다거나 몸이 불편하다고 해서 불친절하거나 불성실하게 서비스하지 않았다. 부인은 식사를 끝내고 100달러짜리 지폐로 계산을 했다. 종업원이 100달러를 카운터로 가지고 가 잔돈을 가져오는 동안 부인은 몰래 가게를 빠져나갔다. 여종업원이 잔돈을 가지고 자리로 돌아왔을 때 부인은 이미 보이지 않았다. 그리고 그녀는 냅킨 위에 글자가 적혀 있는 것을 발견했다. 냅킨 위에는 다음과 같이 적혀 있었다.

"당신은 내게 빚을 진 것이 아닙니다. 내가 어려울 때 누군가 나를 도와주었답니다. 만약 당신이 정말 나에게 보답을 하고 싶다면 이 사랑의 사슬이 당신에게서 끊어지지 않도록 해주세요."

여종업원은 눈시울이 뜨거워지는 것을 느꼈다.

퇴근하고 집에 돌아온 그녀는 침대에 누웠다. 그리고 부인이 남긴 돈과 그녀가 남긴 말을 다시 생각해보았다.

'도대체 그 부인은 내가 돈이 필요하다는 것을 어떻게 알았을까?'

다음 달이면 아이가 태어나는데 그들 부부는 아무 것도 준비하지 못하고 있었다. 그녀는 남편 역시 매우 초조해하고 있다는 것을 알고 있었다. 남편이 집에 돌아와 그녀 옆으로 다가왔을 때 그녀는 남편에게 따뜻한 키스를 하며 속삭였다.

"다 잘될 거예요. 사랑해요, 요하임."

THE WISDOM OF LIFE

사람은 언제나 타인의 존재보다 자신의 존재가 더 중요하게 마련이다. 그러나 먼저 남에게 베풀 수 있는 따뜻한 마음을 가진 사람은 자신의 존재 가치를 더욱 빛나게 할 수 있다. 이것이야말로 진정 인간답게 살 수 있는 길이다. 인간다운 행동을 해야만 인간으로서의 존엄성을 지키고 인간으로서의 모든 자격과 권리를 누릴 수 있다.

16 친구가 많으면 인생에서 기회도 많아진다

돈이나 권력이 없어도 살 수 있다. 기본적인 생활용품이 조금 부족해도 견딜 수 있다. 그러나 주변에 친구가 없다면 절대로 사람답게 살 수 없다. 사회적으로 큰 성공을 거두는 것보다 깊이 신뢰할 수 있는 친구를 만드는 일이 더 중요하다.

먼저 당신이 어떻게 좋은 일자리를 찾을 수 있었고, 지금 주변에 있는 친구들을 어떻게 만났는지 생각해보라. 또 당신이 가장 행복했던 순간을 떠올려보고 당신이 참여했던 클럽이나 모임, 당신이 성사시켰던 거래와 당신이 어떤 사람과 어떻게 협조하고 성공했는지도 생각해보라. 아마도 매 순간마다 누군가 당신을 믿고 지지해주었으며, 때로는 그들의 도움이 큰 효과를 발휘했다는 사실을 알 수 있으리라. 이 세상에 나 혼자 할 수 있는 일은 없다.

가난한 농가에서 태어나 어린 시절부터 가난이 무엇인지 뼈저리게 경험한 백만장자가 있었다. 그는 아주 어렸을 때부터 굶주림과 궁핍함에 익숙해 있었다. 설날에 받는 설빔과 세뱃돈, 각종 기념일에 친구나 가족과 함께 폭죽을 쏘는 일, 부모의 다정한 보호와 사랑은 모든 어린이가 누릴 수 있는 특권이지만, 그는 이런 것들과 아주 거리가 멀었다.

그가 평생 잊지 못하는 가장 큰 은혜는 어린 시절 고향 친구들이 진심으로 베풀어주었던 도움과 사랑이다. 친구들은 사탕 두 개가 생기면 하나를 그에게 주었고, 찐빵 하나가 생기면 반을 잘라 그에게 주었다. 비록 가난하고 고통스러운 시절이었지만 그 순간 느꼈던 사랑과 감동보다 더 깊고 아름다운 것은 없었다.

어느새 30년이 흘러갔다. 그동안 세상은 천지개벽이라고 해도 좋을 만큼 크게 변했다. 백만장자도 어느새 중년의 신사가 되어 있었다. 전 세계를 누비며 돈을 긁어모은 백만장자는 더 이상 굶주림과 궁핍함에 찌든 어린아이가 아니었다. 지난 30년 동안 그는 몸을 아끼지 않고 온갖 고난을 이겨내며 세상과 싸웠다. 때로는 남을 속이기도 하고, 때로는 남에게 사기를 당하기도 하면서 그는 이 복잡한 세상을 지나왔다. 그리고 마침내 믿음직하고, 확실하고, 매력적인 훌륭한 기업가가 되었다.

어느 날 백만장자는 갑자기 어린 시절 떠나온 고향 생각이 간절해졌다. 눈부시게 화창한 어느 봄날, 백만장자는 고향을 찾았다. 그는 먼저 집안 어른들과 형제자매들을 찾아다니며 그동안 자기 부모님을 보살펴준 것에 대해 감사하면서 정성껏 마련한 선물을 전했다. 그리고 그날 밤 자기 집 거실에서 파티를 열었다. 이 파티에 초대된 사람들은 어린 시절 그와 함께 발가벗고 물장구치던 친구들이었다. 물론 이들도 모두 40대의 중년이었다.

백만장자의 고향 풍속에 따르면 파티에 초대된 사람들은 반드시 감사 선물을 준비해야 했다. 이날 파티에 참석한 사람들은 모두 선물을 하나씩 들고 왔다. 그중에는 꽤 근사한 선물을 준비한 친구도 있었다. 백만장자는 친구들의 선물을 하나하나 감사히 받았고, 그 역시 친구들을 위한 선물을 준비하여 돌아갈 때 가지고 가도록 했다.

모두들 신나게 먹고 마시며 파티가 한창 무르익었을 때, 뒤늦게 도착한 친구가 있었다. 그는 술 한 병을 들고 들어오며 말했다.

"미안하네, 내가 좀 늦었네!"

친구들은 모두 이 친구가 형편이 아주 어렵다는 것을 잘 알고 있었다. 백만장자는 그를 보며 어린 시절 자신의 모습을 떠올렸다. 백만장자는 얼른 자리에서 일어나 그 친구가 가져온 술병을 받아들고 그를 바로 옆자리에 앉혔다. 그 친구의 얼굴에는 당황스러운 빛이 역력했다.

백만장자는 친구가 가져온 술병을 직접 따서 높이 쳐들며 말했다.

"우리 일단 이 술부터 마시는 게 어떤가?"

그는 친구들에게 일일이 술을 따라주었다. 그리고 다 같이 건배를 했다. 백만장자가 "맛이 어떤가?"라고 묻자 친구들은 모두 서로의 얼굴만 쳐다볼 뿐 아무 말도 하지 못했다. 그 술을 가져온 친구는 귀까지 빨개지며 고개를 숙였다. 백만장자는 좌중을 둘러보며 잠시 생각에 잠겼다가 천천히 입을 열었다.

"요 몇 년 동안 이곳저곳 돌아다니며 이런저런 술을 많이 마셔봤지만,

이것보다 더 맛좋은 술은 없었네. 이렇게 감동적인 술맛은 처음이야, 그렇지 않은가?"

그는 다시 친구들에게 일일이 술을 따라주며 말했다.

"자, 다시 한 번 건배하세!"

술을 마시는 백만장자의 눈은 촉촉이 젖어 있었고, 술을 가져온 친구는 감정을 억누르지 못하고 결국 눈물을 흘리고 말았다.

그들이 마신 것이 무슨 술일까? 그것은 맹물이었다.

정말 감동적인 장면이 아닌가! 세상에 이보다 더 소중한 만남이 있을까? 가난한 친구는 물병을 들고 와서라도 옛 친구를 만나고 싶었던 것이다. 백만장자는 맹물을 마시고 당황해하거나 어이없어할 수도 있었지만, 그는 그것이 오히려 더 감동적이었다. 친구가 가져온 '물' 술은 이 세상에서 가장 진실한 정을 담은 귀한 술이었다.

주변에 어려움을 겪고 있는 친구가 있다면 자신이 보여줄 수 있는 최대한의 '정'을 모두 베풀어라. 친구에게 따뜻한 손을 내밀어라. 어려운 처지에 있는 사람들은 주변 사람들의 따뜻한 관심만으로도 어려움을 극복할 수 있는 용기와 힘을 얻을 수 있다.

제너럴 모터스의 유명한 발명가 찰스 케더링은 이렇게 말했다.

"성공의 구십 퍼센트는 조화로운 인간관계를 바탕으로 한 상호협조에서 발생한다. 나머지 십 퍼센트만이 새로운 기술의 발전에 따른 것이다. 학교에서 가르쳐야 할 가장 중요한 과목은 어떻게 해야 좋은 인간관계를 유지할 수 있는가에 대한 것이어야 한다."

루쉰은 "일생을 통해 자신을 알아주는 친구 하나만 얻으면 그것으로 충분하다"라고 말했다.

인생에서 가장 중요한 것은 돈도 권력도 아닌 우정이다. 어느 누가 우정을 잃고 인간답게 살아갈 수 있을까? 로빈슨 크루소는 무인도에 살면서도 식인종 플라이데이와 진한 우정을 나누지 않았는가! 친구가 없다면 우리 인생은 적막하고 쓸쓸한 고립무원의 상태에 빠질 것이다.

우리 주변에는 서로 속마음까지 깊이 이해할 수 있는 진정한 친구가 많다고 큰소리치는 사람이 있다. 하지만, 이런 사람들 중에 오히려 점점 소원해지는 친구관계 때문에 고통스러워하는 사람이 많다.

당신은 지금 친구와의 사이에 어떤 문제가 생겼거나, 혹은 우정이 퇴색되어가고 있다는 생각이 들지 않는가? 그 원인은 아주 다양하겠지만 다음에 제시된 몇 가지 원칙을 지키면 다시 우정을 되찾을 수 있다.

1. 사소한 것에 관심을 가져라

인간관계가 일단 가까워지기 시작하면 사소한 부분에 소홀하기 쉽고, 때론 그 정도가 심각해지기도 한다. 일단 어느 정도 한계를 벗어나면 반드시 두 사람의 우정에 심각한 문제가 생기게 마련이다. 서로 의기투합할 정도로 가깝다는 것은 그만큼 서로에게 신경을 쓰지 않고 세심하게 배려하는 마음이 사라질 수 있다는 것을 의미한다. 그래서 생각나는 대로, 자기 마음대로, 깊이 생각하지 않고 말을 내뱉기도 한다. 이런 경우 뜻하지 않게 상대방의 자존심에 상처를 주어 상대방은 당신을 경계하고 멀리하게 될 수도 있다. 그래서 친구 사이에는 세심한 부분에 더욱 신경을 쓰고 친구의 생각을 무시하지 않도록 노력해야 한다. 서로 이해하며 대화하고 상대를 위해 세심하게 배려해주어야 한다. 자신과 상대방을 평등한 관계로 두고 언제나 상대방의 입장을 생각하여 그가 심리적으로 받아들일 수 있는 일인지를 고려해야 한다. 이렇게 하면 누구나 당신을 신뢰하게 된다.

2. 예의상 지켜야 할 것에 소홀하지 마라

만약 친구의 물건을 허락 없이 마음대로 사용하면 친구는 당신을 제멋대로인 사람으로 생각할 것이고 결국 두 사람의 관계는 소원해질 수밖에 없다. 사실 친구 사이에는 우정 외에 또 다른 미묘한 계약 관계가 존재한다. 물건을 예로 들면 친구 사이에는 언제든지 물건을 빌려 쓸 수 있다. 이것은 그냥 아는 보통 사람보다 더 깊은 관계임을 의미한다. 그러나 친구의 물건을 빌려 쓸 때는 그것을 우정의 일부분이라고 생각하여 소중히 여겨야 하며, 친구 사이에도 반드시 기본적인 예의를 지켜야 한다. 그래야만 상대방이 당신을 신뢰할 수 있다.

3. 친절하고 자연스럽게 행동하라

친구 사이에 감정과 행동을 자제하지 못하여 지나치게 산만하고 사소한 부분에 소홀하면 상대방은 당신을 무례하고 교양 없는 사람이라고 생각할 것이고 결국 당신에 대해 일종의 거부감을 가지게 될 수 있다. 그렇기 때문에 친구 앞에서는 반드시 자연스럽게 행동하되 스스로 자제력을 잃지 말고, 열정적이되 예의를 지켜야 한다. 분수를 지키며 자제할 줄 알아야 영원한 우정을 지킬 수 있다.

4. 신용을 지켜라

친구 사이에는 반드시 솔직하고 진실해야 한다. 친구 사이에 어떤 약속을 하거나 혹은 부탁을 할 때 당신이 할 수 있는 일이라면 응낙하고 할 수 없는 일이라면 사실대로 말해야 한다. 일단 응낙한 일은 반드시 신중히 처리하고 약속을 틀림없이 지켜야 한다. 절대 자신의 말에 신용을 떨어뜨리지 않아야 신뢰를 잃지 않을 수 있다.

5. 친구에게 지나친 요구를 하지 마라

당신이 누군가의 도움을 필요로 하고 있다면 그 대상은 대부분 친구일 것이다. 그러나 미리 부탁해두지 않고 시간이 촉박한 상태에서 도움을 요청하거나 친구의 의향을 묻지 않고 억지로 자신의 일에 친구를 동참시킨다면 친구는 매우 당황해할 것이며, 선약을 조정할 수 없는 상황이라면 더욱 난감해할 것이다. 당신의 요구 때문에 만약 친구가 자신의 일을 망치거나 혹은 거절하기 미안해 곤란해할 수 있다. 그래서 어쩌면 겉으로는 기꺼이 돕겠다고 나서지만 마음속으로는 매우 불쾌해할 수 있다. 그는 분명히 당신을 도리를 지키지 않는 무뢰한이라고 생각할 것이다. 그렇기 때문에 친구에게 부탁을 할 때에는 반드시 미리 알려야 하고, 일방적인 통보가 아니라 상의하는 말투로 해야 한다. 친구가 별다른 일이 없을 때 그리고 친구가 진심으로 원할 때 도움을 요청해야 한다.

6. 상황 파악을 잘하라

당신이 친구 집에 놀러 갔는데 친구가 다른 손님을 맞이하고 있거나 외출 준비 중일 때가 있을 것이다. 이때, 당신이 친분을 내세워 그의 상황을 고려하지 않고 오랫동안 그 자리에 머물거나 주객이 전도되어 떠들어댄다면 친구는 당신을 매우 교양 없고 때와 장소도 구분하지 못하는 사람이라고 생각하여 앞으로 당신을 멀리하려 할 것이다. 그렇기 때문에 이런 상황에서는 반드시 신속하게 대처할 필요가 있다. 서둘러 조용히 작별인사를 하고 눈치껏 그 자리를 떠나야 하는 것이다.

7. 친구를 존중하고 다른 사람의 의견을 받아들일 줄 알아라

친구가 좋은 뜻으로 충고를 해주었다면 반드시 진지하게 생각하여 자신에게 필요한 것을 쿨하게 받아들일 줄 알아야 한다. 만약 당신이 친구의 의견을 무시한 채 받아들이지 않고 자기 고집대로만 행동한다면 결국 당신은 물질적으로나 정신적으로 큰 손해를 볼 것이고 친구에게 큰 실수를 하는 것이 된다. 이로 인해 친구는 당신에게 크게 실망할 것이고 당신을 '친구는 안중에도 없는 사람', '평생 가도록 아무 일도 제대로 할 수 없는 사람'이라고 생각하여 당신을 피하려 할 것이다.

사람은 누구나 자신만의 교제방식이 있기 때문에 위의 원칙을 일률적으로 적용할 수는 없다. 위에 제시된 원칙은 여러 가지 방식 중 하나일 뿐이다. 당신이 지금까지 해왔던 방식을 그대로 유지해도 상관없다. 다만 친구에게 지나친 부담과 스트레스를 주지 말고 진심을 다해 우정을 지키려 한다면 그것이 바로 진정한 우정이 될 것이다.

THE WISDOM OF LIFE

키케로의 『우정에 관하여』에 이런 구절이 있다. "만약 당신이 혼자 하늘 위로 올라가 아무리 멋진 우주 광경과 아름다운 별을 본다 해도 전혀 기쁘지 않을 것이다. 당신은 자신이 본 아름다운 광경에 대해 말할 수 있는 상대를 찾은 후에야 비로소 기쁨을 느낄 수 있을 것이다." 그렇다. 인간은 누구나 고독을 싫어한다. 우리는 항상 주변 사람들의 관심과 도움이 필요하다. 이런 면에서 친구란 언제나 가장 든든한 내 인생의 후원자이다. 우리는 평생 친구의 관심과 도움이 없이는 살아갈 수 없다. 우정이라는 보호막 아래 행복을 느낀다면 당신 주변에 좋은 친구가 있는 것이 분명하다.

17 이기적인 태도를 버리고 대범해져라

이기적인 사람은 남에게 손해를 끼치더라도 자신의 이익을 도모하는 것이 당연하다고 생각한다. 그러나 이것은 하나만 알고 둘은 모르는 어리석은 생각이다. 이기적인 행동은 '닭은 훔치지 못하고 공연히 쌀만 한 줌 손해 본다' 라는 속담처럼 결국 자신에게 손해가 된다.

옛날에 한 어부가 아주 큰 굴을 따서 대바구니에 넣었다. 어부가 잠깐 낮잠을 자는 사이 이 굴은 목이 말라 죽을 지경이었다. 굴은 숨을 헐떡이며 "하느님, 제발 저를 빨리 구해주세요" 라고 외쳤다. 이때 쥐 한 마리가 대바구니 옆을 지나갔다. 굴은 이것이 하늘이 주신 기회라 생각했다.

"쥐님, 당신은 마음이 매우 넓으시니 저를 해변까지 데려다주실 수 있겠지요?"

쥐는 굴을 쳐다보며 '이 굴은 아주 통통하고 잘생긴 것이 분명 영양 있고 맛도 좋을 거야'라고 생각했다. 쥐는 굴의 부탁을 들어주는 척하면서 잡아먹을 생각이었다.

"하지만, 너를 해변까지 옮겨가려면 네가 껍질 밖으로 좀 나와야 할 것 같은데. 네가 껍질 속에 들어가 있으면 내가 어떻게 너를 데리고 갈 수 있 겠니?"

"그래요? 그럼 그렇게 하지요."

굴이 순순히 껍질 밖으로 나오는 순간 쥐는 재빨리 달려들어 굴을 한입 에 삼켜버렸다. 쥐의 행동은 아주 민첩했지만 굴은 이미 이런 상황을 예 상하고 있었다. 결국 쥐는 단단한 굴 껍질 사이에 머리가 끼고 말았다. 쥐 는 너무 아파 찍찍 소리를 질렀고, 이 소리를 들은 고양이가 달려와 단번 에 쥐를 잡아먹어버렸다. 고양이는 쥐를 맛있게 먹은 후 굴에게 감사하는 마음으로 해변까지 데려다주었다.

내가 다른 사람을 해치려는 마음을 먹는 순간 상대방도 나를 해칠 수 있다는 사실을 반드시 기억하라. 그러므로 아주 작은 일이라도 남을 해치 려는 마음을 버리고 선의를 바탕으로 행동해야 한다. 이야기 속의 쥐는 자신에게 도움을 요청하는 굴을 잡아먹으려 하다가 그 죗값을 단단히 치 렀다. 쥐는 남을 해치려는 마음을 먹었기 때문에 자신의 목숨을 잃고 말 았다. 반면 고양이는 쥐를 잡아먹을 수 있게 해준 굴에게 보답하는 마음 으로 굴을 해변까지 데려다주어 목숨을 건질 수 있게 해주었다. 선의에서 시작된 행동은 이렇게 모두에게 이익이 될 수 있다.

옛날에 신앙심이 매우 깊은 두 사람이 먼 길이나 고생 따위에 연연하지 않고 오로지 믿음 하나로 성지순례를 떠났다. 두 사람은 어깨에 무거운 보따리를 지고 온몸에 먼지를 뒤집어쓴 채 걷고 또 걸었다. 두 사람은 성지순례를 마치지 못하면 절대 고향으로 돌아가지 않겠다고 다짐했다.

두 사람은 몇 주째 계속 걷고 또 걸었다. 그러던 어느 날 백발의 성인을 만났다. 성인은 두 사람이 이렇게 고생하면서도 성지순례의 의지를 불태우는 것에 감동하여 말했다.

"여기에서 한 열흘만 더 걸어가면 성스러운 산이 있습니다. 나도 함께 가면서 당신들을 돕고 싶지만 나는 이 갈림길에서 다른 길로 가야 합니다. 대신 헤어지기 전에 두 사람에게 선물을 하나씩 드리려고 합니다. 둘 중 먼저 한 사람이 소원을 빌면 그 소원은 곧바로 이루어질 것입니다. 그리고 두 번째 사람은 무조건 첫 번째 사람이 말한 소원의 두 배를 얻게 될 것입니다."

그중 한 사람이 생각했다.

'이런 행운이 오다니. 난 이미 무슨 소원을 빌지 생각해두었어. 하지만 내가 먼저 말했다가는 저 친구보다 손해 볼 것이 아닌가? 무슨 일이 있어도 저 친구가 먼저 말하게 해야 해.'

다른 한 사람 역시 이렇게 생각했다.

'내가 먼저 말하면 큰 손해가 아닌가? 저 친구가 무조건 나보다 배를 얻게 될 테니!'

그래서 두 사람은 서로 양보하는 척하며 먼저 말하라고 미루었다. 그러다 한 사람이 말했다.

"자네가 먼저 말하게."

그러자 다른 한 사람이 "당신이 나보다 나이가 많으니 먼저 말하는 것이 도리요"라고 말했다.

"아니야. 자네가 먼저 말하게."

두 사람은 계속해서 서로 미루기만 했다. 결국 두 사람은 화를 내기 시작했고, 분위기는 아주 험악해졌다.

"자네, 왜 그렇게 계속 고집을 피우는 거야?"

"당신이 먼저 말하라니까."

"왜 네가 먼저 말하지 않고 나한테 먼저 말하라는 거야? 난 절대 먼저 말하지 않을 거야."

결국 그중 한 명이 씩씩거리며 이렇게 외쳤다.

"이런, 정말 뭘 몰라도 한참 모르는군. 네가 계속 먼저 말 안 하고 버티면 내 당장 네 다리몽둥이를 부러뜨릴 테다."

상대방이 얼굴색까지 바꿔가며 자신을 협박하자 다른 한 명은 기가 막혔다.

'네가 어떻게 나한테 그런 말을 할 수가 있어? 넌 절대 나보다 많이 가질 수 없어. 단념하는 게 좋을 거야!'

그러면서 한참 궁리하다가 아주 잔인하게 한 마디 내뱉었다.

"좋아, 내가 먼저 소원을 말하지. 난 네 한쪽 눈이 멀길 바란다!"

그러자 그 사람은 정말 한쪽 눈이 멀어버렸다. 그러나 이와 동시에 이 말을 내뱉은 사람은 양쪽 눈 모두 보이지 않게 돼버렸다.

이 일은 시작은 아주 좋았지만 두 사람의 이기심으로 말미암아 비극이 되고 말았다.

숲속에 사는 다람쥐가 아주 크고 맛있게 생긴 사과를 주웠다. 다람쥐는 이렇게 크고 향이 좋은 사과는 한 번도 본 적이 없었다. 이 숲에서 이렇게 맛좋은 사과는 두 번 다시는 찾을 수 없을 것이라고 생각될 정도였다.

다람쥐가 사과를 들고 기뻐하고 있을 때 다람쥐의 둘도 없는 친구 토끼가 근처를 지나다가 사과를 들고 있는 다람쥐를 발견했다. 토끼도 이 사과를 너무 먹고 싶었다. 그래서 다람쥐에게 같이 나누어먹자고 말했으나 다람쥐는 매몰차게 거절했다.

"이렇게 맛좋은 사과는 나 혼자 먹기도 아까운데 어떻게 너랑 나눠먹니? 우리가 언제부터 그렇게 좋은 친구였니?"

토끼는 이 말을 듣고 상심하며 집으로 돌아갔다. 다람쥐가 가지고 있는 사과는 아주 향기가 진했기 때문에 여우, 멧돼지, 코끼리, 얼룩고양이 등도 곧 냄새를 맡고 모여들었다. 그들도 모두 이 사과를 먹고 싶어했다. 그중에는 자기가 가장 아끼는 물건을 주겠다고 하는 동물도 있었다. 그러나 다람쥐는 이들의 부탁을 모두 거절했다. 다람쥐는 다른 동물들이 자꾸 귀찮게 하자 친구들을 피해 멀리 떨어진 동굴에 숨어 혼자 사과를 먹기로 했다.

사과는 정말 기가 막히게 맛있었다. 다람쥐는 계속해서 한 입 또 한 입 사과를 베어 물었다. 그러나 이 사과는 작은 다람쥐가 혼자 다 먹기에는 너무 컸다. 반쯤 먹자 다람쥐의 배는 이미 고무공처럼 부풀어올랐다. 도저히 더 이상 먹을 수 없을 것 같았다. 그러나 다람쥐는 '내가 이 사과를 독차지하기 위해 얼마나 힘들었는데! 무슨 일이 있어도 다 먹어치워야 해. 절대 다른 친구들에게 나누어줄 수 없어'라고 중얼거렸다.

다람쥐는 계속해서 사과를 먹었다. 한 시간쯤 지나자 드디어 사과를 다 먹었다. 그러나 너무 많이 먹은 탓에 다람쥐는 곧 배가 아프기 시작했다. 다람쥐는 도저히 걸을 수도 없었기 때문에 그대로 동굴 안에 쓰러져 신음하기 시작했다. 토끼는 멀리서 희미하게 들려오는 다람쥐의 신음소리를 듣고 숲속의 동굴이라는 동굴은 다 뒤지고 다니며 다람쥐를 찾기 시작했다. 그렇게 하루 온종일 산속을 헤매다가 드디어 깊은 동굴 속에 쓰러져 있는 다람쥐를 발견해 집으로 데려왔다.

정신을 차린 다람쥐는 토끼가 자신을 구해주었다는 사실을 알고 눈물을 흘리며 말했다.

"정말 고마워. 그런데 말이야, 내가 그렇게 못되게 굴었는데 넌 어째서 나를 구해줬니?"

그러자 토끼는 환하게 웃으며 대답했다.

"우린 좋은 친구잖아!"

이기심을 경계하라. 이기심은 타인에게 해를 끼칠 뿐만 아니라 자신에게도 큰 상처를 준다.

THE WISDOM OF LIFE

이기적인 사람은 항상 이 세상을 다 가지고 싶은 망상에 사로잡혀 있다. 하지만 그 망상 때문에 결국 자신이 가진 것을 모두 잃고 만다. 이기적인 행동은 스스로 제 무덤을 파는 행동이다.

18 때로는
진실이 거짓말보다 더 큰 상처를 준다

사람들은 거짓말은 모두 나쁘다고 생각한다. 하지만 원만한 인간관계를 위해서는 가끔 선의의 거짓말이 필요하다. 사람들은 거짓말이라도 듣기 좋은 말, 자기를 칭찬해주는 말을 듣고 싶어하기 때문이다.

어느 파티장에서 진실선생이 한 노부인에게 다가가 공손히 예의를 갖추며 말을 건넸다.

"부인의 젊은 시절이 상상되는군요."

"어떤 모습인가요?"

노부인은 웃으며 물었다.

"매우 아름다운 아가씨였을 거라고 생각됩니다."

"그렇다면 제가 지금은 아름답지 않다는 말씀이신가요?"

노부인은 웃으며 가벼운 농담을 했다.

그런데 진실선생은 아주 진지한 말투로 대답했다.

"그렇습니다. 과거의 모습과 비교하면 지금 부인은 피부가 많이 늘어졌고 윤기도 사라졌습니다. 얼굴에는 잔주름도 많군요."

노부인의 얼굴이 새빨갛게 달아올랐다. 그녀는 난처했고 눈에는 분노의 빛이 역력했다. 방금 전까지 자신감이 넘치던 부인의 당당한 모습은 온데간데없이 사라졌다.

이때, 거짓선생이 노부인에게 다가가 아주 공손한 태도로 춤을 청했다.

"부인은 이 파티장 안에서 가장 아름다우십니다. 만약 부인이 춤을 허락하신다면 저는 이 파티장에서 가장 행복한 사람이 될 것입니다."

노부인은 반짝반짝 빛나기 시작했고, 그녀는 춤 신청을 받아들였다.

거짓선생과 노부인은 계속해서 몇 곡이나 함께 춤을 추었다. 노부인은 말할 수 없이 큰 행복을 느꼈다.

진실선생은 한쪽 구석에 앉아 나이 차이가 너무 많아 마치 어머니와 아들 같은 두 사람을 보며 전혀 어울리지 않는다고 생각했다. 거짓선생이 웃으며 노부인에게 뭐라고 하자, 노부인은 마치 젊음이 되살아나는 듯 생기가 돌기 시작했다. 그녀의 몸에서 삶에 대한 열정이 뿜어져나왔고 그녀는 마치 아름답고 훌륭한 춤 솜씨를 지닌 매력적인 젊은 아가씨 같았다.

파티가 끝나자 진실선생은 노부인을 전송하고 돌아오는 거짓선생을 붙잡고 물었다.

"아까 춤추면서 그 부인에게 뭐라고 말했소?"

"부인에게 '사랑합니다. 저와 결혼해주시겠습니까?' 라고 말했소."

거짓선생이 말했다.

그러자 진실선생은 눈을 동그랗게 뜨고 말도 안 된다는 듯 크게 화를 내며 말했다.

"당신, 또 거짓말을 했군! 그녀와 결혼할 생각이 전혀 없지 않소!"

"그렇소. 하지만, 그녀는 매우 행복해했소. 당신도 보지 않았소?"

두 사람은 서로 자신이 옳다고 주장하다가 각자 집으로 돌아갔다.

다음날 두 사람은 각각 집으로 배달되어온 부고장을 받았다.

'모일 모처에서 모인의 장례식이 있습니다.'

두 사람은 다시 장례식장에서 만났고 동시에 장례식의 주인공을 알게 되었다. 주인공은 바로 그 노부인이었다.

장례식이 끝날 즈음, 한 남자가 다가와 진실선생과 거짓선생에게 각각 편지를 나누어주었다.

먼저 진실선생이 봉투를 뜯어보았다.

'진실선생님, 당신이 한 말은 모두 맞습니다. 나는 너무 늙었고 이제 곧 세상을 떠날 것입니다. 하지만 그 사실을 굳이 그렇게 확인시켜줄 필요는 없었습니다. 나는 당신에게 내가 평생 쓴 일기를 드리려고 합니다. 그 안에는 나의 모든 진실이 들어 있기 때문입니다.'

이번에는 거짓선생이 봉투를 뜯어 노부인의 유언을 읽었다.

'거짓선생님, 나는 당신이 거짓말을 해준 데 대해 매우 감사하게 생각합니다. 당신의 거짓말은 내 인생의 마지막 밤을 아주 행복하게 장식해주었습니다. 당신의 거짓말은 말라 죽어가는 내 삶에 다시 한 번 청춘의 활력을 불어넣어주었습니다. 당신의 거짓말은 얼어붙은 내 마음을 눈 녹듯 녹여주었습니다. 그래서 나는 내 모든 재산을 당신에게 드리려고 합니

다. 내 재산으로 당신이 평생 아름다운 거짓말을 많이 만들어내기를 바랍니다.'

　두 명의 삼현금三弦琴 연주자가 있었다. 두 사람 모두 앞을 보지 못하는 맹인이었다. 그중 연장자인 사부는 70살이 넘었고, 제자는 아직 20살이 채 안 되었다. 사부는 지금까지 삼현금을 연주하는 동안 999번이나 줄이 끊어질 정도로 평생 열심히 삼현금을 연주하며 살았다. 천 번까지는 이제 딱 한 번이 남았는데 사부가 임종을 맞았다. 임종 직전 사부가 제자에게 말했다.

　"눈을 뜰 수 있는 비법이 있다. 나는 그것을 너의 삼현금 안에 넣어두었다. 네가 삼현금을 연주하여 천 번째 줄이 끊어졌을 때 그 비법을 꺼내보아라. 단, 한 번을 연주하더라도 반드시 최선을 다해야 한다. 그렇지 않으면 아무리 영험한 비법이라 해도 효력이 없을 것이다."

　그 때 겨우 스무 살의 청년이었던 제자는 이제 백발이 성성한 노인이 되었다. 50년 동안 그는 줄곧 눈을 뜰 수 있다는 희망을 가지고 살아왔다. 사부가 내려준 비법이 자신의 눈을 뜨게 해줄 것이라고 믿어 의심치 않은 것이다.

　한 줄기 낭랑한 울림이 퍼지고 드디어 천 번째 삼현금 줄이 끊어졌다. 그는 당장 시내에 있는 약방으로 달려갔다. 간절함과 기대에 가득 차 신비의 비법으로 처방한 약초를 기다리고 있던 그에게 약방 주인이 말했다.

　"이 종이에는 아무 것도 적혀 있지 않소!"

　순간 그는 머리에 무언가 얻어맞은 듯한 느낌을 받았다. 잠시 후 마음

을 가라앉힌 그는 사부의 깊은 뜻을 이해할 수 있었다. 그는 이미 오래전에 이 비법을 얻었던 것이다. 비법이라는 것이 존재한다는 것만으로도 그는 희망을 잃지 않고 살 수 있었다. 그는 평생 동안 열심히 연주하고 이야기하면서 사람들에게 존경도 받고 스스로 사랑하고 사랑받는 방법도 터득했던 것이다.

그는 집으로 돌아와 자신의 맹인 제자에게 말했다.

"여기에 눈을 뜰 수 있는 비법이 있다. 나는 그것을 너의 삼현금 안에 넣어두었다. 삼현금을 연주하여 천이백 번째 줄이 끊어지면 그 비법을 꺼내보아라. 단, 한 번을 연주하더라도 반드시 최선을 다해야 한다."

그는 천 번을 천이백 번으로 바꾸어 말했다.

제자는 스승의 이야기를 진심으로 받아들이고 희망을 갖기 시작했다. 스승은 마음속으로 생각했다.

'아마도 이 아이가 평생을 연주해도 천이백 번이나 줄을 끊기는 힘들

것이다.'

또 다른 이야기가 있다.

옛날에 진실만을 말하는 사람이 있었다. 그는 무슨 일이 있어도 반드시 있는 사실 그대로만 말했다. 그 결과 그는 주변 사람들에게 미움을 사마을에서 쫓겨났다. 그는 땡전 한푼 없는 가난뱅이에 오갈 곳 없는 신세가 되었다.

생각 끝에 그는 절에 찾아가 자신을 받아달라고 간청했다. 그의 자초지종을 들은 주지는 이렇게 진실한 사람은 꼭 도와주어야 한다고 생각했다. 주지는 그가 절에 머물도록 허락했다.

그런데 이 절에는 쓸모없는 가축 몇 마리가 있었다. 주지는 늘 그것들을 팔아버리고 싶었지만 마땅히 심부름을 보낼 사람이 없었다. 심부름을 하는 사람이 중간에서 돈을 가로챌까봐 걱정되었기 때문이다. 그러나 진실만 말하는 사람이라면 믿을 수 있을 것 같았다. 그래서 주지는 그에게 나귀 두 마리와 노새 한 마리를 팔아오라고 시켰다.

시장에 도착한 그는 가축을 사려는 사람에게 이렇게 말했다.

"꼬리가 짧은 이 나귀는 아주 게으르고 늘 진창 속에 누워 있기만 합니다. 한번은 일하는 사람들이 이놈을 진탕에서 끌어내려고 있는 힘을 다해 잡아당겼죠. 그러다가 이렇게 꼬리가 잘리고 말았습니다. 여기 머리가 반질반질한 나귀는 아주 고집이 셉니다. 한 발짝도 움직이지 않으려 하기 때문에 채찍질을 할 수밖에 없지요. 이놈은 하도 채찍질을 많이 맞아서 이렇게 털이 다 벗겨진 것입니다. 이 노새는 아주 늙었고 게다가 절름발

이랍니다. 만약 아직 일을 잘한다면 주지스님이 왜 이것을 팔아치우려고 하겠습니까?"

가축을 사려고 했던 사람들은 이 말을 듣고 모두 발길을 돌렸다. 잠시 후 이 이야기는 온 시장에 퍼졌고 아무도 이 나귀와 노새를 사려고 하지 않았다. 결국 이 사람은 나귀와 노새를 그대로 끌고 절로 돌아왔다.

나귀와 노새를 다시 끌고 오자 주지는 그에게 어떻게 된 일이냐고 물었고 그는 시장에서 있었던 일을 그대로 고했다. 주지는 불같이 화를 내며 소리 질렀다.

"이봐, 당신을 쫓아낸 사람들이 왜 그랬는지 이제야 알겠어. 너 같은 놈을 여기에 두는 게 아니었는데. 내가 진실한 사람을 좋아하긴 하지만, 나한테 손해가 되는 진실은 싫다고! 당장 꺼져! 어디든 네가 가고 싶은 곳으로 가버리라고!"

이렇게 하여 진실만 말하는 사람은 절에서도 쫓겨나고 말았다.

오 헨리의 단편 소설 『마지막 잎새』에 이런 이야기가 나온다.

불치병에 걸린 여자아이가 매일매일 병실 창 밖으로 나무를 바라보고 있었다. 가을바람이 불자 나뭇잎은 하나둘 떨어지기 시작했고 소녀는 우수수 떨어지는 낙엽을 보면서 자신의 생명도 하루하루 시들어간다고 생각했다. 그녀는 '나뭇잎이 다 떨어지면 아마 나도 죽을지 몰라' 라고 생각했다. 이 슬픈 사연을 들은 노화가는 매우 마음이 아팠다. 그래서 그는 나뭇잎을 그려 나뭇가지에 붙여놓았다. 노인은 이렇게 해서라도 죽음을 눈 앞에 둔 소녀가 끝까지 희망을 잃지 않기를 바랐던 것이다.

우리 주변에도 이와 비슷한 일들이 많이 있다. 의사들은 중병에 걸려 회복될 가망이 없는 환자들에게 "열심히 치료받으면 금방 나을 수 있습니다"라고 말한다. 이것은 환자들이 편한 마음을 갖고 끝까지 희망을 잃지 않도록 하기 위함이다. 반대로 환자에게 "당신은 전혀 가망이 없습니다. 이제 곧 죽을 것입니다"라고 말하는 의사 역시 한 명도 없다.

환자의 친구나 가족도 마찬가지이다. 중병에 걸린 환자 병문안을 가면 누구나 "금방 나을 거니까 마음 편히 갖고 열심히 치료 받아"라고 말한다. 설사 이 환자가 얼마 살지 못할 것임을 알더라도 의사가 그랬던 것처럼 똑같이 거짓말을 한다.

이런 거짓말이 필요한 이유는 생명에는 종종 믿을 수 없는 기적이 일어나기도 하기 때문이다. 비록 기적이 일어나지 않더라도 희망을 가진 환자는 살아 있는 동안 정신적으로 행복할 수 있다. 이런 상황에서 어느 누가 거짓말을 하지 않을 수 있겠는가?

우리 삶에는 거짓말이 꼭 필요하다. 반드시 거짓말을 해야 할 때가 종종 있다. 거짓말을 해야만 문제가 원만히 해결되는 때가 분명히 있다.

THE WISDOM OF LIFE

거짓말은 도덕적 기준에서 보면 분명 나쁜 것이지만 때론 가장 큰 지혜가 될 수 있다. 아름다운 거짓말은 선의와 진심을 바탕으로 하기 때문에 도덕적 비난을 피할 수 있다. 때로는 진실을 말하는 것이 거짓말보다 더 큰 상처를 줄 수 있기 때문에 적당한 거짓말이 필요하다. 이 세상에는 진심을 담은 거짓말이 진실보다 더 큰 힘을 발휘할 때가 있다.

19 100% 순금이 없듯 완벽한 인간은 없다

100% 순금이 없듯 완벽한 인간도 없다. 누구나 단점이 있으며 인생을 살아가는 동안 갖가지 실수를 하게 마련이다. 때로는 견디기 힘들 정도로 자신이 추해 보이기도 한다. 위대한 과학자 뉴턴도 자신의 인생에서 90% 가 실수였다고 하지 않았는가. 하물며 우리처럼 평범한 사람들이 실수를 저지르는 것은 오히려 당연한 일이 아닐까?

곧 마흔 살이 되는 유진은 높은 학력에 회계사라는 비교적 안정된 직업을 가지고 있었다. 그는 시카고에서 혼자 살고 있으며, 하루 빨리 결혼하는 것이 가장 큰 소원이었다. 그래서 항상 사랑과 우정, 행복한 가정과 사랑스러운 아이에 대해 꿈을 꿨다. 물론 예전에 결혼할 뻔했던 적도 있었다. 게다가 한 번은 결혼식 전날에 파혼을 하기도 했다. 대체 이유가 뭘까? 매번 결혼식 날짜가 가까워질수록 약혼녀에 대한 불만이 점점 더 커졌던 것이 그 이유였다.

그러던 유진이 드디어 꿈에 그리던 이상형을 만났다. 그녀는 아주 반듯하고 쾌활했으며 아름답고 배려심이 깊은데다 지적이기까지 했다. 그렇지만 유진은 또 망설여졌다. 그녀가 정말 자신의 배필인가를 확신할 수 있는 결정적인 뭔가가 필요했다.

어느 날 저녁, 유진은 애인과 함께 결혼에 관해서 의견을 나누다가 애인의 솔직한 이야기에 다소 기분이 언짢아졌다.

그래서 유진은 자신이 생각하는 이상적인 결혼생활을 위해 계약서를 작성하기로 했다. 그는 며칠 동안 머리를 쥐어짜 만든 장장 네 페이지에 달하는 결혼계약서를 당당하게 여자친구 앞에 내밀며 동의를 구했다. 유진은 이 계약서가 아주 훌륭하다고 생각했다. 그 안에는 유진이 생각하는 결혼생활의 세세한 원칙이 모두 포함되어 있었다. 그중 종교에 관련된 부분에서는 어디에 있는 교회에 다닐 것이며, 일주일에 몇 번 갈 것인지, 매번 헌금은 얼마를 낼 것인지도 적혀 있었다. 또 두 사람이 앞으로 아이를 몇 명 낳을 것인지, 심지어 언제 낳을 것인지까지 아주 구체적으로 적혀 있었다. 유진은 앞으로 친구관계를 어떻게 정리해야 하는지, 아내의 직업과 두 사람의 수입을 어떻게 분배할 것인지에 대해서도 아주 세세한 부분까지 완벽하게 계획해놓았다.

그리고 계약서의 마지막 장에는 아내가 절대 하지 말아야 할 행동과 반드시 해야 할 행동에 대해 반 장이나 되도록 상세히 적어놓았다. 예를 들어 담배, 진한 화장, 음주 가무 등에 관한 것이 그 내용이었다. 여자친구는 유진의 결혼계약서를 보고 버럭 화를 내고 말았다.

그녀는 자신의 생각을 정리하여 그 계약서와 함께 돌려주었다.

"보통 사람들은 혼인계약서에 '좋은 일이 있으면 함께 기뻐하고 어려운 일이 있으면 함께 헤쳐 나갑시다'라고 적지요. 결혼을 앞둔 사람에게 필요한 말은 이것 하나면 충분하다고 생각해요. 우린 이제 끝났어요."

결혼계약서를 돌려받은 유진은 매우 억울한 듯 말했다.

"보라고. 나는 단지 우리 두 사람이 좀 더 완벽한 결혼생활을 하기 위한 규칙을 만들었을 뿐이야. 도대체 뭐가 잘못됐다는 거지? 결혼은 인륜지 대사인데 당연히 신중해야 하는 것 아니야?"

유진은 자신이 뭘 잘못했는지조차 깨닫지 못했다. 그는 매사에 너무 진지하고 신중하기만 하다. 결혼은 물론이고 어떤 일을 하든지 미리 억지로 단점을 찾아내려 할 필요는 없다. 자기 스스로 만들어놓은 기준에 자신을 가두지 말아야 한다. 그러나 유진은 일, 재테크 혹은 친구 문제 등 인생 전반에 걸쳐 항상 현실은 생각하지 않고 완벽하게 만들려고만 했다.

물이 너무 맑으면 고기가 살지 못하고 사람이 주변을 너무 살피면 사람이 없다. 주변 사람에게 완벽함을 요구하고, 억지로 상대방의 문제점을 찾아내어 트집 잡기를 좋아하는 사람에게 친구가 있을 리 만무하다. 이런 사람들은 친구를 사귀는 조건이 아주 까다로워서 작은 흠도 용납하지 못한다. 모든 조건이 자신의 생각과 부합되기를 바라지만 그것은 현실적으로 불가능한 일이다.

세르반테스의 명작 『돈키호테』에 나오는 A라는 시녀는 환상 속에서나 있을 법한 이상형의 남자를 꿈꾸었다. A가 꿈꾸는 연인은 모든 것을 완벽

하게 갖춘 사람이다. 그러나 아무리 둘러보아도 이런 남자를 찾을 수 없었다. 소설에서는 특별한 언급이 없었으나 아마 그녀는 평생 사랑하는 사람을 찾지 못했을 것이다.

A가 어떻게든 단점을 찾아내려고 혈안이 되어 있는 것과 대조적으로 B는 연인의 부족한 점을 모두 감싸안고 결혼하여 A가 얻지 못한 행복을 얻었다.

B는 평소에 이렇게 말했다.

"나는 지금까지 많은 실수를 했고, 앞으로도 그럴 것이다. 그러나 절대 사랑에 목숨을 걸지는 않을 것이다."

그는 35살 전까지는 전혀 결혼에 대해 생각해본 적이 없었다. 그러나 그는 자신보다 열다섯 살이나 많은 이미 머리가 반백이 된 돈 많은 50대 과부 C에게 청혼했다. 그가 그녀를 사랑했을까? 물론 아니다. C도 B가 자신을 사랑하지 않으며 오직 돈 때문에 자신과 결혼하려 한다는 것을 잘 알고 있었다. 그러나 그녀는 B의 모든 단점을 덮어두었다. 대신 한 가지 조건을 걸었다. 1년 후에 청혼을 받아들이겠다는 것이었다. 그녀는 1년 동안 B의 성품을 살펴볼 작정이었다. C는 결국 B와 결혼에 골인했다.

두 사람의 결혼은 아주 평범하면서도 속물적인 경향이 있다. 그러나 아이러니하게도 이 남자의 결혼은 역사상 아주 몹쓸 결혼 중에서 가장 성공한 경우로 꼽힌다.

남자가 결혼상대로 선택한 돈 많은 과부는 젊지도, 아름답지도, 지혜롭지도 않았다. 그녀의 말과 행동은 주변 사람들을 어이없게 만들기 일쑤였다. 예를 들어 그녀는 죽을 때까지 고대 그리스인과 로마인 중 어느 쪽이 먼저인지 몰랐다. 그녀는 패션에서도 인테리어에서도 유행과는 전혀 거리가 멀었다. 그러나 남자는 그녀의 이런 단점에 별로 신경 쓰지 않았다. 오히려 그는 그녀를 천재라고 생각했다. 그녀에게는 확실히 천재적인 면이 있었다. 그녀는 결혼생활에서 가장 중요한 애정 문제와 남자를 다루는 부분에서 아주 뛰어났다.

그녀는 물리적으로 남자를 이기려고 하지 않았다. B가 오후 내내 교양 있는 척 가식을 떠는 공작이나 그 부인들과 옥신각신 논쟁을 벌이느라 완전히 녹초가 되어 집에 돌아오면 그녀는 아주 편안하게 남편을 맞아주었다. 그리고 심각하고 복잡한 일들은 전혀 언급하지 않고 남편을 편안하게 해주는 가벼운 농담만 했다. B는 집에 돌아오면 아주 마음이 편하고 즐거워졌으며 집은 그에게 심리적 안정을 주는 따뜻한 보금자리가 되었다. 그는 부인과 함께 집에서 보내는 시간이 가장 즐거웠다. 그녀는 B의 아내이자 가장 가까운 친구이고 후원자였다. 가장 중요한 것은 B가 어떤 일을 하더라도 C는 절대 남편을 신뢰했다는 점이다.

30년 동안 C는 B 단 한 사람을 위해 살았다. 심지어 그녀는 자신의 재산에 아주 감사했다. 그 재산 덕분에 B와의 사랑이 결실을 맺을 수 있었기 때문이다. 반대로 B의 입장에서 보면, C는 자신의 인생을 구원해준 하느님과 같았다. 그녀가 죽으면 그는 백작 작위를 물려받을 것이다. B는 자신은 아직 평민이었지만, 어떻게든 C가 귀족이 될 수 있도록 손을 썼고 그녀는 드디어 빅토리아여왕으로부터 백작 작위를 받았던 것이다.

그녀가 사람들 앞에서 아무리 교양 없는 말을 하더라도 그는 절대 그녀를 비난하지 않았다. 그는 평생 단 한 마디도 그녀를 비난하거나 힐책하지 않았다. 또한 누군가 그녀를 비웃는 사람이 있으면 진심으로 그녀를 위로하고 보호해주었다.

B 역시 전혀 흠이 없는 사람은 아니다. 그러나 30년 동안 C는 남편과 이야기하는 것에 싫증을 낸 적이 단 한 번도 없었으며 언제나 남편을 존중했다. B는 "우리는 결혼하고 30년 동안 단 한 번도 권태기를 느낀 적이 없었다"라고 자신 있게 말했다.

C는 항상 주변 사람들에게 "난 B에게 늘 감사해. 내 인생을 행복한 한 편의 영화처럼 만들어주었거든"이라고 말했다.

두 사람은 가끔 이런 농담을 하곤 한다. B가 "어떻든 내가 돈 때문에 당신과 결혼했다는 사실은 온 세상이 알고 있소"라고 말하면 C는 이렇게 대답한다.

"맞아요. 하지만 만약 다시 선택하라고 하면 당신은 사랑 때문에 나와 결혼할 거예요, 그렇지요?"

그러면 B는 웃으며 그렇다고 대답한다.

B와 C는 어느 누가 보아도 분명히 단점이 많은 사람들이다. 그러나 B는 지혜롭게 그녀의 진실한 모습을 이끌어내었고 그녀의 사소한 단점에 개의치 않았다.

미국의 철학자 윌리엄 제임스는 "원만한 인간관계를 위해 가장 먼저 배워야 할 것은 바로 상대방의 단점을 가볍게 넘기는 것이다. 그것이 우리 삶에 심각한 영향을 끼치지 않는다면 문제 삼을 필요는 전혀 없다"라고 말했다.

THE WISDOM OF LIFE

사람은 누구나 장점과 특기가 있는 반면 단점이나 문제점도 있다. 원만한 인간관계를 원한다면 상대방을 궁지로 몰아넣거나 극단적으로 맞서지 말아야 한다. 원만한 인간관계를 위한 가장 좋은 방법은 상대방의 장점을 띄워주는 일이다. 루쉰은 "나는 수십 년 동안 우정을 쌓아온 오랜 친구들이 많다. 우리는 서로 사소한 일에는 신경 쓰지 않았다. 그래서 우리는 지금의 큰 우정을 얻었다"라고 말했다. 지나치게 상대방의 단점을 들춰내어 트집을 잡는 것은 자신에게도 전혀 도움이 되지 않는다.

거절은 최대한 완곡하게 표현해야 한다. 또한 어쩔 수 없이 거절해야 한다면 단번에 거절하지 말고 상대방을 배려하여 그의 이야기를 처음부터 끝까지 경청하라. 그리고 먼저 상대방에 대한 관심과 동정심을 표현하고, 자신의 현재 상황을 숨김 없이 공개하고 상대방의 요청을 받아들일 수 없는 이유를 정확히 설명하라. 당신이 일단 상대방에게 공감을 표시했기 때문에 상대방도 당신의 말이 진심이라고 믿을 것이다. 그리고 당신이 어쩔 수 없이 거절하는 것이라고 생각하고 충분히 이해할 것이다.

때와 장소를 가려
타인을 대하는
훌륭한 태도

● ● ● ● ● ● ● ●

20 너무 진지한 행동보다
조금 어눌한 태도가 더 효과적일 수 있다

사람들은 자신이 더 총명하고 지혜롭기를 원하지만, 진정한 총명함과 지혜가 어눌한 행동을 통해 완성된다는 사실은 알지 못한다.

중국 청대의 문인이자 서예가인 정판교는 총명함에도 정도가 있고 명청함에도 구분이 있다고 말했다. 어설프게 똑똑한 척하는 사람은 총명함을 가장한 명청이이다. 정말 현명한 사람은 오히려 명청함을 가장하여 총명함을 감추어둔다.

물론 일부러 명청한 척 행동하고 어눌하게 보이는 것은 아무나 할 수 있는 일이 아니다. 총명함은 타고나는 것이지만, 그것을 더 빛나게 만들려면 어눌하게 행동해야 한다. 살다보면 총명해야 할 때도 있고 명청해야 할 때도 있다. 이것을 정확히 구분할 줄 알아야 정말 지혜롭고 현명한 사람이다.

브랜든과 프랭크는 파티에 갔다가 대화 자리에 끼게 되었다. 잠시 후 브랜든의 오른편에 앉아 있던 한 신사가 '계획은 사람이 하지만 그 일의 성패는 하늘에 달려 있다'라는 말을 인용하더니 그 말이 『성경』에 나온다는 설명을 덧붙였다. 브랜든은 이 구절의 출처가 『성경』이 아님을 분명히 알고 있었다. 브랜든은 곧바로 그 자리에서 벌떡 일어나 신사에게 틀렸다고 지적했다. 신사는 잠시 난처해하더니 곧 더 크게 목소리를 높여 자신이 옳다고 우겼다.

브랜든은 어이없어하며 옆에 있던 친구 프랭크에게 도움을 요청했다. 그러자 프랭크는 테이블 아래로 브랜든의 다리를 툭툭 치며 말했다.

"브랜든, 자네가 틀렸네. 저 신사분의 말씀이 맞아. 그 말은 『성경』에 나오는 구절이야!"

파티가 끝나고 집으로 돌아가는 길에 브랜든이 프랭크에게 따졌다.

"자네도 그 말이 셰익스피어의 『햄릿』에 나오는 말이라는 것을 알고 있지 않나?"

"물론이지. 잘 알고 있네. 하지만 그 신사나 우리나 모두 파티를 즐기기 위해 참석한 것이네. 굳이 그 신사의 잘못을 지적해서 자네가 얻을 것이 무엇인가? 그렇게 한다고 해서 사람들이 자네를 인정해줄 것 같은가? 왜 좀 더 멍청하게 굴지 못하나? 그렇게 곧이곧대로 말해서 체면을 깎아내리면 그 사람한테 미움밖에 더 사겠나?"

인간관계에 있어서 어설픈 지혜를 끝까지 고집하는 사람은 손해를 볼 수밖에 없다.

정판교는 이렇게 말했다.

　"어수룩해 보이기는 어렵다."

　정판교는 세상의 이치를 정확하고 분명하게 꿰뚫어볼 줄 아는 현명한 사람이었다. 하지만 그 역시 종종 어떤 이유로도 설명할 수 없는 상황에 처할 때가 있었다. 설명하려 하면 할수록 상황이 오히려 더 복잡하게 꼬이는 것이다. 그래서 찾은 방법이 바로 어수룩하게 넘어가는 것이었다.

　아름다운 현실은 똑똑히 보고 확실히 짚고 넘어가는 것이 좋지만, 때로는 불합리하다고 느낄지라도 못 본 척 넘어가야 할 때가 있다. 이것은 현대와 같이 복잡한 사회에서 가장 필요한 처세술 중 하나이다.

　옛날에 공자가 길을 지나가다가 사냥꾼 두 명이 서로 손짓 발짓을 해가며 다투고 있는 것을 발견했다. 두 사람은 귀까지 새빨개진 채 서로 침을 튀기며 말싸움을 하고 있었다.

키가 작은 사냥꾼은 3곱하기 8이 24라고 했고, 키가 큰 사냥꾼은 23이라고 우기고 있었다. 두 사람의 싸움은 한참 동안 계속되었는데 나중에는 서로 치고받고 몸싸움을 벌일 기세였다.

결국 두 사람은 현자를 찾아가 판결을 부탁하기로 합의했다. 그리고 판결에서 승리하는 사람이 오늘 잡은 포획물을 전부 가져가기로 했다.

그때 마침 공자가 다가오자 두 사람은 곧 그에게 판결을 부탁했다.

그런데 뜻밖에도 공자는 키가 작은 사냥꾼에게 오늘 잡은 포획물을 키 큰 사냥꾼에게 주라고 말했다. 키 큰 사냥꾼이 희희낙락하며 포획물을 전부 가지고 가버리자 키 작은 사냥꾼은 억울해하며 공자에게 따졌다.

"삼 곱하기 팔이 이십사라는 것은 어린아이도 다 아는 사실인데, 현자라는 사람이 어떻게 이십삼이라고 말할 수 있소? 보아하니 당신이 현자라는 것은 다 헛소리군요."

그러자 공자는 웃으며 대답했다.

"당신 말이 맞소. 삼 곱하기 팔이 이십사라는 것은 어린아이도 다 아는 사실이지요. 당신이 옳으면 그것으로 된 것 아니오? 그런 말할 가치도 없는 너무도 당연한 문제를 가지고 그렇게 싸울 필요가 뭐가 있소?"

키 작은 사냥꾼은 이 말을 듣고 자신의 잘못을 깨달았다. 공자는 그의 어깨를 두드리며 말을 이었다.

"그 사람은 오늘 당신의 포획물을 가져갔지만 동시에 어리석은 인생에 빠진 것이오. 당신은 오늘 하루 포획물을 잃었지만 훌륭한 교훈을 얻지 않았소!"

키 작은 사냥꾼은 공자의 말에 고개를 끄덕였다.

살다보면 일부러 멍청해야 할 때가 있다. 지나치게 깊이 따지고 들면 오히려 자연의 이치를 거스르거나 도저히 감당할 수 없는 상황에 이를 수도 있다. 이럴 땐 보고도 못 본 척 지나가는 것이 가장 현명한 방법이다. 하지만 똑똑한 사람이 일부러 멍청한 척 행동하는 것은 분명 쉬운 일은 아니다. 여기에는 반드시 높은 수양과 넓은 도량이 필요하다.

THE WISDOM OF LIFE

인생은 만화경이다. 그 안에는 예측할 수 없는 수많은 변화가 끊임없이 나타난다. 어떤 일을 하든 진지하게 최선을 다하는 것이 기본이지만 모든 일에 예외 없이 진지할 필요는 없다. 총명함도 마찬가지이다. 항상 똑부러지게 행동하는 사람은 사소한 실수 하나에도 공든 탑을 무너뜨릴 수 있다. 어리석은 사람이 어리석게 보이는 것은 당연하지만, 똑똑한 사람이 일부러 어수룩해 보이기란 결코 쉽지 않다. 어설픈 지혜로 똑똑한 척하기보다는 어수룩한 행동으로 자신의 총명함을 감출 줄 아는 지혜로운 사람이 되어야 한다.

21 자신이 할수 없는 일이라면 솔직히 털어놓고 확실히 거절하라

직장 동료나 친구가 어떤 일을 부탁해올 때 혹은 직장 상사가 어떤 일을 맡기려 할 때 반드시 깊이 생각해보고 대답해야 한다. 최소한 1분이라도 침착하게 마음을 가라앉히고 깊이 생각해보아라. 자신이 그 일을 할 수 있을지 없을지, 얼마나 잘할 수 있을지 충분히 생각해보아야 한다. 자신의 능력, 일의 난이도, 그 밖의 객관적인 조건을 모두 종합하여 응낙 여부를 결정해야 한다.

그러나 현실적으로 많은 사람들이 응낙의 한계를 확실히 정하지 못한다. 이 세상에 약속을 어기는 사람이 많은 이유는 그들이 너무 쉽게 상대방의 요청을 수락하기 때문이다.

한 고등학교의 과주임이 자신이 맡은 과 소속 젊은 교사들에게 이번 직함 결정 회의에서 2/3 이상이 중급 이상의 평가를 받을 수 있도록 하겠다고 공언했다. 그러나 과주임은 학교 측에 보고서를 제출한 후 난관에 부딪혔다. 학교 측에서 그가 제출한 인원은 너무 많아 모두 통과시킬 수는 없다고 통보해온 것이다. 과주임은 최대한 논리적인 근거를 모두 제시하며 다시 한 번 학교를 설득해보았지만 그의 노력에도 불구하고 문제는 해결되지 않았다. 그러나 그는 이 상황을 사실대로 말하지 않고 오히려 큰소리를 쳤다.

"걱정하지 말게. 걱정하지 말라고. 나는 한번 약속한 일은 반드시 지키는 사람이네."

회의의 최종 결과가 발표되자, 젊은 교사들은 크게 실망하면서 과주임을 비난했다. 어떤 교사는 과주임은 욕할 가치도 없는 사람이라고 말했다. 또 어떤 교사는 직접 과주임을 찾아가 "주임님, 제 직함은 어떻게 되는 겁니까? 대답을 해보세요!"라고 따지기도 했다. 한편 교장은 그를 '집단이기주의'라고 비난했다. 결국 과주임은 아랫사람들에게 신용을 잃었을 뿐만 아니라 위에서도 미움을 받는 처지가 되고 말았다.

모든 일은 끊임없이 변화하고 발전한다. 처음에는 쉽게 해결할 수 있었던 일도 시간이 흐르고 환경이 변하면서 어려운 문제가 될 수 있다. 그래서 종종 쉽게 응낙했던 일 때문에 매우 난처해지기도 한다. 부탁을 했던 사람은 당신이 쉽게 응낙한 만큼 일이 잘 해결될 것이라 안심하고 기대했을 것이기 때문에 그 일이 해결되지 않으면 실망이 더 클 수밖에 없다. 당신이 지금 당장 쉽게 할 수 있을 것 같은 일이라도 절대 쉽게 응낙하지 마라. 혹시라도 주변 상황이 바뀌어 일을 완수하지 못한다면 당신은 신뢰를 잃고 위선자의 오명을 얻게 될 것이다.

시간에 따른 변동성이 큰일이라면 일단 승낙하되 최대한 시간을 벌어야 한다. 예를 들면 종업원이 사장에게 월급을 올려달라고 했을 때 사장 입장에서는 이렇게 말할 수 있다.

"연말 결산 후 영업 실적이 좋으면 반드시 호봉을 올려주겠네."

사장은 연말 결산이라는 말로 현실적인 승낙의 시간을 늦추었다. 이것은 앞으로 예상치 못한 변화가 일어났을 경우 적절히 대처할 수 있는 확실한 여지를 만들어놓는 방법이다.

자신이 혼자서 해결할 수 있는 일이 아닐 때 일단 승낙하되 전제조건을 제시하라. 만약 당신이 응낙한 일이 혼자 힘으로 해결할 수 없고 다른 사람의 도움을 받아야 하는 일이라면 일정한 제한조건을 덧붙여야 한다. 따라서 반드시 충분한 사고를 거쳐 신용을 지킬 수 있는 말과 행동을 할 수 있도록 노력해야 한다. 다른 사람이 당신에게 어떤 부탁을 할 때 생각 없이 아무렇게나 입에서 나오는 대로 응낙해버리면 안 된다. 먼저 객관적인 조건을 충분히 고려해본 후 가능성 없는 요청은 받아들이지 않는 것이 현명한 처사이다.

그러나 한번 응낙했으면 어떤 일이 있어도 그 일을 완수할 수 있도록 최선을 다해야 한다. 절대 '공수표'를 남발하는 사람이 되지 마라. 공수표를 남발하는 사람은 주변 사람들에게 큰 손해를 끼치고 자신의 명예까지 훼손시켜 사회적 입지가 점점 줄어든다.

사람은 누구나 자존심이 있다. 그런데 누군가 당신에게 도움을 청했다면 그 사람은 이미 불안하고 초조한 상태에서 마지막 희망을 걸고 당신을 찾아왔을 것이다. 따라서 두 사람 모두에게 난감한 상황인 것이다. 그런데 당신이 한마디로 거절해버린다면 그 사람은 자존심에 큰 상처를 입을 것이 분명하고 또한 당신에게 강한 반감을 갖게 될 수도 있다. 그러므로 대화를 통해 자연스럽게 거절의 뜻을 전달해야 한다.

거절은 최대한 완곡하게 표현해야 한다. 또한 어쩔 수 없이 거절해야 한다면 단번에 거절하지 말고 상대방을 배려하여 그의 이야기를 처음부터 끝까지 경청하라. 그리고 먼저 상대방에 대한 관심과 동정심을 표현하고, 자신의 현재 상황을 숨김 없이 공개하고 상대방의 요청을 받아들일 수 없는 이유를 정확히 설명하라. 당신이 일단 상대방에게 공감을 표시했기 때문에 상대방도 당신의 말이 진심이라고 믿을 것이다. 그리고 당신이 어쩔 수 없이 거절하는 것이라고 생각하고 충분히 이해할 것이다.

상대방의 어떤 요구나 행동에 거절, 제지, 반대의 뜻을 나타내야 할 때는 자신의 개인적인 상황을 이유로 삼는 것이 좋다. 이런 거절 방법은 친구 간의 감정을 상하게 하지도 않고 상대방에 대한 호의와 진심을 표현할 수 있다.

상대방의 요구를 거절할 때 적절한 유머를 이용하면 분위기를 띄우고 완곡하고 함축적으로 당신의 마음을 표현할 수 있다.

프랭클린 루스벨트는 대통령이 되기 전, 해군차관보로 재직하고 있었다. 어느 날 아주 절친한 친구가 찾아와 루스벨트에게 카리브 해의 작은 섬에 잠수함 기지를 건설한다는 소문이 사실이냐고 물었다. 루스벨트는 조심스럽게 주변을 둘러보더니, 목소리를 낮추어 "자네 비밀을 지킬 수 있나?"라고 물었다.

"물론이지."

그러자 루스벨트는 미소를 지으며 "그렇다면 말이지. 나도 비밀을 지킬 수 있다네"라고 말했다.

프랭클린 루스벨트는 가벼운 농담으로 친구의 질문에 완곡하게 거절의 뜻을 표현했다. 그는 아무리 친구라도 국가의 비밀을 발설할 수 없다는 원칙적인 입장을 견지하면서 친구를 난처하게 만들지 않는 가장 효과적인 해결방법을 선택한 것이다. 이 친구는 루스벨트가 죽은 후에도 아주 기분 좋게 다른 사람들에게 이 일화를 말해주곤 했다. 만약 루스벨트가 엄숙한 표정으로 이치를 따져가며 강하게 거절했거나 친구가 질문한 의도를 의심하고 누가 시켰는지를 꼬치꼬치 캐물었다면 어떻게 되었을까? 별것 아닌 일이 눈덩이처럼 커지고, 살벌한 분위기가 고조되어 결국 두 사람의 우정은 끝나버렸을지도 모른다.

이처럼 완곡한 거절은 상대방으로 하여금 곤란한 상황을 스스로 깨닫고 물러나게 할 수 있다.

또 다른 예를 살펴보자. 장자는 관부에서 자신에게 관직을 내리려 하자, 이런 비유를 들어 자신의 뜻을 밝혔다.

"왕실 종묘 제사에 쓰이는 소나 말을 본 적이 있습니까? 그것들은 자신이 곧 죽게 될 것이라는 것도 모르고 화려한 옷감을 두르고 맛 좋은 음식을 먹으며 즐거운 한때를 보내지요. 하지만, 종묘 제사가 시작되면 곧 살육되어 제물로 바쳐지니 다시는 자유롭게 들판을 뛰어다닐 수 없습니다.

그렇지요?"

장자는 비록 가타부타 말은 하지 않았지만, 확실한 거절을 담은 비유를 들었기에 이미 대답을 한 것이나 마찬가지였다. 장자가 자신이 관리가 되는 것은 근본적으로 불가능한 일이라 표현했기 때문에 관부에서도 더 이상 강요할 수 없었던 것이다.

상대방의 요구를 거절하는 방식은 아주 다양하다. 그럴듯한 핑곗거리를 찾아내거나 잠시 시간을 벌어두고 다시 좋은 생각을 떠올릴 수도 있으며 두리뭉실하고 애매모호한 표현으로 자신이 상대방의 요구에 응할 뜻이 없음을 비칠 수도 있다. "이건 별것 아니야. 나한테 맡겨"라는 말은 절대 하지 마라. 반드시 충분한 여지를 남겨두어야 한다. 생각 없이 입에서 나오는 대로 응낙해버리는 것은 결국 스스로 자기 목을 조르는 결과를 낳는다.

22 숙여야할때
숙일 줄 알아야한다

'처마 밑에 있으면 사람은 고개를 숙일 수밖에 없다' 라는 속담이 있다. 위기에 처하면 어떤 사람은 자신을 단련할 수 있는 기회로 삼고 언젠가 다시 재기할 그날을 준비한다. 또 어떤 사람은 인생이 끝났다고 생각하여 하늘을 원망하고 남 탓만 하면서 그냥 그렇게 인생을 낭비한다.

당나라 고조 이연이 나라를 세운 후 태자 이건성은 제왕 이원길과 결탁하여 건국의 일등 공신이었던 동생 진왕 이세민을 수차례 위협했다. 이로써 형제간의 피바람을 면하기 어려워졌다.

이세민 수하의 모든 장수와 부하들은 그에게 빨리 계획을 세우고 기선을 제압해야 한다고 수차례 건의했다.

그러나 이세민은 매번 괴로운 표정을 지으며 한숨을 내쉴 뿐이었다.

"어떻든 우리는 한 어머니에게서 태어난 형제가 아니오? 비록 형님이 옳지 않은 일을 하고 있지만 내가 어떻게 무자비하게 그를 대한단 말이오! 차라리 억울하더라도 내가 한 번 참는 것이 낫소. 시간이 지나면 형님도 잘못을 깨닫고 뉘우칠 것이고, 이 모든 것은 연기처럼 사라질 것이오."

이세민의 부하들은 모두 매우 초조해하며 그가 너무 너그럽기만 해서 큰일이라고 탄식했다. 이세민은 이 문제에 대해서 겉으로는 아무 것도 모르는 것처럼 행동했으나, 몰래 최측근 심복인 장수 위지와 경덕을 불러 이렇게 말했다.

"너희들의 충성심을 내가 왜 모르겠느냐? 그러나 지금 우리는 아직 완전히 준비를 마치지 못했고 확실한 단서를 잡지도 못했다. 경솔하게 행동을 개시할 수는 없다. 만약 이 비밀이 새어나가거나 다른 사람에게 발각되면 우리가 먼저 그들의 손에 죽음을 면치 못할 것이다. 그러니 각자 철저히 준비를 서두르고, 절대 비밀이 새어나가지 않도록 주의하라."

이세민은 이렇게 겉으로는 참고 양보하는 척하면서 뒤로 움직이며 철저히 준비를 하고 있었다. 그러나 이세민이 항상 너그러운 태도를 취했고, 때로는 약한 모습을 보였기 때문에 이건성과 이원길은 완전히 그 모습에 속아 넘어갔고, 벌써부터 승리감에 도취되었다. 두 사람은 이세민을 쓰러뜨릴 계획을 하나하나 차근차근 실행해나갔다. 그들은 이미 모든 계획을 세운 상태였기 때문에 오히려 시간을 너무 지체하여 일을 그르치지 않을까 초조했다.

얼마 후 변방에 돌궐족이 침입했다는 소식이 전해지자, 이건성은 이원길을 대장군으로 적극 추천했다. 대장군으로 임명된 이원길은 고조에게 이세민의 군사를 자기 수하에 둘 수 있게 해달라고 요청했고, 고조는 이를 수락했다. 이세민과 그의 부하들은 이것이 그들의 함정임을 단번에 알아차렸다. 그러나 이세민은 이번에도 격분하는 부하들을 보며 괴로운 표정을 지었다.

"황제께서 이미 수락하셨다면 나도 어쩔 수 없는 일이다. 이것은 하늘의 뜻이니 내가 어찌할 수 있겠느냐?"

이세민의 부하들은 이 말이 그의 진심이라고 생각하여 눈물을 흘리며 그에게 다시 한 번 생각할 것을 권했다. 일부는 아예 이세민을 떠났다. 오직 이세민의 진심을 아는 몇몇 부하들만이 눈빛을 교환하며 아무 말 없이 자리를 지켰다.

이때, 이세민이 파견했던 심복이 급한 전갈을 알려왔다. 태자 이건성과 제왕 이원길이 이미 행동을 개시했다는 것이다. 그들은 이세민이 이원길의 출정을 배웅하러 나올 때, 병사들을 매복시켰다가 이세민 일당을 몰살시키려는 계획이었다. 그리고 태자를 황위에 올리고 제왕을 태자로 삼으려 한다는 것이었다.

이 말을 전해 들은 이세민의 부하들은 격분하여 노발대발하지 않을 수 없었다. 이세민은 드디어 결정적인 순간이 왔다고 생각하여 길게 한숨을 내쉬고 말했다.

"내가 지금까지 수차례 그들에게 핍박받아왔다는 것은 모두가 잘 알고 있을 것이오. 일이 이렇게 되었으니 이제 먼저 손을 써 그들을 제압하는 수밖에 없을 것 같소. 우리가 먼저 그들을 제거해야 우리 자신을 지킬 수 있을 것이오."

이세민은 병사와 장수를 나누어 일부를 현무문에 매복시켰다. 다음날,

이건성과 이원길이 현무문을 지나는 순간 매복해 있던 이세민의 병사들이 일제히 쏟아져나오자 두 사람은 어떻게 손을 쓸 틈이 없었다. 이건성은 이세민의 화살에 맞아 죽었고, 이원길은 위지와 경덕의 칼에 죽었다.

얼마 후 고조 이연은 이세민에게 황위를 물려주었다. 결국 이세민은 황제가 되었고 마침내 자신의 이상을 실현시켰다.

이세민이 겉으로는 모욕을 참아내면서 뒤로 손을 쓴 방법은 일석이조의 효과를 노린 것이었다. 하나는 이건성과 이원길의 경계심을 늦추는 것이고 다른 하나는 부하들을 격분하게 만들어 죽기 살기로 싸우게 만드는 것이었다. 그리고 기회가 왔을 때 단번에 성공할 수 있었다. 만약 그가 정면으로 이건성과 대결하려 했다면 쓸데없이 힘을 소모하고 오히려 주변의 비난을 불러일으켰을 것이다.

이것과 비슷한 방법으로 병법에 '겉으로 창고 따위를 만드는 척하며 진창陳倉, 예부터 중국의 영웅들이 패권을 다툴 때 유리한 고지를 점할 수 있는 군사적 요충지. 이후, 군사적 요충지를 일컫는 말로 쓰임에 군사를 모아 기습하다' 라는 것이 있다. 즉, 적이 전혀 예상할 수 없는 곳에서 작전을 펼침으로써 막으려야 막을 수 없게 만드는 것이다.

기원전 206년, 항우가 40만 대군을 이끌고 관중으로 진격하여 함양을 공격하려 했다. 이곳은 매우 비옥한 땅으로 진나라에서도 중요하게 생각하는 곳이었으므로 철저하게 수비하고 있었다. 함곡관에 도착한 항우는 뜻밖에 유방의 10만 군대가 이미 함양을 함락시키고 관중왕이 되었다는 소식을 전해 들었다. 일찍이 초나라 말기 나라가 혼란스러워지고 전국에서 농민들의 반란이 끊이지 않자 회왕은 다음과 같은 공약을 걸었다.

"진에 대항하는 군대 중 가장 먼저 함양을 손에 넣는 자를 관중왕으로 봉하겠다."

유방의 공적은 항우를 격분시켰다. 항우는 당장 군대를 재촉하여 관중을 포위했다. 그는 홍문에 군대를 주둔시키고 유방을 전멸시키겠다고 선전포고했다. 당시 유방의 군사력은 항우에 비해 상당히 열세였기 때문에 절대 항우를 이길 수 없는 상황이었다. 그래서 유방은 직접 홍문으로 찾아가 항우의 마음을 달랬다. 이에 항우도 마음을 풀고 유방을 위해 연회를 베풀었다. 이 자리에서 항우의 모사 범증이 항우의 사촌동생 항장에게 유방 앞에서 칼춤을 추는 척하면서 그를 죽이라고 계략을 짜주었다. 범증은 유방이 훗날 항우의 강력한 적이 될 것을 미리 예견했던 것이다. 그러나 유방은 장량과 번쾌의 도움으로 항우의 진영을 무사히 빠져나올 수 있었다.

결국 유방은 항우에게 함양과 관중을 양보했다. 그리고 항우는 스스로 '서초패왕西楚覇王'이 되었다. 그는 팽성에 도읍을 정했고 그의 세력은 지금의 쟝수, 안후이, 산둥, 허난 지역에 이르렀다.

항우는 그 외 나머지 지역을 여덟 개로 나누어 각각 봉지로 나누어주었다. 항우는 유방이 멀리 떨어져 있으면 있을수록 좋다고 생각했다. 그래서 유방에게 관중에서 가장 멀리 떨어진 한중 지역을 주었다. 이곳은 지금의 스촨 동부와 서부 지역, 샤시의 서남부 지역, 후베이 일부 지역에 해당한다. 이때부터 유방은 '한중왕'으로 불렸고, 훗날 그가 세운 한나라의 국호와 연호도 여기에서 유래되었다.

또 항우는 유방이 자기 분수를 모르고 날뛸 것에 대비하여 한중과 근접한 관중 지역을 다시 셋으로 나누어 진나라에서 투항한 장수 세 명에게 방비하도록 했다. 그중 가장 가까이에서 유방과 맞서게 된 옹왕 역시 본래 진나라 장수였던 장한이었다.

상황이 이렇게 되자 유방은 어쩔 수 없이 관중을 떠나야 했다. 유방은 관중을 떠나 한중으로 가면서 가는 도중 수십 킬로미터에 달하는 잔도棧道, 험한 산길을 지나갈 수 있도록 절벽을 따라 설치해놓은 길를 불태워버렸다. 이것은 다른 제후국들의 침입을 막을 수 있는 방법이었지만 그보다 더 큰 목적이 있었다. 자신이 다시는 관중에 돌아갈 뜻이 없음을 표현하여 항우를 안심시키려는 의도였다.

얼마 후 항우로부터 봉지를 배분받지 못한 전영이 제나라 지역에서 반란을 일으켰다. 이 기회를 틈타 유방과 한신은 관중 공격을 개시했다. 먼저 항우를 속이기 위해 유방은 한신에게 잔도를 수리하라고 명령했다. 이 소식을 들은 장한은 유방을 비웃었다.

"그 인원으로 언제 잔도를 수리해서 이곳까지 온단 말이냐? 무슨 어린애 장난하는 것도 아니고."

사실 유방과 한신은 잔도를 수리하여 이 길로 관중에 들어가려는 것이 아니었다. 잔도 수리를 시작하는 동시에 유방의 주력부대는 고도로 우회하여 진장에 도착한 것이다. 이 사실을 안 장한이 대책을 세우려 했으나, 이미 때는 늦었다. 결과는 유방의 대승이었다.

THE WISDOM OF LIFE

현대사회에서 일어나는 모든 일, 그리고 사람의 마음은 그 내막을 알기가 쉽지 않다. 만약 적절히 대처하지 못하거나 잠시 굽힐 줄 모른다면 결국 실패할 수밖에 없다. 상황을 정확히 파악하지 못하면 절대 유리한 고지를 점령할 수 없다.

23 상대방의 이름을 기억하는 것은 훌륭한 성공 비결이다

현대사회의 인간관계는 날이 갈수록 그 범위가 넓어지고 있다. 우리가 일생 동안 만나는 사람의 수는 과거에는 상상할 수 없는 숫자였을 것이다. 그런데 어떤 목적을 가진 인간관계에서 적절히 상대방의 이름을 언급하면 뜻밖에 큰 성공을 거둘 수도 있다.

철강왕 앤드류 카네기의 성공 비결 역시 이것과 무관하지 않다.

사실, 카네기는 철강 제조과정에 대한 전문적인 지식은 많지 않았다. 그러나 그의 회사에는 철강에 정통한 전문가들이 수백 명이 넘었다. 대신 카네기는 어떻게 세상의 변화에 대처해야 하는지 잘 알고 있었으며, 이것이 바로 그의 성공 비결이다.

카네기는 어린 시절부터 조직을 만들고 그 안에서 리더십을 발휘하는 데 천부적인 소질이 있었다. 그는 열 살때 사람들이 자신의 이름을 매우 소중히 여긴다는 사실에 주목했다. 그래서 그는 이것을 이용해 큰 성공을 거두었다.

카네기가 스코틀랜드에서 어린 시절을 보낼 때 토끼 한 마리를 잡은 적이 있었다. 알고 보니 토끼는 얼마 전 새끼를 낳은 어미 토끼였다. 그래서 카네기는 아주 작고 귀여운 새끼 토끼들까지 키우게 되었다. 생각지 못하게 토끼가 많아지자 카네기 혼자서는 이 토끼들을 키울 수 없었다. 이때 어린 카네기는 기발한 아이디어를 생각해냈다. 그는 동네 아이들을 모아놓고 "너희들이 토끼풀과 민들레를 가져와 토끼 먹이로 주면 이 토끼들에게 너희들 이름을 붙여줄게"라고 말한 것이다.

이 방법은 매우 효과적이었고, 카네기는 여기에서 평생 소중히 간직할 교훈을 얻었다.

수년 후 카네기는 사업을 경영하면서 이 방법으로 수백만 달러를 벌어들였다. 카네기는 펜실베이니아 철도회사에 강철 레일을 팔 계획을 세웠다. 당시 펜실베이니아 철도회사 사장은 에드가 톰슨이었다. 그래서 카네기는 피츠버그에 대규모 제철소를 건설하고 에드가 톰슨 제철소라고 이름 지었다. 펜실베이니아 철도회사가 강철 레일이 필요할 때 에드가 톰슨은 과연 어디에서 강철 레일을 샀을까?

카네기와 조지 풀맨이 침대 열차 사업으로 치열한 경쟁을 벌이고 있을 때, 카네기는 역시 같은 방법을 이용했다.

카네기가 운영하는 회사와 풀맨의 회사는 서로 유니언퍼시픽 철도회사에 침대차를 공급하려고 치열한 경쟁을 벌이고 있었다. 두 회사는 서로 상대방의 허점을 찾아내 험담과 비방을 일삼았다. 게다가 지나친 가격 할

인으로 두 회사 모두 실질적인 수익을 포기한 상태였다.

그러던 어느 날 카네기와 풀맨은 유니언퍼시픽 철도회사의 이사회에 참석하기 위해 뉴욕으로 날아왔다. 두 사람은 우연히 뉴욕의 니콜라스 호텔에서 마주쳤다. 카네기는 풀맨에게 "우리가 지금 정말 바보 같은 짓을 하고 있는지도 모릅니다"라고 말했다. 풀맨이 "그게 무슨 말씀이오?"라고 묻자, 카네기는 마음속으로 생각하고 있었던 일, 즉 서로의 이익을 위한 두 회사의 합병에 대한 자신의 아이디어를 풀맨에게 말했다. 풀맨은 카네기의 말에 귀를 기울이고 있었으나, 확실한 입장을 표명하지는 않았다. 잠시 후 풀맨이 물었다.

"그럼 새로운 회사의 이름은 어떻게 할 생각이오?"

카네기는 조금도 망설이지 않고 곧바로 대답했다.

"물론 풀맨 파레스 차량 회사지요!"

그 순간 풀맨의 눈이 반짝였다. 풀맨은 "내 방으로 가서 좀 더 이야기합시다"라고 말했다. 이 대화로 당시 산업 역사상 최대의 기업 합병이 이루어졌다.

앤드류 카네기가 중요한 친구들과 사업 파트너들의 이름을 기억하는 방법은 뛰어난 경영 비결이었다. 카네기는 자기 회사에서 일하는 수많은 직원들도 이름만 대면 그들의 얼굴을 똑똑히 기억하는 것을 자랑으로 여겼고, 그가 직접 회사를 운영하는 동안 단 한 번도 파업이 일어나지 않았다는 데에 큰 자부심을 가졌다.

카네기의 성공 비법은 아주 간단하다. 만약 상대방의 이름을 잘 알아듣지 못하면 그는 "죄송합니다. 잘 못 들었습니다. 다시 말씀해주세요"라고 말한다. 그리고 특이한 이름이면 반드시 어떻게 쓰는지 물어본다.

그리고 그는 대화를 하는 동안 상대방의 이름을 여러 번 언급하면서 머릿속에 그 사람의 이름과 특징, 표정, 외모를 함께 기억해둔다. 만약 상대방이 아주 중요한 인물이라면 더 자주 이름을 부르고 더 많은 부분을 기억해둔다. 그리고 옆에 아무도 없을 때 그의 이름을 종이에 쓰고 정신을 집중해서 자세히 들여다보면서 확실한 이미지를 남겨둔다. 그리고 상대방이 보기 전에 종이를 찢어버린다. 이렇게 하면 그 이름에 대한 청각적인 이미지와 시각적인 이미지를 동시에 떠올릴 수 있게 된다.

물론 여기에는 많은 시간과 노력이 필요하다. 그래서 에머슨은 "좋은 습관은 어느 정도 희생의 대가로 만들어진다"라고 말했다.

주변 사람들에게 호감을 얻고 사업에 성공하고 싶다면 상대방의 이름을 기억하라. 상대방에게 있어 자신의 이름은 이 세상의 어떤 단어보다 달콤하게 들리는 가장 중요한 말이기 때문이다.

데일 카네기는 이렇게 말했다.

"타인의 이름을 정확히 기억하고 자주 불러주어라. 이것은 상대방에게 있어 어떤 칭찬보다도 큰 효과를 줄 수 있다."

1898년, 뉴욕 교외의 작은 마을에 비극적인 일이 일어났다. 한 어린아이가 세상을 떠난 것이다. 거의 모든 마을 사람들이 아이의 장례식에 참석했다. 짐 역시 장례식에 가기 위해 말을 끌어냈다. 땅에는 아직 눈이 많이 쌓여 있었고 날이 너무 추웠기에 그 말은 며칠째 제대로 운동을 하지 못한 상태였다. 말은 물통 앞에 끌려가자 갑자기 흥분하여 다리를 마구

굴러댔다. 그 바람에 짐은 불행히도 말 다리에 채여 죽고 말았다. 이렇게 해서 이 작은 마을에는 일주일 사이에 두 번의 장례식이 치러졌다.

짐은 아내와 세 아이에게 몇백 달러의 보험금을 남겼다. 그의 맏아들 제임스 팔리는 겨우 열 살이었지만 벽돌공장에 나가 돈을 벌어야 했다. 모래를 날라와 벽돌 틀 안에 넣고 다시 볕이 잘 드는 곳으로 옮겨 잘 마르도록 해야 했다. 제임스는 아버지가 세상을 떠난 후에는 학교 근처에도 가보지 못했다. 그러나 그에게는 주변 사람들을 기분 좋게 하는 아주 특별한 재능이 있었고 이 재능을 바탕으로 훗날 정치계에 입문한다. 그는 주변 사람들의 이름을 기억하는 데 아주 뛰어난 재주가 있었던 것이다.

제임스는 비록 중학교도 나오지 못했지만 46세 때는 4개 대학에서 명예졸업장을 받았다. 또한 그는 민주당 전국위원장, 미합중국 우정장관을 역임했다.

한 기자가 제임스에게 성공 비결에 대해 질문하자 그는 "열심히 일했기 때문입니다"라고 대답했다. 기자가 "농담하지 마세요"라고 말하자 제임스는 기자에게 그러면 자신의 성공 비결을 무엇이라고 생각하느냐고 되물었다. 기자가 대답했다.

"위원장님은 만 명의 이름을 외울 수 있다고 하던데, 맞습니까?"

제임스는 허허 웃음을 터뜨리며 말했다.

"나는 오만 명 이상의 이름을 기억하고 있습니다."

이러한 제임스의 능력은 프랭클린 루스벨트가 백악관에 입성하는 데 아주 큰 도움을 주었다. 제임스는 한 석고회사에서 영업을 담당하던 몇 년 동안 그리고 작은 도시의 공무원으로 일하는 몇 년 동안 주변 사람들의 이름을 기억할 수 있는 확실한 방법을 터득했다.

사실 이것은 아주 간단했다. 매번 새로운 사람을 만나면 제임스는 그 사람의 이름을 확실히 물어보고, 가족이 몇 명인지, 그의 직업이나 정치관은 무엇인지 자세히 질문한다. 그는 이런 자료들을 모두 머릿속에 넣어두었다. 그리고 그 사람을 다시 만났을 때, 비록 1년이 지난 후라도 제임스는 상대방의 어깨를 두드리며 그의 아내와 아이들의 안부뿐만 아니라 뒤뜰에 있는 나무들이 잘 자라고 있는지까지 물어볼 수 있게 되었다.

루스벨트가 치열한 대통령 선거전을 치르는 수개월 동안 제임스는 미국 전역에 살고 있는 '친구'들에게 매일 수백 통의 편지를 썼다. 뿐만 아니라 그는 직접 기차를 타고 19일 동안 19개 주에 발도장을 찍기까지 했다. 당시 그는 마차, 기차, 자동차, 선박 등을 가리지 않고 2만 킬로미터를 넘게 돌아다녔다. 매일 새로운 도시에 도착하면 그는 지인들과 함께 아침

혹은 점심을 먹고, 차를 마시거나 저녁을 먹으며 진솔한 이야기들을 나누었다.

나중에 그는 자신이 함께 식사를 하거나 차를 마시면서 이야기를 나누었던 사람들의 명단을 작성했다. 명단을 다시 정리하고 나니 그 안에는 수천 명의 이름이 적혀 있었다. 이 명단에 있는 사람들은 모두 제임스의 편지를 받았다.

제임스의 편지에는 특별한 내용은 없었다. 다만 '친애하는 빌' 혹은 '친애하는 제이크' 등으로 시작하여 마지막에는 제임스 자신의 서명이 있는 게 특징이었다.

THE WISDOM OF LIFE

사람들은 이 지구상의 그 어떤 말보다도 자신의 이름을 소중히 생각한다. 주변 사람의 이름을 확실히 기억하고 자주 불러주는 것만으로도 당신은 예상치 못한 이익을 얻게 될 것이다. 그러나 상대방의 이름을 잊어버리거나 잘못 기억하면 성공으로 가는 길이 매우 험난해질 것이다.

24 작은 손해로 큰 이익을 얻을 수 있다

아무 것도 없는 집안에서 태어나 배운 것 없이 사업에 성공한 장사꾼이 있었다. 그는 사업 수완이 매우 뛰어나 수년 간 장사를 하면서 단 한 번도 위기를 겪은 적이 없었다. 그의 사업 비결은 의외로 아주 간단했다. 자신과 거래하는 모든 사람이 큰 이익을 얻게 하고 자신은 늘 작은 이익에 만족하는 것이었다.

이렇게 하다 보니 그와 한 번이라도 거래를 했던 사람들은 모두 계속해서 거래를 이어가고 싶어했고, 주변 사람들에게도 그를 소개시켜주었다. 그래서 그는 원래 거래하던 사람의 친구에, 또 그 친구의 친구에 이르기까지 거래 범위를 넓힐 수 있었다. 그는 항상 상대방에게 큰 이익을 양보하고 자신은 작은 이익만 가져갔기 때문에 그와 거래를 했던 사람들은 모두 칭찬을 아끼지 않았다. 그런데 이런 작은 이익을 모두 합하면 가장 큰 이익을 얻는 사람은 다름 아닌 그 자신이었다.

현실에서는 이렇게 자발적으로 손해를 감수하는 사람은 거의 찾아보기 힘들다. 인간은 당연한 자신의 몫을 거절하지 못하는 본성이 있기 때문이다. 특히 안목이 짧은 사람들은 저 멀리에 아무리 큰 이익이 있어도 눈앞의 작은 이익을 포기하지 못한다. 또한 어느 정도 능력을 갖추지 않으면 자발적으로 손해를 감수하기 힘들다. 지금 당장 손해를 보더라도 다시 그만큼 회복할 때까지 버틸 수 있으면 결과적으로 손해를 보지 않을 수 있다. 그러나 여유가 없는 평범한 사람들은 당장 조금만 손해가 나도 매우 치명적인 결과를 초래할 수 있다.

손해가 행운을 부르기도 한다. 우리 주변에는 작은 손해로 큰 이익을 얻는 경우가 아주 많다. 손해에도 기술이 필요하다. 손해를 정확히 이용할 줄 아는 사람은 보이는 곳에서는 손해를 보지만 보이지 않는 곳에서는 이익을 취한다. 그리고 누군가 자신에게 작은 이익이라도 주면 아주 크게 감격해한다. 이것이 곧 손해 경영의 지혜이다. 그러나 이 방법은 논리적으로 이해하기도 힘들뿐더러 행동으로 옮기기는 더더욱 힘들다. 사람들은 항상 손해 보지 않고 더 많은 이익을 얻기 위해 다른 사람의 이익까지 뺏으려 안간힘을 쓴다. '사람은 돈에 목숨을 걸고, 새는 먹이에 목숨을 건다'라는 속담은 바로 이런 현상을 두고 하는 말이다.

사람들은 손해와 이익이 화와 복처럼 서로 상생관계 속에서 끊임없이 되풀이되는 것임을 알지 못한다. 화가 있으면 복이 있고 복이 있으면 화가 생기는 것처럼 손해가 있으면 이익도 있고 이익이 생기면 손해도 볼 수 있는 것이다.

"손해는 손해고, 이익은 이익이지, 어떻게 손해를 보는 것이 복이란 말이오?"라고 묻는 사람도 있을 것이다. 그렇다면 조금 다른 시각에서 이 문제를 풀어보자.

손해가 어떻게 복이 되는지 살펴보자.

손해를 보면 우선 마음이 편해진다. 더 이상 안절부절못할 필요가 없다. 둘째, 주변 사람들에게 동정을 얻고 좋은 인상을 남길 수 있다. 셋째, 비록 이번에는 손해를 보았지만 주변 사람들에게 도덕적인 지지를 받아 다음에는 더 큰 이익을 얻을 수 있다.

손해는 절대 밑지는 장사가 아니다. 반대로 처음부터 이익을 얻거나 부당한 방법으로 재산을 모은 사람은 한시도 마음이 편치 못하다. 좋은 인연을 잃고, 오명을 얻게 된다. 즉, 한 번 이익을 얻었지만 앞으로 큰 어려움을 겪으며 잃는 것이 훨씬 더 많아질 것이다. 결국 당장 손해를 보면 겉으로는 불행해 보이지만 사실 그 안에는 행운이 숨겨져 있고, 겉보기에 행운 같은 이익 안에는 불행의 씨앗이 자라고 있는 것이다.

손해를 두려워하지 않는 사람은 항상 마음이 편안하고, 큰 손해를 볼 일이 없다. 그러나 늘 이익을 탐하는 사람은 평생 제대로 된 이익을 얻지도 못하면서 눈앞의 작은 이익을 얻은 대가로 오명을 뒤집어쓴 채 파멸의 낭떠러지로 떨어진다.

처음부터 손해 보지 않으려 일일이 따지지 말고 일단 자발적으로 손해를 감수하라. 물론 여기에는 인내와 양보가 필요하고 때로는 일부러 어리석은 척할 필요도 있다. 손해가 곧 행운이라는 사실을 알고 있는 사람은 절대 손해 보지 않으려고 애쓰지 않는다. 오히려 손해와 이익 앞에서 바보가 되는 것이 결국 큰 이익을 얻게 해준다.

"화禍와 복福 두 글자는 반은 같은 것이고 반은 완전히 다른 것이다. 이 두 가지는 서로 연결되어 끊임없이 반복된다. 그러므로 좋은 일이 있을 때, 지나치게 기뻐하지 마라. 기쁨이 지나가고 나면 곧 불행이 닥쳐온다. 반대로 안 좋은 일이 있을 때, 너무 고민하거나 혼란스러워하지 마라. 어떻게든 이를 악물고 참고 또 참고 또 견뎌라. 그 뒤에는 반드시 행운이 찾아온다."

여기에는 매우 철학적이고 심오한 옛사람들의 지혜가 담겨 있다.

손해가 곧 행운이 된다는 말은 남에게 양보하고 이익을 다투지 말라는 뜻이다. 손해와 이익 때문에 안절부절못하지 말고 보고도 못 본 척하는 것이 아름다운 인생을 만드는 현명한 자세이다. 여기에는 양보와 인내보다 일부러 어수룩하게 행동할 수 있는 여유와 지혜가 더 필요하다. 그렇지 않으면 자발적으로 손해를 감수할 수 없고, 손해를 행운으로 만들 수도 없다.

정판교는 "남을 위한 행동이 곧 나를 위한 일이 된다"라고 말했다. 다른 사람에게 이익을 주기 위해 한 행동이 결국 자신에게도 이익을 가져다준다는 뜻이다. '내가 대중을 위할 때, 대중이 나를 위한다'라는 말 역시 같은 맥락이다.

만약 세상 모든 사람이 스스로 손해를 감수하는 지혜를 보여준다면 이 세상은 정말 아름다워질 것이다. 많은 전쟁, 살상, 사기와 속임수 등 온갖 악행과 부도덕한 행위가 모두 사라질 것이다. 이처럼 손해를 감수하는 일은 개인에게만 행운을 주는 것이 아니라 인류 전체를 이롭게 할 수도 있다. 손해가 행운이 되는 이치는 모든 경제, 정치, 외교에도 적용된다. 지금 당장 손해를 감수하는 것은 '작은 것을 버리고 큰 것을 얻는다', '작은 일을 참지 못하면 큰일을 망친다'와 같은 인생의 지혜 중 하나이다.

작은 손해를 기꺼이 감수하는 사람은 당장 눈앞에 있는 이익을 다투지 않고 먼저 양보와 인내의 미덕을 발휘한다. 그렇기 때문에 훗날 더 큰 이익을 얻더라도 모두에게 인정받을 수 있다. 큰 이익을 얻을 수 있는 가장 효과적인 방법은 먼저 손해를 감수하고 기꺼이 받아들이는 것이다. 반대로 절대 손해 보지 않으려는 생각으로 작은 이익에 집착하는 사람들은 결국 큰 손해를 볼 수밖에 없다. 이것은 이미 수많은 역사 사건 속에서 증명되었다.

이런 논리는 이웃 사람과의 관계에도 적용할 수 있다. 이웃 사람과 아무런 편견 없이 사이좋게 잘 지낼 때는 사소한 문제가 생겨도 같이 웃고 지나갈 수 있다. 그러나 일단 감정이 생기면 별 뜻 없이 한 말에도 의미를 부여하여 기분 나쁘게 받아들이고 별것 아닌 일에도 큰 소리가 나게 마련이다. 아무리 문을 꼭 닫아도 이웃집 남자의 기침 소리는 왜 그렇게 큰지, 빨래하는 물소리는 또 얼마나 신경을 건드리는지 모른다. 그 이유는 이웃 사람이 일부러 나를 괴롭히기 위해 행동한다고 생각하기 때문이다.

어느 날 한 중국 상인이 황급히 홍콩으로 날아갔다. 그는 오늘 홍콩에서 열리는 중국 미술품 경매에 참가하여 그가 좋아하는 장張화가의 작품을 살 계획이었다.

사실 이 상인은 이미 장화가의 작품을 30여 점 넘게 가지고 있었다. 그런데 그가 또 장화가의 작품을 사려는 데는 그만한 이유가 있었다. 장화가의 작품을 혼자 독점하고 싶어서가 아니라 사실 그는 어쩔 수 없이 그의 작품을 사야만 했다.

"시작가가 겨우 십만 원이라고?"

상인은 경매에 나온 장화가 그림의 최저가격을 듣고 버럭 화를 냈다.

"그게 만약 정말 십만 원에 팔리면 지금 내가 가지고 있는 장화가의 그림 값도 다 떨어지는 거잖아! 게다가 나한테 백만 원씩 주고 장화가 그림을 사갔던 사람들이 가만 있겠어? 모두들 나를 사기꾼이라고 욕할 텐데."

상인은 바로 이런 이유 때문에 황급히 경매에 참여하게 된 것이다. 그는 경매에 참석하면서 친구 한 명을 더 데리고 갔다.

장화가의 그림이 나오자 경매 시작가는 과연 10만 원이었다.

상인은 "십일만!" 이라고 외쳤다.

곧이어 상인이 데리고 온 친구가 "십삼만!" 을 불렀다.

"십오만!"

"이십만!"

두 사람은 경쟁적으로 값을 올렸다. 경매장 분위기는 점점 더 고조되었고, 사람들은 두 사람의 얼굴을 번갈아 쳐다보았다. 사람들은 모두 각자의 생각대로 수군거리기 시작했다.

"분명 장화가의 작품을 전문적으로 사들이는 사람일 거야!"

"내 생각에는 어느 정도 경쟁의식이 발동한 것 같은데, 서로 지지 않으려고 말이야."

"저 그림을 내놓은 사람은 정말 돈 벌었네. 저렇게 낡아빠진 그림이 이렇게 비싸게 팔릴 거라고는 그 사람도 상상하지 못했을걸."

"사십만!"

결국 경매 마감을 알리는 종소리가 울렸고, 상인은 자신의 목적을 달성했다.

상인이 홍콩 경매장에서 사온 장화가의 낡은 그림은 상인의 화랑에 전시된 지 며칠 만에 다시 팔려나갔다.

"이봐, 이것 좀 보라고. 이렇게 형편없는 그림을 사십만 원이나 주고 샀다니."

상인은 한 명품 수집가가 옆에 있는 사람에게 하는 말을 듣고 이렇게 말했다.

"손님, 이 부분을 다시 한 번 보세요. 제가 오랫동안 장화가의 그림을 소장해왔기 때문에 확신할 수 있습니다. 이렇게 훌륭한 명품은 사십만 원 이하로는 절대 팔 수 없습니다."

"이 낡아빠진 그림 가격이 정말 사십만 원이란 말이오?"

"만약 못 믿겠다면, 이 경매 영수증을 보세요."

"됐습니다. 내가 어떻게 당신을 못 믿겠소? 그러나 나는 다른 것으로 다섯 점을 사겠소."

명품 수집가는 그 자리에서 당장 상인에게 그림 값을 지불했다.

그렇다면, 장화가의 낡은 그림은 어떻게 되었을까? 물론 상인은 절대 손해 보지 않았다. 후에 한 외국인 수집가에게 45만원에 팔린 것이다.

"이미 경매장에서 사십만 원에 거래됐었는데, 되팔면서 사십오만 원을 받지 못할 이유가 뭐가 있겠소?"

상인은 당당하게 말했다.

여기에서 우리가 눈여겨볼 것은 현재 소위 소장가치가 높다는 값비싼 명품들은 대부분 이렇게 투기상들에 의해 값이 올라갔다는 사실이다. 그 값이 올라갈수록 수요는 많아질 것이고, 수요가 많아질수록 값은 더 올라갈 것이다. 훌륭한 사업가적 기질이 있는 사람은 이와 같은 투자의 가치를 정확히 알고 있기 때문에 당장 손해를 보더라도 훗날 더 큰 이익을 만들어낸다.

이것은 반드시 경제적인 논리에만 적용되는 것은 아니다. 인간관계에서도 마찬가지이다. 많은 사람들과 어울려 살다보면 항상 크고 작은 오해가 생기게 마련이다. 이때 순간적인 감정에 사로잡혀 다투고 원한을 만들면 안 된다. 일단 한번 싸움을 시작하면 이후에 또 다른 싸움의 원인이 되고, 결과적으로 늘 소란스럽고 불안한 생활을 하게 된다. 한 번 참으면 큰 일을 작게 만들고, 작은 문제를 없앨 수도 있다. 한순간 참아 넘기는 것은 그다지 어렵지 않다. 이렇게 잠시 참아 넘기면 그 후에 더 많은 이익을 얻을 수 있다.

'작은 손해로 큰 이익을 얻는다' 라는 말은 얼핏 들으면 정당하지 못하다는 느낌을 준다. 그러나 이웃 간에 서로 양보하고 모두가 조금씩 손해를 본다는 마음을 가지면 분명 아름다운 세상을 만들 수 있다.

단번에 큰 이익을 얻으려는 사람들은 대부분 속이 좁아 다른 사람들에게 늘 보복과 응징을 일삼는다. 그러나 불행하게도 이들은 평생 큰 이익을 얻지 못한다.

보다 고차원적인 성공법에 대해 알아보자.

그중 하나가 사사건건 이기려고 애쓰지 않을 때 더 유리한 고지를 점령할 수 있다는 것이다. 자발적으로 나서서 먼저 가볍게 몇 대 맞으면 그후에는 더 강한 펀치를 날릴 수 있는 주도권을 잡을 수 있다. 그러나 반드시 밝고 선한 마음을 유지해야 한다. 복수심에 불타거나 탐욕스러운 눈빛으로는 아무 것도 얻을 수 없다.

여기에서 말하는 포기, 양보, 손해 등은 분명 훗날 더 큰 이익을 만들어 주지만 그것을 목적으로 행동해서는 안 된다. 자신의 몫이 아닌 것은 과감히 버려야 한다. 어차피 처음부터 내 것이 아니었는데 힘들게 경쟁하고 싸울 필요가 있겠는가?

우리는 어차피 모든 것을 다 가질 수는 없다. 필연적으로 가질 수 없는 것이라면 자발적으로 포기하고 버리는 것이 훨씬 낫지 않은가? 이런 과정 속에서 오히려 남들보다 유리한 고지에 오를 수도 있다. 그러나 대부분의 사람들은 표면적인 것에만 치우쳐 모든 것을 다 자기 것으로 만들려고 안달한다. 이들은 자기가 가진 것 중 어느 것도 포기하지 않기 때문에 아무 것도 새로 얻을 수 없다.

반대로 작은 손해를 감수할 수 있는 사람은 스스로 주도권을 쥘 수 있다. 비록 작은 이익을 잃더라도 큰일에는 전혀 지장을 주지 않을 수 있다.

THE WISDOM OF LIFE

손해는 곧 행운이다. 이익을 추구하는 것은 인간의 본성이다. 그러나 먼저 조금 손해 보더라도 상대방에게 더 큰 이익을 주어라. 그러면 그들은 당신이 최종 목표에 도달할 수 있도록 적극적으로 당신을 도울 것이다.

25 자만하지 말고
때와 장소를 가릴 줄 아는 사람이 되어라

누구나 다 가지고 있는 평범한 지혜와 용기만으로는 영웅이 될 수 없다. 수차례 제련과정을 거쳐야 순수한 금이 만들어지듯 인간도 수많은 고난을 겪어야 더 크게 성공할 수 있다.

'때와 장소를 가릴 줄 아는 사람만이 영웅호걸이 될 수 있다' 라는 옛말이 있다. 소위 말하는 영웅호걸이란 무분별하게 자기가 하고 싶은 대로 멋대로 행동하는 사람이 아니라 용감히 적진으로 파고들어 단숨에 적을 무너뜨릴 수 있는 기개를 지닌 사람이다. 영웅호걸의 용기는 앞뒤 가리지 않는 무모함과는 거리가 멀다. 영웅호걸의 용기에는 상황을 정확히 판단하여 굽힐 때 굽힐 줄 알고 일어설 때 일어설 줄 아는 지혜가 깔려 있다.

장량은 젊은 시절 진시황 암살을 계획했다가 실패하여 떠돌이생활을 한 적이 있었다. 어느 날 장량은 다리를 건너는 중에 짧은 도포를 걸친 노인을 만났다. 노인은 일부러 신발을 다리 아래로 떨어뜨리고는 거만한 말투로 장량에게 말했다.

"이봐, 젊은이. 가서 내 신발 좀 주워와!"

장량은 어이가 없고 화가 났지만 천천히 마음을 가라앉혔다. 상대는 이미 반백의 노인이었으므로 주먹을 쓸 수는 없는 노릇이었다. 별로 내키지 않았지만 장량은 조용히 신발을 주워왔다. 그러자 노인은 이번에는 신발을 신기라고 명령했다. 장량은 이미 산전수전을 다 겪으며 넓은 도량을 키운 인물이었다. 다소 모욕감을 느꼈지만 작은 일은 참고 넘길 줄 아는 지혜도 있었다. 그는 무릎을 꿇고 조심스럽게 노인에게 신발을 신겨주었다. 그런데 노인은 고마워하기는커녕 오히려 마치 그를 비웃듯 너털웃음을 터뜨리며 떠났다. 장량은 너무 어이없어 그 자리에 한참 동안 멍하니 서 있었다. 잠시 후 노인이 다시 돌아와 그에게 말했다.

"음, 자넨 충분히 가르쳐볼 만한 가능성이 있군! 오 일 후 새벽에 이 자리에서 다시 만나세."

장량은 의아한 생각이 들었지만 얼떨결에 그러겠노라고 대답했다.

5일 후 새벽닭이 울자 장량은 황급히 다리로 나갔다. 뜻밖에 노인은 벌써 와서 그를 기다리고 있었다.

"왜 이렇게 늦었느냐? 오 일 후 새벽에 다시 오너라!"

노인은 장량을 꾸짖더니 그냥 가버렸다.

다시 5일이 지나 장량은 동이 트기도 전에 다리로 나갔다. 노인은 장량의 인내심과 정성을 매우 마음에 들어했다. 노인은 그에게 책을 한 권 주면서 말했다.

"이 책을 읽으면 반드시 훌륭한 사람이 될 수 있네. 십 년 후 세상이 어지러워지면 자네는 이 책이 일러주는 대로 나라를 세우게나. 그리고 십삼 년 후 다시 나를 찾아오게. 나는 제북 곡성산 아래 사는 황석공이라네."

말을 마친 노인은 훌쩍 떠나가버렸다.

장량은 너무 놀라 얼떨떨했다. 날이 밝은 후 책을 보니 『태공병법太公兵法』이라고 쓰여 있었다. 이후 장량은 밤낮을 가리지 않고 이 책을 읽으며 열심히 병법을 연구했다. 그리고 한편으로 세상이 돌아가는 상황을 주시했다. 마침내 장량은 병법에 통달하고 문무를 겸비한 '지낭智囊, 지혜주머니'이 되었다.

THE WISDOM OF LIFE

잃는 것이 있으면 얻는 것이 있게 마련이다. 만약 얻고 싶은 것이 있다면 과감히 버릴 줄 알아야 한다. 그러는 중에 미처 예상치 못한 큰 성공을 거둘 수 있다.

26 의심은 문제를 키우고
마음을 비우면 원한이 사라진다

의심이 많은 사람은 늘 자기 의견만 고집하거나 아무 근거 없이 멋대로 자기 생각이 옳다고 단정지어버린다. 전혀 의심할 필요가 없는 일이나 사람을 의심하는가 하면, 반대로 절대 믿지 말아야 할 일이나 사람을 맹목적으로 믿기도 한다.

미국 뉴저지에 쌍둥이 형제가 살고 있었다. 두 사람은 함께 가게를 운영하며 항상 서로를 아끼고 위하며 살았다. 어느 날, 형이 금고 안에 100달러를 넣어두고 밖에 일이 있어 외출을 했다. 잠시 후 가게로 돌아와 금고 안을 살펴보니, 조금 전에 넣어두었던 100달러가 보이지 않았다.

형이 동생에게 물었다.

"너, 금고 안에 넣어둔 백 달러 못 봤니?"

동생은 "못 봤는데?"라고 대답했다.

형이 중얼거렸다.

"돈이 발이 달려서 도망갔을 리는 없고, 분명히 네가 알고 있을 텐데."

형의 말투에는 동생을 의심하는 기색이 역력했다. 이때부터 두 사람의 우애에 금이 가기 시작했다.

두 사람은 한동안 서로 말도 않고 지내다가 결국 가게 중앙에 벽을 쌓아 따로따로 가게를 운영하기 시작했다.

20년 후, 어느 날 아주 품위 있게 차려입은 신사 한 명이 형의 가게로 들어와 물었다.

"당신은 이 가게에서 얼마나 일했습니까?"

형은 거의 한평생 이 가게에서 일했다고 대답했다.

그러자 신사는 다음과 같은 사실을 털어놓았다.

"당신에게 고백할 일이 하나 있습니다. 이십 년 전, 나는 잠시 일정한 직업 없이 떠도는 부랑자 생활을 한 적이 있었습니다. 그러던 어느 날 이 가게에 몰래 들어왔었지요. 당시 나는 며칠 동안 아무 것도 먹지 못한 상태였기에 나도 모르게 저 금고 안에 있던 백 달러를 훔쳐갔습니다. 비록 수십 년이 흘렀지만 저는 이 일을 한순간도 잊은 적이 없습니다. 액수의 많고 적음을 떠나 저는 반드시 당신에게 용서를 구해야 한다고 생각했습니다."

신사가 자초지종을 이야기하는 사이 형은 어느새 눈시울이 붉어져 있었다. 형은 흐느껴 울며 신사에게 '바로 옆 가게로 가서 이 이야기를 한번 더 해주시겠습니까?'라고 부탁했다. 신사는 옆 가게로 들어가 똑같이 생긴 사람 앞에서 똑같은 이야기를 다시 한 번 되풀이했다. 그러자 이 가게 주인 역시 눈물을 흘렸다. 잠시 후 쌍둥이 형제는 문 밖으로 나와 서로 부둥켜안고 엉엉 울기 시작했다.

이 세상에 절대 이해할 수 없는 사람이나 절대 이해할 수 없는 일은 없다. 만약 누군가 혹은 어떤 일이 의심스럽다면 정면으로 부딪혀 대화를 하는 것이 가장 확실한 해결 방법이다. 자신을 믿고, 타인을 믿고, 이 세상을 믿어라. 그러면 당신은 지금보다 더 유쾌한 마음으로 아름답고 평화로운 인생을 즐길 수 있다.

27 적당히 대처하고 원만히 해결하라

인간관계를 원만하게 유지하고 일 처리를 원만하게 한다는 것은 곧 자신의 본분에 어긋나지 않도록 행동한다는 뜻이다. 자신의 위치에 비추어 말해야 할 것과 말하지 말아야 할 것, 해야 할 것과 하지 말아야 할 것을 결정하고 신중하고 침착하게 행동해야 한다. 잘난 척하거나 거만하게 행동해서 화를 불러일으키지 않도록 주의해야 한다.

당나라 초기의 장군인 이적의 원래 이름은 서세적徐世績이다. 일찍이 와강군瓦崗軍, 수나라 말기 농민 반란군에 들어갔다가 실패했고, 곧바로 당나라에 투항하여 우무후 대장군에 임명되었고 조국공에 봉해졌다. 이씨 성을 하사받은 후 태종 이세민의 이름과 같은 글자를 피하기 위해 세世자를 빼고 간단히 적이라 고쳤다. 고종 이치가 즉위한 후 이적은 사공에 임명되었다. 그는 매우 영리하고 매사에 신중한 인물로 유명하다.

고종 이치는 태자 문제로 머리가 아팠다. 당시 왕황후에게는 아들이 없었고, 그가 총애하던 무측천과의 사이에는 아들이 있었다. 그는 일단 대신들에게 의견을 물었다.

상서 우부사 저수량이 말했다.

"왕황후는 명문대가 출신으로 선왕께서 특별히 폐하와 짝지어주신 분입니다. 선왕께서 임종하시기 전 폐하의 손을 붙잡고 저희들에게 '내 아들과 며느리를 잘 부탁하네'라고 말씀하셨습니다. 신 역시 그 자리에 있었고 아직도 선왕의 유지가 귓가에 생생합니다. 더구나 왕황후에게 허물이 있는 것도 아닌데 어떻게 황후를 폐할 수 있단 말입니까? 폐하께서 꼭 황후를 바꾸고 싶다면 귀족 가문에서 신중히 간택하기를 바라옵니다. 왜 꼭 무씨를 선택하셔야 합니까? 더군다나 무씨는 선왕을 모셨던 여자가 아닙니까? 이것은 하늘이 알고 땅이 아는 사실입니다. 세상 사람 모두가 눈이 있고 귀가 있는데 어찌 그것을 막으려 하십니까?"

한애, 내제 등도 고종에게 상서하여 무측천을 간택하면 안 된다고 강력히 주청했으나, 고종 역시 고집을 꺾지 않았다.

얼마 후 고종은 이적에게도 의견을 물었다. 이적은 타고난 총명함으로, 이 시점에서 본분을 벗어나는 어설픈 의견을 내놓았다가는 분명 화를 면치 못할 것임을 잘 알고 있었다. 왕황후가 쫓겨나거나 아니거나 결과는 마찬가지였다. 만약 왕황후를 폐하는 데 동의했다가 왕황후가 쫓겨나지 않으면 그녀에게 미움을 사게 될 것이다. 반대로 왕황후를 폐하지 말라고 했다가 무측천이 황후가 되면 틀림없이 그녀의 독수에 걸려들 것이었다.

이적은 이리저리 머리를 굴리다가 결국 이렇게 대답했다.

"이것은 폐하의 가정사입니다. 무엇 때문에 다른 사람의 생각을 물어 보십니까?"

고종은 이적의 말을 듣고 확실히 마음을 정했다. 고종은 곧바로 저수 량을 담주 도독으로 쫓아버리고, 왕황후와 소숙비를 폐한 뒤 무측천을 황 후로 간택했다.

무측천은 황후가 된 후 허경종을 중용하고 자신이 황후가 되는 것을 반 대했던 장손무기, 저수량, 한애 등은 멀리 귀양 보내거나 죽여버렸다. 그 러나 이적은 고종의 질문에 교묘히 대처한 결과 화를 모면하고 오히려 중 용되었다.

이적은 자신의 본분에서 관여하지 않아야 할 문제에 적절히 대처하여 화를 모면한 처세술의 고수였다.

THE WISDOM OF LIFE

인간관계를 원만히 하고 원만하게 일을 처리한다는 것은 결코 쉬운 일이 아니다. 이를 위 해서는 먼저 자신의 처지에 맞게 대처하는 법을 배워야 한다.

28 남을 비난하더라도
단점을 들추어내지는 마라

'사람을 때리더라도 얼굴은 피하고 남을 비난하더라도 단점을 들추어내지 마라' 라는 속담이 있다. 원만한 대인관계를 형성하고 싶다면 최대한 타인의 입장에서 이해하고 상대방의 자존심을 살려주어야 한다. 절대 자존심을 상하게 할 만한 언어폭력을 휘두르거나 상대방의 단점을 들추어내서는 안 된다.

명나라 태조 주원장은 아주 천한 출신으로 황제가 된 인물이다. 그가 황제에 오르자 과거 어려운 시절을 함께 보냈던 사람들이 뭐라도 얻어먹을까 하는 마음에 황궁까지 찾아오곤 했다. 이들 중에는 주원장이 자신에게 작은 관직이라도 줄 것이라고 기대하는 사람이 많았다. 그러나 주원장은 어느 누구든 자신의 과거를 들추어내는 것을 가장 싫어했다. 또한 자신의 과거가 황제의 위신을 깎아내린다고 생각하여 절대 옛 친구들을 만나지 않았다.

이런 사정을 전혀 모르는 주원장의 한 친구가 그를 만나기 위해 우여곡절 끝에 궁에 들어갔다. 그는 주원장을 보자마자 수많은 문무대신들 앞에서 큰소리로 떠들었다.

"세상에, 이게 누구야! 황제가 되었다더니 자네 정말 근사해졌군. 이봐, 나 기억하지? 옛날에 우리 같이 발가벗고 냇가에서 목욕하고 그러지 않았나? 자네가 못된 짓을 하고 나면 항상 내가 대신 매를 맞곤 했지. 우리 같이 콩 훔쳐 먹었던 거 기억나나? 주인어른 몰래 깨진 항아리에다 콩을 넣고 삶다가 콩이 채 익지도 않았는데 자네가 치사하게 들고 도망가지 않았나? 항아리를 들고 가다 떨어뜨려서 땅바닥에 콩이 다 흩어졌지. 자네 그때 급하게 주워 먹다가 콩 껍질이 목구멍에 걸렸었는데 그때도 내가 도와주지 않았었나? 응? 어떻게 된 거야? 자네, 기억 못 하는 거야?"

이 친구가 재잘재잘 쉬지 않고 떠들어대자 주원장은 부글부글 속이 끓었다. 주원장은 '이놈이 정말 상황파악이 안 되는 모양이군. 여기가 어디라고. 이 많은 문무백관들 앞에서 내 과거를 들춰내? 도대체 황제인 내 체면이 뭐가 되냐고?'라고 생각했다. 그는 너무 화가 나서 당장 그 친구를 끌고 나가 죽여버리라고 명령했다.

옛날에 수도사를 아주 싫어하는 양계장 주인이 있었다. 그는 말과 행동이 다른 수도사들이 마치 성인군자인 양 점잔을 빼는 모습을 아주 혐오했다. 특히 일부 수도사들이 입으로는 인의도덕을 떠들어대면서 안 보이는 곳에서는 인간으로서 차마 할 수 없는 짓거리를 한다는 사실을 알게

된 후로는 더욱 이를 갈았다. 그는 자신이 하늘을 대신해 그들을 단죄하리라 마음먹었다. 그래서 보는 사람마다 붙잡고 수도사를 흉보느라 정신이 없었다.

그러던 어느 날 수도사 두 명이 양계장에 찾아와 닭을 사고 싶다고 했다. 양계장 주인은 그들도 손님인 만큼 그들에게 양계장의 규모를 자랑하며 마음에 드는 닭을 고르라고 말했다. 그런데 뜻밖에도 수도사들은 털이 다 벗겨지고 다리까지 절뚝거리는 수탉 한 마리를 골랐다.

양계장 주인은 그들에게 왜 하필이면 이렇게 보기 싫은 수탉을 골랐느냐고 물었다. 그러자 그중 한 수도사가 대답했다.

"우리는 이 닭을 수도원 앞에 묶어놓고 지나가는 사람들이 물어볼 때마다 당신네 양계장에서 산 것이라고 말해주려고 합니다."

양계장 주인은 깜짝 놀라 손사래를 치며 다급히 외쳤다.

"안 돼요, 안 돼! 보시오. 우리 양계장의 닭들 중 이놈 빼고 어디 하나 튼튼하고 통통하게 살지지 않은 닭이 있는지. 이놈이 왜 이렇게 됐는지 잘 모르겠지만, 아마도 싸움을 좋아하는 놈이라 하루 종일 다른 닭들과 싸우느라 이런 몰골이 되었나 봅니다. 그러니 당신이 이놈을 가지고 내 양계장을 선전하면 사람들은 내 양계장의 닭들이 전부 그렇게 생겼다고 오해할 것 아니오? 말도 안 되오. 그런 불공평한 일이 어디 있소?"

그러자 그 옆에 있던 수도사가 빙그레 웃으며 대답했다.

"당신 말이 맞소. 일부 몇몇 수도사들이 옳지 않은 행동을 하는 것은 사실이지만, 당신은 수도사 모두가 그런 것처럼 이야기하지 않았소? 그것 역시 불공평한 일이 아니오?"

사람은 누구나 장단점을 모두 가지고 있다. 성공한 사람들은 다른 사람의 장점을 찾아내 칭찬하고 격려할 줄 안다. 반대로 다른 사람이 숨기고 싶은 비밀이나, 아픈 상처, 단점 등은 절대 들춰내지 않는다. 다른 사람의 단점을 들춰내 자존심을 상하게 만들면 그 화가 자신에게도 미칠 수 있다.

29 타인의 단점은 잊고 장점만 기억하라

사람은 누구나 실수할 수 있다. 어떻게 평생 실수 한 번 하지 않고 살 수 있는가? 사람들은 자기가 잘못했을 때, 상대방이 너그럽게 자신을 용서해주기를 바란다. 그리고 불쾌하고 안 좋은 기억들을 상대방이 최대한 빨리 잊어주기를 바란다. 그런데 왜 다른 사람이 나에게 잘못을 했을 때는 그렇게 하지 못할까?

송나라 왕안석은 재상으로 있는 동안 소동파와 정치적 갈등이 아주 심했다. 그래서 그는 소동파를 황주로 쫓아버렸고, 소동파는 평생 처참한 삶을 살아야 했다. 그러나 소동파는 넓은 도량으로 안 좋은 감정을 씻어버리고 이 일을 전혀 마음에 두지 않았다. 그리하여 왕안석이 재상에서 쫓겨난 후 두 사람은 오히려 좋은 친구가 될 수 있었다.

소동파는 금릉에 은거하고 있는 왕안석과 편지를 통해 우정을 쌓았다.

두 사람은 비슷한 처지에 있는 서로를 격려해주고 때로는 학문에 대한 심도 깊은 대화를 나누기도 했다.

그러던 어느 날 소동파가 황주에서 여주로 발령이 났다. 소동파는 여주로 가는 길에 일부러 남경에 들러 왕안석을 찾아갔다. 왕안석은 기쁘게 소동파를 맞이했다. 그리고 두 사람은 함께 이곳저곳 유람하며 시간 가는 줄 모르고 즐거운 나날을 보냈다. 어느덧 소동파가 떠나야 할 시간이 되자 왕안석은 매우 아쉬워하며 말했다.

"나중에 은퇴하거든, 꼭 금릉으로 오게. 여기에 거처를 마련하고 우리 영원히 좋은 이웃이 되세."

소동파 역시 기쁜 마음으로 흔쾌히 동의했다. 이처럼 두 사람은 넓은 도량을 지녔기 때문에 한때의 원한과 앙금을 깨끗이 털어버리고 세상에 둘도 없는 친구가 될 수 있었다.

당나라 이정은 본래 수나라 양제 때 재상을 지냈던 인물이다. 그는 이연의 반역 도모를 눈치 채고 곧바로 양제에게 고했다. 그러나 이연은 결국 수나라를 멸망시켰고 이정은 화를 면할 수 없게 되었다. 이때 이연의 아들 이세민이 이정을 적극 변호하여 그는 목숨을 건졌다. 다시 기회를 얻은 이정은 당나라를 위해 수많은 전쟁터를 누비며 큰 공을 세웠다.

또한 이세민은 위정이 태자 이건성을 부추겨 자신을 죽이려 한 사실을 잘 알고 있었으나, 황제가 된 후 오히려 그의 재능을 높이 인정하고 더욱 중용했다. 이에 위정은 '나를 알아주는 주인을 만났으니 이 어찌 기쁘지 아니한가? 반드시 목숨 바쳐 충성을 다하리라'라고 다짐했다. 그리고 훗날 위정 역시 당나라를 위해 수많은 공을 세웠다.

전하는 바에 의하면, 당나라 재상 육지는 고집과 편견이 매우 심한 권력자였다. 그는 태상박사 이길보가 당파싸움을 벌여 사욕을 채웠다며 그를 명주 장사長士로 쫓아버렸다. 그러나 얼마 후 육지도 재상에서 쫓겨났고, 명주 옆에 있는 충주 별가로 가게 되었다.

새 재상은 이길보와 육지 사이에 개인적인 원한이 있음을 알고 일부러 이길보를 충주 장사로 임명했다. 이것은 이길보를 육지의 상관으로 임명함으로써 이길보의 손을 빌어 육지를 제거하려는 의도였다. 그러나 뜻밖에 이길보는 지난 원한을 전혀 마음속에 담아두지 않았다. 그는 부임하자마자 특별히 육지를 위해 잔치를 베풀고 그와 친구가 되었다.

새 재상이 이길보의 손을 빌어 육지를 제거하려는 계획은 물거품이 되고 말았다. 이에 육지는 이길보의 넓은 도량에 깊이 감동했고, 스스로 이길보의 충실한 부하를 자처하였다. 이렇게 해서 두 사람은 서로 도와가며 안정적으로 충주를 다스릴 수 있었다. 이길보는 복수심을 버리고 타인에게 은혜를 베풀었고 이것은 결국 자신에게 더 큰 이익으로 돌아왔다.

THE WISDOM OF LIFE

타인의 단점을 쿨하게 잊을 수 있는 것은 성공한 사람들의 공통적인 특징이다. 타인의 단점을 너그럽게 용서하면 자신의 마음을 짓누르고 있는 무거운 짐을 던져버릴 수 있기에 좀 더 빨리 성공에 가까워질 수 있다. 다른 사람의 잘못을 항상 마음속에 담아두는 일은 자신을 학대하는 일이다. 왜 남의 잘못 때문에 자신을 괴롭히는가?

인내하는 사람은 크고 웅대한 도량을 키울 수 있다. 인내하며 역경을 이겨내면 반드시 더 큰 기회가 찾아온다. 그런데 인내의 효능은 여기에서 그치지 않는다. 인내는 우리의 일상 곳곳에 큰 영향을 끼칠 수 있다. 술, 성욕, 탐욕에는 반드시 인내가 필요하다. 그래야만 도리를 벗어나지 않는 범위 내에서 자유롭게 행동할 수 있다. 역사 속 위대한 인물들의 인내력 중에는 우리가 모범으로 삼을 만한 것들이 아주 많다. 이것을 본보기로 삼아 더 이상 경솔히 행동하거나 잘못을 저지르지 않도록 하자.

chapter4

성공적인
인간관계를 위한
지혜

30 상대에게
꼭 필요한 도움을 주어라

주변에 곤경에 처한 사람이 있으면 적극적으로 돕는 것이 인간으로서의 기본적인 도리이다. 상대방의 위기를 이용해 더 큰 곤경에 빠뜨려서는 안 된다. 상대방이 꼭 필요로 하는 도움을 주어야 한다.

같은 서커스단 단원인 스미스와 조지는 둘도 없는 친구 사이이다. 두 사람은 항상 서로 돕고 의지하며 형제처럼 지냈다. 그런데 최근 두 사람의 사이가 벌어지기 시작했다. 두 사람이 동시에 한 여자를 사랑하게 되었기 때문이다. 그녀는 같은 서커스단에 있는 제인이었다. 서커스단 단원들은 두 사람이 영원히 원수가 될 것이라고 생각했다.

여느 때와 다름없이 공연을 하던 스미스는 마지막 클라이맥스 부분을 남겨두고 있었다. 이번 순서는 보호 장비 없이 고공에서 줄타기로, 매우 고난이도 서커스였다. 무대 아래 관중들이 스미스에게 열렬한 박수를 보내는 사이 조지는 그에게 강한 질투를 느꼈다.

스미스가 줄타기를 시작하자 줄이 미세하게 흔들렸다. 그러나 스미스는 곧 안정을 되찾았고 한 걸음 한 걸음 앞으로 나아갔다. 그의 동작은 마치 물 흐르듯 매우 자연스러웠다.

조지는 너무 긴장해서 속이 타들어갔다. 저렇게 훌륭하게 재주를 뽐내고 있는 스미스를 바라보고 있을 제인을 생각하면 미칠 것만 같았다. 조지는 수시로 제인을 쳐다보았다. 제인은 다른 사람과 마찬가지로 매우 흥분해 있었다. 아니 누구보다도 가장 많이 흥분한 것 같았다. 조지의 질투심은 더 강하게 타올랐다.

그때 갑자기 스미스가 걸음을 멈추었다. 방금 전까지 흥분의 도가니였던 관중석은 순식간에 쥐 죽은 듯 조용해졌다. 그들은 스미스가 뭔가 새로운 것을 보여주기 위해 잠시 멈춘 것이라고 생각했다.

그러나 조지는 무언가 이상한 느낌을 받았다. 스미스에게 어떤 문제가 생긴 것이 분명했다. 순간 조지의 머릿속으로 스쳐 지나가는 것이 있었다. 그는 순수하고 아름다운 제인의 얼굴을 쳐다보며 자신이 어떤 행동을 취해야 할지 확실히 깨달았다. 조지는 지금 스미스에게 가장 중요한 것은 정신 집중이라고 생각했다.

조지는 천천히 스미스에게 최대한 가까이 다가가 소리쳤다.

"오른쪽으로 조금만. 집중해. 할 수 있어!"

스미스는 그것이 조지의 목소리라는 것을 알았다. 시간이 지나면서 스미스는 균형을 되찾았고 천천히 반대편 안전판을 향해 한 걸음 한 걸음 나아갔다. 스미스는 성공적으로 연기를 마쳤다.

조지는 긴 한숨을 내쉬며 생각했다.

'내가 왜 그런 행동을 했을까? 난 그를 미워하고 있었는데!'

스미스의 공연이 끝나고 관중들은 다시 지상으로 내려온 그에게 열렬한 박수와 환호를 보냈다. 그 순간 스미스는 눈시울이 붉어졌다. 그는 자신을 둘러싸고 있는 사람들 사이를 뚫고 누군가를 찾아 헤맸다. 그가 찾아간 사람은 제인이 아니라 역시 두 눈에 눈물이 고여 있는 조지였다. 두 사람은 서로 얼싸안고 눈물을 흘렸다.

"조지, 정말 고마워!"

"이봐, 친구, 무슨 그런 말을 하나?"

조지는 스미스의 손을 꼭 잡으며 대답했다. 서커스 단원들과 많은 관중들이 두 사람을 에워싸고 그들의 우정을 축하해주었다. 이 순간 누구보다 기뻐한 사람은 바로 제인이었다.

조지가 스미스를 도운 것은 그야말로 한겨울에 석탄을 베푸는 것처럼 긴요한 것이었다. 두 사람은 비록 연적이었으나 조지는 무엇보다도 스미스의 목숨을 구하는 일이 중요했다. 이 순간 조지의 머릿속에는 오로지 스미스를 도와야겠다는 생각뿐이었다.

THE WISDOM OF LIFE

사람은 항상 누군가의 도움이 필요하다. 누군가 나의 도움을 필요로 한다면 주저하지 말고 도움의 손길을 내밀어라. 이렇게 도움을 베풀면 상대방에게 감동을 주는 동시에 자신의 인품을 높일 수 있다. 만약 상대방의 위기를 이용해 더 큰 위험에 빠뜨린다면 양쪽 모두 큰 손해를 입게 될 것이다. 상대방이 꼭 필요로 하는 도움을 주어야 한다.

31 거만한 태도를 버려라

영거Younger는 "인간은 자신을 정확히 파악할 줄 알아야 한다. 자신을 무능하다고 생각하는 사람은 세상에서 가장 멍청한 사람이다"라고 말했다. 그런데 자신이 가장 대단하다고 생각하는 사람도 멍청하기는 마찬가지이다.

지저분하고 복잡한 기차역 대합실 출입문 근처에 피로한 기색이 역력한 한 노인이 앉아 있었다. 온몸에 먼지를 뒤집어쓰고 더러워진 신발을 신고 있는 것으로 보아 아주 먼 길을 걸어왔음을 짐작할 수 있었다.

열차가 도착하자 개표가 시작되었다. 노인은 천천히 일어나 개찰구 쪽으로 걸어갔다. 그때 갑자기 뚱뚱한 부인이 헐레벌떡 뛰어들어왔다. 그녀는 아주 커다란 가방을 들고 있었는데 이번 기차를 타려고 급히 뛰어온 것이 분명했다. 가방이 너무 무거운 탓인지 그녀는 매우 지쳐 보였다. 부인은 옆에 있는 노인에게 소리쳤다.

"이봐요, 노인장, 이 가방 좀 들어줘요. 팁은 넉넉히 드리지요!"

노인은 곧바로 부인의 가방을 들고 그녀와 함께 개찰구로 들어갔다.

두 사람이 기차에 오르자 기차는 곧 출발했다. 부인은 땀을 닦고 밝은 미소를 지으며 말했다.

"정말 수고 많으셨어요. 노인장이 도와주지 않았으면 기차를 못 탈 뻔했어요."

그녀는 지갑에서 1달러를 꺼내 노인에게 주었다. 노인은 미소를 지으며 돈을 받았다. 이때 열차 차장이 다가와 노인에게 인사를 건넸다.

"록펠러 선생님, 안녕하십니까? 저희 열차를 이용해주셔서 감사합니다. 저희가 뭐 도와드릴 일이 없습니까?"

"고맙소. 아무 것도 필요 없소. 지금 난 삼 일간의 도보 여행을 마치고 뉴욕 본사로 돌아가는 길이라오."

노인은 점잖게 대답했다.

"뭐라고요? 록펠러?"

부인이 깜짝 놀라 소리쳤다.

"하느님 맙소사, 내가 그 유명한 석유왕 록펠러 선생에게 가방을 들게 했다니, 게다가 팁까지 주었다니. 내가 도대체 무슨 짓을 저지른 거야?"

그녀는 황급히 록펠러에게 사과하며 매우 황송한 듯 록펠러에게 아까 준 팁 1달러를 돌려달라고 말했다.

"부인, 미안해할 필요 없습니다. 부인은 잘못한 게 없습니다."

록펠러는 상냥한 미소를 지으며 말했다.

"그리고 이 일 달러는 내가 노력해서 번 돈이니 감사히 받겠습니다."

록펠러는 지폐를 매우 소중히 지갑 속에 넣었다.

어느 박사가 동물 연구소에 취직을 했다. 그는 이 연구소에서 최고 학력을 기록했다.

주말 오후 한가한 시간이 되자 박사는 연구소 저수지에서 낚시를 하고 있었다. 그때 마침 연구소 소장과 부소장이 함께 낚시를 하러 왔다. 박사는 미소를 지으며 두 사람을 향해 고개를 끄덕이며 인사했다. 그러나 박사는 속으로 '나는 어엿한 박사가 아닌가? 학사들하고는 말이 안 통하지' 라고 생각했다.

잠시 후 연구소장이 낚싯대를 내려놓고 기지개를 펴더니 마치 새처럼 물 위를 날아 저수지 반대편에 있는 화장실로 들어갔다. 박사는 눈을 동그랗게 뜨고 그 모습을 바라보았다.

'물 위를 날다니? 설마? 여긴 분명 저수지인데? 사람이 어떻게 물 위를 걷는단 말이야?'

연구소장이 화장실에서 나와 똑같은 방법으로 물 위를 날아 제자리로 돌아왔다.

'어떻게 이런 일이 있을 수 있지?'

박사는 감히 그에게 가서 물어볼 수 없었다. 왜냐하면 자신은 박사였기 때문이다.

잠시 후 이번에는 부소장이 일어서더니 저수지로 걸어들어갔다. 부소장 역시 물 위를 날아 화장실로 들어갔다. 박사는 너무 놀라 기절할 지경이었다.

'이럴 수는 없어. 여기에 무슨 무림고수들이라도 모여 있는 건가?'

잠시 후 박사도 화장실에 가고 싶어졌다. 이 저수지에는 양쪽으로 담이 둘러져 있어서 화장실에 가려면 거의 10분 정도를 돌아가야 했다. 연구소 화장실도 멀기는 마찬가지였다.

'어떻게 하지?'

박사는 여전히 소장이나 부소장에게 물어볼 생각을 하지 않았다. 박사는 한참 동안 참고 참다가 벌떡 일어나 저수지를 건너가기로 결심했다.

'학사들이 물 위를 건너갈 수 있다면 박사인 내가 못할 리가 없잖아.'

그러나 저수지에 발을 내딛는 순간 박사는 '풍덩' 소리와 함께 물속에 빠지고 말았다.

연구소장과 부소장이 황급히 달려와 그를 건져주었다. 그들은 박사에게 왜 물속으로 뛰어들었냐고 물었다. 박사는 그제야 물었다.

"당신들은 어떻게 건너간 거죠?"

연구소장과 부소장은 서로 마주보며 어이없다는 듯 웃고 말았다.

"이 저수지에는 원래 징검다리가 놓여 있습니다. 그런데 요 며칠 큰 비가 와서 말뚝이 물 아래 잠겨 보이지 않게 된 것이지요. 우리는 그 징검다리 위치를 정확히 알고 있기 때문에 말뚝을 밟고 건너간 것입니다. 당신은 왜 미리 물어보지 않았습니까?"

THE WISDOM OF LIFE

성공한 사람들은 대부분 매우 겸손하다. 스스로 많이 배우고 재능이 뛰어나다고 생각하지 않는다. 오히려 보통 사람들과 함께 어울려 살려고 노력한다. 자신을 대단하게 여기는 거만한 태도를 버려라.

32 신용이 없으면 성공할 수 없다

'신용이 없으면 성공할 수 없다', '말에 신용이 없으면 그 가능성을 알수 없다'는 말이 있다. 이것은 사람이 신용이 없고 약속을 지키지 않으면사회 속에서 살아갈 수 없으며 아무 일도 성취할 수 없다는 뜻이다. 성공한 사람들은 대부분 성실하고 신용을 지키는 것을 성공의 가장 중요한 조건으로 꼽는다.

옛날에 백성들에게 매우 존경받는 현명한 왕이 있었다. 왕이 이치에맞게 합리적으로 나라를 잘 다스려 백성들은 매우 평화롭게 살 수 있었다. 그러나 안타깝게도 왕에게는 자식이 없었고 무심하게 세월만 흘러갔다. 결국 왕은 전국의 아이들 중에서 양자를 뽑아 자신의 뒤를 잇게 하기로 했다.

왕이 양자를 뽑는 기준은 아주 독특했다. 그는 전국에 있는 아이들에게 씨앗을 하나씩 나누어주었다. 그리고 "이 씨앗을 잘 키워 가장 아름다운 꽃을 피우는 사람을 양자로 삼겠다"라고 선포했다.

아이들은 씨앗을 받아간 후 정성껏 키우기 시작했다. 아침부터 저녁까지 물을 주고 비료를 주고 흙을 고르면서 모두가 자신에게 행운이 오기를 바랐다.

이렇게 정성껏 씨앗을 키우는 아이 중에 시옹르라는 남자아이가 있었다. 그런데 열흘이 지나고 보름이 지나도록 시옹르의 씨앗은 꽃은커녕 싹조차 틔우지 않았다.

드디어 왕이 정한 날짜가 되었다. 예쁘게 차려입은 수많은 아이들이 거리로 모여들었다. 아이들은 모두 예쁜 꽃이 만발한 화분을 들고 희망에 찬 눈빛으로 왕을 바라보았다. 왕은 아름다운 꽃과 예쁜 아이들을 둘러보고 있었지만 표정이 그리 밝지는 않았다.

그 순간 왕은 빈 화분을 들고 있는 시옹르를 발견했다. 시옹르는 잔뜩 풀이 죽은 채 서 있었다. 왕은 시옹르를 불러 가까이 오게 하더니 "너는 어째서 빈 화분을 들고 있느냐?"라고 물었다.

시옹르는 흐느껴 울며 자신은 정말 열심히 씨앗을 돌보았는데, 어찌된 일인지 씨앗은 싹조차 나오지 않았다며 사실 그대로 말했다. 그런데 뜻밖에도 시옹르의 말을 들은 왕은 표정이 밝아지면서 곧 미소를 지어보였다. 왕은 시옹르를 안아올리며 크게 소리쳤다.

"얘야, 네가 바로 내 아들이다!"

사람들은 모두 의아해하며 물었다.

"어째서 이 아이입니까?"

왕이 대답했다.

"내가 모두에게 나누어준 씨앗은 삶은 씨앗이오. 그러니 싹을 틔울 수도, 꽃을 피울 수도 없는 것이 당연하오."

아름다운 꽃이 피어 있는 화분을 들고 있던 아이들은 모두 고개를 떨구었다. 그들은 모두 왕이 준 씨앗이 아니라 다른 씨앗으로 꽃을 피웠던 것이다.

거짓으로 잠시 이익을 얻을 수 있을지는 몰라도 그것은 절대 오래가지 않는다. 거짓은 결국 거짓일 뿐이며 절대 진실이라는 시험을 통과할 수 없다. 진실한 사람만이 최후의 승리를 얻을 수 있다.

기술이 아주 뛰어나고 정직한 열쇠장이가 있었다. 그는 평생 수많은 열쇠를 만들었다. 그는 열쇠를 만드는 손님에게 항상 자신의 이름과 주소를 정확히 알려주면서 "만약 당신 집에 도둑이 들었는데, 그 도둑이 열쇠를 따고 들어왔다면 당장 나를 찾아오시오"라고 말했다.

열쇠장이는 점점 나이가 들자 후계자를 키워야겠다고 생각하고 제자가 될 만한 사람을 찾기 시작했다. 마침내 그는 자신의 기술을 전수할 두 명의 젊은이를 찾아냈다.

1년 후 두 젊은이는 어느 정도 기술을 익혔으나, 열쇠장이는 이들 중 한 사람에게만 중요한 기술을 전수하기로 마음먹었다. 그 한 사람이 누가 될지는 테스트를 거쳐 정하기로 했다.

열쇠장이는 똑같은 금고 두 개를 준비하여 각각 다른 방에 놓았다. 누가 더 빨리 금고를 열 수 있는지를 테스트하는 것이었다. 둘 중 나이가 많

은 제자가 30분 만에 임무를 완수했다. 사람들은 당연히 큰 제자가 이겼다고 생각했다.

열쇠장이가 큰 제자에게 물었다.

"금고 안에 무엇이 들어 있더냐?"

큰 제자는 두 눈을 반짝이며 대답했다.

"네, 금고 안에는 굉장히 많은 돈이 들어 있었습니다. 만 원짜리 지폐가 가득 들어 있었습니다."

열쇠장이는 반나절 만에 금고를 연 작은 제자에게도 똑같이 물었다. 작은 제자가 대답했다.

"사부님께서 금고를 열라고 하셨기에 저는 금고만 열었습니다. 그 안에 무엇이 들어 있는지는 보지 못했습니다."

열쇠장이는 이 말을 듣고 매우 기뻐하며 작은 제자를 후계자로 삼겠다고 선언했다. 큰 제자는 매우 불쾌해했고 사람들은 모두 어떻게 된 일인지 이해할 수 없었다. 그러자 열쇠장이는 미소를 지으며 설명했다.

"어떤 일을 하든지 신용이 매우 중요합니다. 특히 열쇠를 만드는 직업이라면 더더욱 고상한 인품과 지조가 필요하지요. 나는 물론 내 제자를 훌륭한 기술을 지닌 열쇠장이로 키우고 싶습니다. 그러나 그 마음속에는 열쇠에 대한 것 외에 절대 다른 잡념이 들어 있으면 안 됩니다. 돈을 보고도 못 본 것처럼 행동할 수 있어야 합니다. 그렇지 않으면 작은 욕심이 곧 온갖 잡념을 만들어내고 더 큰 욕심을 키울 것입니다. 열쇠장이가 다른 사람의 집 문이나 금고를 따는 것은 누워서 떡먹기처럼 쉬운 일입니다. 만약 이런 행동을 하게 된다면 타인에게 뿐만 아니라 자신에게도 해를 끼치게 될 것입니다. 열쇠장이의 마음은 영원히 열리지 않는 자물쇠로 잠가 두어야 합니다."

아서는 미국 맨해튼 선박운수회사 사장이다. 그는 아직도 열 살때의 경험을 잊지 못하고 있다.

당시 미국은 경제 불황의 늪에 빠져 있었다. 아서는 대형화물트럭 운전사의 보조로, 매일 100여 개 상점에 식품을 배달하는 일을 하고 있었다. 이렇게 열두 시간을 일해야 겨우 샌드위치 한 개와 음료 하나 그리고 50센트를 받을 수 있었다.

어느 날 아서는 사무실 책상 밑에 떨어져 있는 15센트짜리 동전을 주워 사장에게 건네주었다. 사장은 아서의 어깨를 두드리며 사실 아서가 얼마나 정직한지 시험해보기 위해 일부러 그곳에 돈을 떨어뜨려놓은 것이라고 말했다. 그날 이후 아서는 고등학교를 졸업할 때까지 이 회사에서 일할 수 있었다. 그가 당시 미국의 경제 불황여파 속에서도 직장을 잃지 않을 수 있었던 것은 바로 신용을 지켰기 때문이다.

그후에도 아서는 웨이터에서 청소부까지 안 해본 일이 없을 정도로 온갖 다양한 경험을 했다. 그리고 훗날 직접 운수업을 시작하면서 4년 연속 적자를 기록하는 암담한 상황에서도 그는 어린 시절 겪었던 신용에 대한 교훈을 절대 잊지 않았다.

33 겸손한 사람은 성공하고 거만한 사람은 실패한다

'바다는 수백 줄기의 강물을 받아들일 수 있는 넉넉하고 커다란 마음을 가졌다' 라는 말이 있다. 그에 비해 우리 인간의 도량이나 능력은 얼마나 미미하고 보잘것없는가! 한 사람의 지혜나 상식은 극히 일부분에 불과하고 그 한계 또한 뚜렷하다.

세상에는 모든 분야마다 나보다 더 뛰어난 사람들이 있다. 그러므로 모르는 일이 있으면 전문 지식을 가진 사람에게 물어보는 것이 가장 좋은 방법이다. 쓸데없이 허세를 부리거나 자존심을 세우느라 물어보지 않으면 영원히 지혜를 얻지 못한다. 항상 겸손한 자세를 지키는 사람만이 사회적으로나 개인적으로나 성공할 수 있다.

무슨 일을 하든지 먼저 마음을 비워라. 마음을 비운다는 말은 겸손해야 한다는 말과 같다. 그래야 다른 사람의 의견을 겸허히 받아들일 수 있다. 물론 그렇다고 해서 자아를 버리고 다른 사람에게 끌려다니라는 말은 아니다. 자신의 주체성과 자주성을 지키면서 동시에 겸허한 마음으로 다른 사람의 의견을 받아들여야 성공에 더 가까워질 수 있다.

기업가 윤금성은 처음 사업을 시작했을 때, 영업에 대해 아는 것이 하나도 없었다. 신제품을 개발하고 생산하는 것은 오히려 쉬웠다. 그는 어떻게 해야 합리적인 가격을 정할 수 있을까가 늘 고민이었다. 궁리 끝에 그는 소매점 주인에게 물어보기로 했다. 늘 소비자와 가까이 있는 소매점 주인이 가장 합리적인 가격을 정할 수 있다고 생각한 것이다.

윤금성은 소매점 주인에게 신상품을 보여주면서 묻곤 했다.

"이런 물건이 얼마면 팔리겠습니까?"

그러면 소매점 주인들은 대부분 솔직하게 자기 생각을 말해주고 더불어 소비자의 경향이나 최근 시장의 동향까지 설명해준다. 이렇게 소매점 주인의 말을 참고하여 가격을 정하면 거의 틀림없었다. 시행착오를 겪으면서 비싼 수업료를 지불할 필요가 없고, 고심하며 머리를 쥐어짜지 않아도 되니 이것보다 더 수지맞는 장사는 없을 것이었다.

물론 모든 일을 이렇게 간단하게 해결할 수는 없겠지만 기본 원칙이 될 수는 있을 것이다. 겸허히 다른 사람의 의견을 받아들이고 다른 사람에게 정중히 가르침을 구할 수 있다면 여러 사람의 의견을 모아 최대의 효과를 거둘 수 있다. 누구나 이렇게 마음을 비우고 다른 사람의 의견을 받아들이거나 다른 사람에게 가르침을 구할 수 있다면 머지않아 성공에 도달할 수 있을 것이다.

타인에게 가르침을 구할 때는 그 분야의 경험자나 선배에게 물어보는 것이 가장 좋다. 훌륭한 선배 밑에서 함께 일할 수 있는 기회가 생긴다면 분명 행운이다.

윤금성은 자신이 높은 자리에 있다고 사무실을 독차지하지 않고 다른 직원들과 함께 같은 사무실에서 일했다. 한 후배가 윤금성 옆에서 그가 전화를 받는 모습을 유심히 살피곤 했다. 윤금성의 목소리와 말투가 아주 인상적이었기 때문이다. 얼마 후 그 후배는 전화를 받으면서 어느새 윤금성과 같은 말투를 쓰고 있었다. 이 일은 외부적으로도 매우 긍정적인 효과를 낳았다. 거래처 사람들은 한결같이 윤금성에게 "당신의 부하 직원들은 모두 당신처럼 친절하더군요"라고 말했다.

이 일화는 일부러 가르치지 않았지만 선배의 습관적인 행동이 후배에게 큰 가르침이 된다는 것을 보여준다. 이제 막 사회에 첫발을 내딛은 사람들은 더 이상 선생님에게 자세한 가르침을 얻을 수가 없다. 그 대신 사회에서 이미 많은 경험과 지혜를 습득한 선배를 모델로 삼아 그들의 행동과 말을 보고 들으면서, 또 그들과 함께 일을 하면서 자연스럽게 살아 있는 지식을 습득할 수 있다. 보고 들은 것을 모두 그대로 받아들일 것이 아니라 자신의 특성에 맞는 것을 취사선택하면 새로운 '나'를 만들어낼 수 있다. 이때부터는 드디어 주도적으로 일을 진행할 수 있다.

먼저 심리적인 준비가 필요하다. 정서적으로 안정되지 않으면 주변 상황에 끌려다니느라 실력을 키울 수 없다. '나는 선배 뒤를 따르며 그의 일을 도우면서 하나하나 배워나가겠다'라고 굳게 결심하고 일단 다른 생각은 버려야 한다. 그래서 어느 정도 기본적인 지식을 습득하면 자신의 창의력과 개성을 더하여 훌륭한 재능을 지닌 인재로 성장할 수 있다.

보통 사람들은 작은 성공에도 오만해지기 쉽다. 이것이 습관이 되면 자신을 성장, 발전시키는 데 큰 문제가 된다. 옛말에 '겸손해야 성공한다'라고 했다. 겸손한 태도를 유지해야 주변 사람들로부터 존경받을 수 있고 진실한 충고를 얻을 수 있다. 이런 과정을 통해 자신을 더욱 완벽하게 발전시킬 수 있는 것이다.

작은 성공으로 득의양양해져서 더 이상 발전하려 하지 않는 사람은 영원히 정상에는 오르지 못한다. 겸손한 마음이 없는 사람은 어느 수준 이상으로는 발전할 수 없다.

마조선사 밑에서 3년간 수행한 은봉선사는 스스로 자신의 수행이 이미 높은 경지에 이르렀다고 생각하여 점점 거만해지기 시작했다. 그래서 은봉선사는 짐을 꾸려 당당하게 마조선사에게 작별을 고했다. 그는 석두선사를 찾아가 도의 깊이를 겨루어볼 생각이었다.

마조선사는 조급하고 거만하게 구는 은봉선사를 보면서 걱정은 되었지만 그가 직접 좌절을 겪고 실패를 통해 교훈을 얻도록 그냥 내버려두기로 했다. 마조선사는 길을 떠나는 은봉선사에게 충고의 말을 던졌다.

"조심해라. 돌길은 아주 미끄럽다!"

이 말은 두 가지 뜻을 가지고 있었다. 하나는 산속의 돌길이 미끄러우니 넘어지지 않게 조심하라는 것이고 다른 하나는 석두선사의 지혜가 높으니 낭패를 보지 않도록 조심하라는 뜻이었다. 마조선사가 말하고 싶었던 것은 후자였을 것이다.

그러나 은봉선사는 마조선사의 충고를 별로 마음에 담지 않은 채 작별

인사를 건네고 길을 떠났다. 은봉선사는 신이 나서 힘차게 걸어갔다. 가는 동안 아무런 어려움도 없었고 그의 자만심은 더욱 커졌다. 석두선사가 있는 곳에 도착한 은봉선사는 그의 법당을 한 바퀴 돌더니 자신만만하게 물었다.

"당신이 생각하는 선禪은 무엇이오?"

석두선사는 은봉선사를 쳐다보지도 않고 고개를 들어 하늘을 쳐다보며 "푸른 하늘! 푸른 하늘!" 이라고 외칠 뿐이었다. 선사들은 보통 푸른 하늘로 자신의 마음이 비어 있음을 표현한다. 은봉선사는 뭐라 대꾸할 말이 없었다. 그제야 비로소 석두선사가 얼마나 대단한지 깨달았고 마조선사가 했던 말이 떠올랐다. 은봉선사는 어쩔 수 없이 다시 마조선사에게 돌아갔다.

은봉선사의 이야기를 듣고 마조선사가 말했다.

"석두선사에게 다시 가서 질문을 해라. 그리고 그가 '푸른 하늘! 푸른 하늘!' 이라고 하면 너는 그저 '쉬쉬' 소리만 내면 된다."

석두가 푸른 하늘로 자신의 마음이 깨끗이 비워져 있음을 나타냈지만 결국 '푸른 하늘' 이라는 글자만은 남아 있는 것이었다. 그러나 그저 '쉬쉬' 바람 소리만 낸다면 이것은 말로 표현할 글자조차도 없는 것이다. 이 얼마나 절묘한 생각인가! 은봉선사는 귀한 보물을 얻은 것처럼 기뻐하며 다시 길을 떠났다.

은봉선사는 이번에는 모든 것이 완벽하다고 생각하며 자신감에 가득 차 있었다. 그는 지난번처럼 석두선사가 있는 법당을 한 바퀴 돌고는 똑같이 질문했다. 그러나 어느 누가 상상이나 했겠는가? 뜻밖에도 석두선사가 그를 향해 '쉬쉬' 소리를 내니 은봉선사는 속수무책일 수밖에 없었다. 은봉선사는 그 자리에 멍하니 서서 어찌할 바를 몰랐다. 그는 결국 '쉬쉬' 소리를 내어보지도 못하고 말문이 막힌 채 다시 돌아왔다.

은봉선사는 완전히 기가 꺾여 있었다. 그는 아주 공손히 마조선사 앞에 서서 가르침을 구했다. 마조선사는 그에게 "그러게 내가 너에게 이미 '돌길은 미끄럽다' 고 하지 않았느냐?" 라고 말할 뿐이었다.

THE WISDOM OF LIFE

겸손한 사람은 성공하고 거만한 사람은 실패한다. 이것은 아주 간단하고 명료한 이치이다. 사람 위에 또 다른 사람이 있고, 하늘 위에 또 다른 하늘이 있는 법이다. 현재 자신의 모습에 만족하지 말고 겸손하고 진지한 태도로 끊임없이 배워야 한다.

34 상호 협조는 윈윈 전략을 가장 효과적으로 실현하는 방법이다

주변 사람과 서로 돕는 것은 확실히 좋은 일이다. 때로는 이것이 유일한 해결책이 될 수도 있다. 성공한 사람들은 대부분 단체와 함께 혹은 대중과 함께 뜻을 모으는 일을 중시했다.

다른 사람과 서로 도와서 손해를 보는 경우는 별로 없다. 남을 도우면서 내 능력을 한 번 더 시험하고 경험을 쌓을 수 있으니 이것은 곧 나 자신을 위한 일이기도 하다.

어떤 사람이 지옥과 천국을 구경하게 되었다.

그는 먼저 악마들이 지배하고 있는 지옥으로 갔다. 처음 지옥에 들어서자 이 사람은 놀라지 않을 수 없었다. 뜻밖에도 지옥 사람들은 모두 진수성찬이 차려진 식탁 앞에 앉아 있었던 것이다. 식탁 위에는 고기, 과일, 신선한 야채 등 온갖 맛있는 음식이 가득했다. 그러나 좀 더 자세히 살펴보니 식탁 앞에 앉아 있는 사람들의 얼굴에는 미소가 전혀 없었다. 성대한 파티에 어울리는 음악도 없었고, 그 어디에도 흥겨운 흔적이 보이지 않았다. 식탁에 앉아 있는 사람들은 매우 침울해 보였고 기운이 하나도 없어 보였으며 오히려 피골이 상접해 있었다.

지옥을 구경하던 사람은 그제야 모든 사람들의 왼쪽 어깨에 무거운 포크가, 오른쪽 어깨에는 커다란 칼이 묶여 있는 것을 발견했다. 이 삼지창과 칼에는 2미터가 넘는 길이의 무거운 손잡이가 달려 있었기 때문에 도저히 팔을 들어올려 음식을 먹을 수 없었다. 그래서 그들은 이렇게 맛있는 음식을 바로 앞에 두고도 늘 굶주려야 했다.

다음에는 천국으로 갔다. 그런데 놀랍게도 천국과 지옥은 완전히 같은 모습이었다. 똑같이 차려진 진수성찬에 사람들의 어깨에는 모두 2미터가 넘는 길고 무거운 손잡이가 달린 포크와 칼이 묶여 있었다. 그러나 천국 사람들은 즐겁게 노래를 부르고 있었고 입가에는 웃음이 떠나지 않았다. 천국을 구경하던 사람은 도저히 이해할 수가 없었다.

'어떻게 똑같은 조건에서 이렇게 다른 결과가 나타날 수 있을까?'

지옥에 있는 사람들은 오랫동안 굶주려 불쌍하기 이를 데 없었으나, 천국에 있는 사람들은 아주 배불리 먹고 더할 나위 없이 즐거워 보였다. 잠시 후 이 사람은 그 이유를 알 수 있었다.

지옥에 있는 사람들은 자기 입에만 음식을 넣으려고 했던 것이다. 그러나 2미터가 넘는 포크와 칼로는 도저히 자기 입에 음식을 넣을 수가 없었다. 반면 천국에 있는 사람들은 서로 앞에 앉아 있는 사람들에게 음식을 먹여주고 있었다. 이렇게 서로 도와가며 배불리 음식을 먹고 행복하게 살았던 것이다.

당신은 이미 이 이야기가 주는 교훈을 알아차렸을 것이다. 당신이 누군가를 도와 필요한 것을 얻게 해주었다면 당신도 원하는 것을 얻게 될 것이다. 많은 사람을 도울수록 당신이 얻을 수 있는 것도 많아진다.

옛날에 오랫동안 굶주린 두 사람이 우연히 마음씨 착한 노인을 만났다. 노인은 두 사람에게 낚싯대와 활어가 가득 담긴 바구니를 주었다. 한 사람은 낚싯대를 원했고, 나머지 한 사람은 바구니를 원했다. 두 사람은 각자 원하는 것을 가지고 헤어졌다. 바구니를 선택한 사람은 바로 그 자리에서 나뭇가지를 모아 불을 피우고 생선을 삶았다. 그는 바구니에 있던 물고기를 한꺼번에 삶아 게걸스럽게 먹어치웠다. 순식간에 바구니는 텅 비어버렸다. 생선을 다 먹어치우자 그는 또 다시 막막해졌다. 얼마 지나지 않아 그는 바구니 옆에 쓰러져 굶어 죽었다. 한편 낚싯대를 선택한 사람은 배고픔을 참아가며 한 걸음 한 걸음 힘겹게 바다를 향해 걸어갔다. 그러나 그는 바로 눈앞에 푸른 바다를 두고 기운이 빠져버려 간절하면서도 한스러운 눈빛으로 낚싯대를 쳐다보며 세상을 떠났다.

오랫동안 굶주린 또 다른 두 사람이 있었다. 두 사람 역시 마음씨 착한 노인을 만나 낚싯대와 활어가 담긴 바구니를 얻었다. 그러나 두 사람은 각자 갈 길을 가지 않고 함께 바다를 찾아가자고 상의했다. 두 사람은 배가 고플 때마다 생선을 하나씩 삶아 먹으며 고생 끝에 바다에 도착했다. 두 사람은 고기를 잡아먹고 살았다. 몇 년 후 두 사람은 고기를 잡아 번 돈으로 집을 짓고 각자 가정을 꾸렸다. 각각 결혼해서 아이를 낳고 어선을 사서 선장이 되었다. 두 사람의 인생은 더할 나위 없이 행복했다.

이것은 협조가 우리 인생에 얼마나 중요한지를 보여주는 생생한 예이다. 어떤 상품을 만들어내는 아주 중요한 기술을 가지고 있는 사람과 그 상품을 만드는데 필요한 원료를 가지고 있는 사람이 있을 때 두 사람이 성공하기 위한 최선책은 서로 협조하는 것이다. 만약 각자 자기 혼자만 성공하려 한다면 결국 둘 중 어느 누구도 성공할 수 없다.

THE WISDOM OF LIFE

인생의 성패는 그 사람의 일상생활과 사회생활의 성패에 의해 결정된다. 그리고 한 사람의 일상생활과 사회생활의 성패는 다른 사람과 협조할 수 있느냐 없느냐에 달려 있다. 사회라는 테두리 안에서 살려면 다른 사람과 협조하지 않을 수 없다. 1+1은 2가 아니라 무한대이다. 이 논리를 이해하는 사람만이 타인과 협조하여 성공을 이룰 수 있다.

35 굴욕을 참아내면
큰일을 이룰 수 있다

불경에서는 '굴욕을 참다'라는 말을 다양한 의미로 해석한다. 좌절하고 실패했을 때는 당연히 참고 견뎌야 한다. 그런데 성공하거나 기쁠 때도 참고 견뎌야 한다. 역경에 처했을 때는 당연히 참아야 하고, 모든 일이 순조로울 때도 참아야 한다.

살다보면 뜻대로 되지 않는 일이 더 많다. 이때 한 걸음 뒤로 물러서면 더 넓은 세상을 볼 수 있다. 최종 목표만 잊지 않는다면 잠시 물러서 있어도 나는 변함없이 나다. 굴욕을 참는 것은 원만하게 일을 해결하는 비결이며 또한 인생의 지혜이기도 하다.

수단선사의 스승인 울산주지는 어느 날 노새를 타고 다리를 건너다가 노새 발이 다리 틈새로 빠지는 바람에 바닥으로 굴러떨어졌다. 그 순간 그는 깨달음을 얻고 "나는 신비로운 구슬을 가지고 있네. 오랫동안 거대한 힘에 갇혀 있었는데, 오늘에야 비로소 먼지가 깨끗이 날아가 빛을 발하니, 온 천지에 아름다운 꽃이 가득하구나"라는 시를 남겼다.

수단선사는 이 시를 매우 좋아하여 늘 외우고 다녔다. 어느 날 수단선사가 방회선사를 찾아가 가르침을 구했다.

방회선사가 수단선사에게 물었다.

"네 사부가 다리를 건너다가 노새 등에서 떨어지면서 깨달음을 얻었다는데, 그때 지은 시가 아주 대단하다고 들었다. 혹시 알고 있느냐?"

수단선사는 주저 없이 그 시를 읊었다. 그가 시를 다 읊자 방회선사는 크게 한 번 웃고는 일어나 나가버렸다. 수단선사는 도대체 무슨 일인지 감을 잡을 수가 없었다. 다음 날 아침 일찍 수단선사는 방회선사를 찾아가 왜 그렇게 웃었느냐고 물었다.

방회선사가 수단선사에게 물었다.

"자네 어제 이곳에 들어오면서 악귀를 쫓기 위해 만들어놓은 작고 우스꽝스러운 괴물상을 보았는가?"

"보았습니다."

방회선사는 "자네는 그것들보다도 나을 것이 없네"라고 말했다.

수단선사는 이 말을 듣고 "무슨 뜻입니까?"라고 물었다.

"그것들은 사람들이 자기를 보고 웃는 것을 즐거워하지만 자네는 지금 남들이 웃는 것을 두려워하고 있지 않은가?"

수단선사는 이 말을 듣고서야 그 의미를 깨달았다.

한순간의 비웃음을 견디지 못한다면 상대방은 더 큰 약점이나 트집을 잡아 당신을 공격할 것이다. 한순간의 고통을 참아내지 못한다면 그 고통은 더 길어질 것이다.

우리가 겪는 일들은 살아가면서 반드시 배워야 할 경험이고 교훈이다. 어려운 순간은 잘 넘기고 오히려 순조로운 상황에 잘 대처하지 못하는 사람도 있다. 자신이 처한 환경에 최대한 효과적으로 대처할 수 있는 마음가짐과 자세는 어떤 것일까?

『열반경涅槃經』에 이런 이야기가 있다. 어떤 사람이 부처를 찬양하며 그가 큰 복을 이루었다 말했다. 그러자 옆에 있던 사람이 화를 내며 물었다.

"태어나자마자 칠 일 만에 어머니가 세상을 떠났는데 그것이 어떻게 큰 복이라는 것입니까?"

부처를 찬양하는 사람이 대답했다.

"그의 이름과 뜻이 영원히 사라지지 않고 있으며, 생전에는 폭력 앞에서도 화내지 않으셨고, 아무리 심한 욕을 먹어도 되갚지 않았으니 이보다 더 큰 복이 어디 있겠소?"

화를 내던 사람은 결국 부처님의 자비로움에 탄복할 수밖에 없었다. 불자의 인내심이 분노하는 사람을 진심으로 탄복하게 만들었으니, 인내의 효능은 말하지 않아도 분명하지 않은가?

그러나 인내의 효과가 반드시 긍정적이기만 한 것은 아니다. 어떻게 인내의 단점을 피해 활용할 것인지 확실히 배워두어야 한다. 한평생 참기만 할 수는 없지 않은가? 한마디도 하지 않는 것은 인내가 아니다.

'하늘의 바람과 구름은 어디로 불어갈지 예측할 수 없고, 사람에게는 아침저녁으로 화와 복이 번갈아 찾아온다' 라는 속담이 있다. 또 '십 년이면 강산이 변한다' 라는 말도 있다. 세상은 끊임없이 발전하고 변하는 법이니 지금 당장 힘들고 어렵다고 해서 의지를 버리면 안 된다. 시련과 좌절을 일종의 테스트라 생각하고 참고 견디며 기회를 기다려라.

인내는 인간의 심신을 성숙하게 해주고 원대한 포부를 키울 수 있게 해준다. 허진군許眞君은 "참기 어려운 일을 참아야 강해질 수 있다" 라고 말했다. 한신은 남의 가랑이 밑을 기어가는 치욕을 참아냈기에 훗날 제나라 왕에 봉해졌다. 사마천은 궁형을 당하는 수모를 겪고도 초인적인 인내력을 발휘했다. 그는 신체적으로나 정신적으로 큰 충격을 받았지만 결국 당대 최고의 역사서 『사기』를 완성했다.

인내하는 사람은 크고 웅대한 도량을 키울 수 있다. 인내하며 역경을 이겨내면 반드시 더 큰 기회가 찾아온다. 그런데 인내의 효능은 여기에서 그치지 않는다. 인내는 우리의 일상 곳곳에 큰 영향을 끼칠 수 있다. 술, 성욕, 탐욕에는 반드시 인내가 필요하다. 그래야만 도리를 벗어나지 않는 범위 내에서 자유롭게 행동할 수 있다.

역사 속 위대한 인물들의 인내력 중에는 우리가 모범으로 삼을 만한 것들이 아주 많다. 이것을 본보기로 삼아 더 이상 경솔히 행동하거나 잘못을 저지르지 않도록 하자.

서한의 한신은 가난한 집안에서 태어난 탓에 젊은 시절 뜻을 펼칠 기회를 얻지 못했다. 어느 날 한신이 성 밖에서 낚시를 하고 있었는데 근처 푸줏간 주인이 그를 조롱했다.

"멀쩡하게 생기기만 하면 뭐하나? 허구한 날 할 일도 없이 칼만 차고

왔다갔다하는 걸 보면 겁쟁이가 분명하다니까."

사람들이 모여들자 푸줏간 주인은 한신에게 더 큰 모욕을 주었다.

"이봐, 죽음이 두렵지 않다면 나를 찔러보라고. 그게 무서워서 못하겠다면 내 바짓가랑이 밑으로 기어가야 해."

한신은 자신이 처한 상황을 곰곰이 생각해본 후 몸을 구부려 그 사람의 바짓가랑이 밑으로 기어갔다. 이 일로 사람들은 모두 한신을 겁쟁이라고 비웃었다.

훗날 등공이 고조 유방에게 한신을 추천했으나 유방은 한신에게 그다지 좋은 인상을 받지 못해 망설였다. 유방에게 중용되지 못하자 한신은 더 머물러봤자 소용없을 것이라 생각하여 몰래 도망치기에 이르렀다. 소하가 이 사실을 알고 직접 뒤쫓아가 한신을 데리고 돌아왔다. 그리고 유방에게 말했다.

"한신은 이 세상에 둘도 없는 훌륭한 모사입니다. 주군께서 천하를 손에 넣으시려면 반드시 한신이 있어야 합니다. 마땅히 좋은 날을 가려 제단을 세우고 제물을 준비하여 제사를 지낸 후 정중히 모셔야 합니다."

유방은 그제야 한신을 대장군으로 임명했다. 유방은 천하의 주인이 된 후 한신을 제왕에 봉했다.

'대장부는 굽혀야 할 때 굽힐 줄 알고 펼쳐야 할 때 펼칠 줄 알아야 한다'라는 속담이 있다. 이것은 바로 한신이 바짓가랑이 밑으로 기어가는 수모를 당한 데서 유래한 것이다.

생각해보라. 만약 한신이 그때 한순간의 객기를 참지 못하고 상대방을 칼로 찔렀다면 훗날 어떻게 대장군이 될 수 있었겠는가? 한신은 이처럼 대단한 인내력을 발휘하여 마침내 공을 세우고 이름을 떨쳤다. 『조천참朝天懺』에서는 '부귀한 사람이 존경을 받는 것은 그것이 모욕을 참아내는 중에 얻어진 것이기 때문이다' 라고 말했다.

당나라 때 누사덕이라는 사람이 있었다. 그는 동생과 함께 아주 말단 관직에서부터 벼슬살이를 시작했다. 얼마 뒤 두 사람은 능력을 인정받아 함께 중용되었다. 누사덕은 동생에게 "우리 두 사람이 동시에 부귀영화를 누린다면 반드시 사람들의 질투를 불러일으킬 것이다. 어떻게 해야 화를 피할 수 있겠느냐?" 라고 물었다. 동생은 "앞으로 누군가 내 얼굴에 침을 뱉으면 저는 조용히 침을 닦아내겠습니다" 라고 대답했다. 그러자 누사덕이 동생에게 말했다.

"그것만으로는 충분치 않다. 사람들이 네 얼굴에 침을 뱉었다면 분명 너를 아주 미워한다는 뜻이다. 네가 침을 닦아내면 곧 상대방의 뜻을 거부한다는 의미가 되니 상대방의 화를 더 돋울 뿐이다. 누군가 네 얼굴에 침을 뱉으면 닦아내지 말고 그대로 마르게 놔두어라. 마땅히 사람들의 비웃음을 감수할 수 있어야 한다."

이것은 누사덕이 '인내' 에 대해 얼마나 정통했는지를 보여주는 예로, 그는 이러한 인내의 처세를 통해 30년 동안 별 탈 없이 재상의 자리를 지켜냈다.

'참을 수 있을 때까지 참고 견딜 수 있을 때까지 견디면 작은 일도 크게 만들 수 있다' 라는 속담이 있다. 이렇게 할 수 있는 사람은 반드시 큰일을 이룰 수 있다. 또 옛사람들은 "숲에서 가장 빼어난 나무는 반드시 가장 먼저 바람에 꺾인다"라고 말했다. 잘난 척 의기양양하는 것은 인생에 전혀 도움이 되지 않는다.

강한 의지와 인내력을 지닌 사람은 아무리 큰 바람과 파도가 다가와도 좌절하지 않고 대업을 달성한다. 성공에 대한 확신을 갖고 훌륭한 인품과 지혜를 기르면 반드시 최후에 웃는 승자가 될 수 있다.

인내는 감정의 일종이다. 사람에게는 칠정육욕七情六欲, 인간의 모든 감정과 욕망이 있고, 이것은 본인 스스로 조절할 수 있어야 한다. 모든 일을 감정적으로 처리하는 사람은 반드시 커다란 난관에 봉착하게 된다. 『손자병법』에서는 '임금은 분노하여 군사를 내지 말고 장군은 일시적인 화를 이기지 못해 돌격하지 마라'라고 했다. 이것은 이성의 힘을 발휘하여 감정을 조절해야만 경솔한 행동과 실수를 피할 수 있다는 뜻이다.

역사를 살펴보면 용서를 통해 덕을 크게 키우고, 인내하며 큰일을 성사시킨 예가 많이 있다. 무릇 원대한 뜻을 마음속에 감추고 세상사에 통달한 현자는 평상심을 유지하면서 침착하게 문제를 해결한다.

위나라와 촉나라가 오장원에서 대치하고 있을 때, 제갈량은 전쟁을 속전속결로 끝내기 위해 상대방의 분노를 일으키는 격장법激將法을 이용했다. 제갈량은 상대방에게 차마 입에 담지 못할 욕설을 퍼붓고 여자들이 치장할 때 쓰는 장신구나 옷가지를 위나라 장군 사마의에게 보냈다. 이것은 사마의가 군사를 내지 않는 것이 여자처럼 겁을 내기 때문이라는 뜻으로 그를 화나게 해서 군사를 내도록 하려는 작전이었다. 그러나 사마의 역시 노련하고 생각이 깊었기에 감정을 조절하고 경솔하게 행동하지 않았다. 오히려 그는 상대방의 약점을 정확히 파악했다. 제갈량의 대군은 먼 길을 오느라 지쳐 있었고 식량도 충분히 가져오지 않아 전쟁이 길어질수록 불리했기 때문에 속전속결을 원하고 있는 것이었다. 그래서 사마의는 잠시 엎드려 기회를 엿보는 사자처럼 어떤 상황에도 동요하지 않았다.

『신음어呻吟語, 중국 명나라 유학자 여곤의 저서』에서는 인忍과 격激 두 글자가 화복禍福과 밀접한 관련이 있다고 보았다. 인내와 격분 두 가지 감정 중 어떤 것을 선택하느냐에 따라 화와 복의 경계선이 그어지기 때문이다. 사마의가 전쟁에서 승리할 수 있었던 것은 바로 인내를 선택했기 때문이다. 옛사람들이 이러했다면 지금 우리가 이렇게 하지 못할 이유가 무엇인가?

사람은 누구나 어느 정도 자만심을 가지고 있다. 반드시 인내를 동시에 발휘하여 적당히 조절해야만 자신감을 효과적으로 이용할 수 있다.

'거만하면 실패하고 겸손하면 성공한다' 라는 말이 있다. 이것은 옛사람들이 오랜 경험을 통해 얻은 결론이다. 거만한 자가 실패할 수밖에 없는 이유는 쉽게 이성을 잃고 격분하여 돌이킬 수 없는 과오를 저지르기 때문이다. 그러므로 최대한 거만한 태도를 버리고 항상 겸손해지려고 노력해야 한다. 겸손하고 참을성 있는 인품을 길러야만 일시적인 분노로 타인을 다치게 하지 않고 스스로의 발전도 꾀할 수 있다.

당 태종은 수많은 전쟁터를 누비며 수많은 공을 세우고 훗날 황제의 자리에 올랐다. 그는 항상 스스로 거만한 태도를 경계했다. 그리고 아랫사람들에게 경고했다.

"세상이 평화로울 때는 거만해지거나 사치스러워지기 쉽다. 거만하고 사치스러워지면 곧 죽음의 그림자가 다가올 것이다!"

태종은 거만한 태도가 얼마나 큰 폐해를 초래할 수 있는지 아주 잘 알고 있었다. 그는 일을 처리할 때나 일상생활에서나 항상 거만하고 조급한 태도를 경계했다. 그리하여 그는 역사에 길이 남을 훌륭한 임금이 되었고 '정관지치貞觀之治'라 불리는 태평성세를 이루었다.

한 철학자는 "모욕과 수치를 겪으며 배우는 것이 가장 빠르고 확실하면서 가장 오랫동안 그 교훈을 잊지 않게 해준다"라고 말했다. 굴욕은 사람들에게 깊이 생각하는 법을 가르쳐주며 순조로운 상황에서는 절대 배울 수 없는 교훈을 몸소 체험하게 해준다. 굴욕은 더 깊은 현실 체험을 통해 사회를 정확히 이해하고 한 단계 수준 높은 사고방식을 갖고 광활한 성공의 길을 개척할 수 있게 해준다. 이것이 바로 우리가 모욕을 참고 견뎌야 하는 이유이다.

THE WISDOM OF LIFE

굴욕은 감정의 불꽃을 식혀주는 얼음과 같다. 또 굴욕은 성공을 향해 좀 더 분발할 수 있도록 끊임없이 우리를 채찍질해준다. 굴욕적인 일을 당한다면 물론 좋은 일은 아니지만 충분히 좋은 방향으로 이용할 수 있다. 심리학자들은 사람에게 세 가지 정신 에너지를 가지고 있다고 말한다. 창조 에너지, 사랑 에너지, 핍박과 무시에 대한 반사 에너지이다. 굴욕은 일종의 정신적인 핍박이라고 할 수 있다. 그러나 굴욕은 용기를 잃지 않고 더욱 분발할 수 있도록 끊임없이 우리를 채찍질하여 성공에 가까워질 수 있게 해준다.

36 상대방이 좋아하는 미끼를 던져라

깊은 바다 속에 악마가 갇혀 있는 병이 가라앉아 있었다. 500년 전 하느님이 가두어둔 것이었다.

악마는 누구든 이 병을 건져 마개를 열고 자신을 구해주는 사람에게 황금 산을 주기로 다짐했다. 그러나 500년이 지나도록 그를 병에서 꺼내주는 사람은 없었다. 악마는 기다리다 기다리다 머리끝까지 화가 치밀었다. 악마는 저주를 퍼부었다.

"만약 누구든 나를 구해주는 사람이 있다면 난 그놈을 한입에 잡아먹어버릴 테다!"

한편 어느 젊은 어부가 바닷가에서 그물을 던져 고기를 잡고 있었다. 어부는 그물을 거두어들이다가 오래된 병을 발견했다. 그가 마개를 열자, 갑자기 짙은 연기가 뿜어져나오더니 서서히 거대한 악마로 변해갔다.

"하하하!"

악마의 웃음소리에 파도가 용솟음쳤다. 악마가 어부에게 말했다.

"이봐, 젊은이, 네가 나를 구해준 건 고마운 일이지만, 너무 늦었네. 자네가 몇 년만 일찍 나를 구해췄더라면 너에게 황금 산을 줄 수도 있었는데! 하지만, 난 오백 년이나 기다리느라 정말 미치는 줄 알았거든. 나는 이미 나에게 다짐을 했지. 나를 구해주는 사람을 한입에 삼켜버리겠다고."

어부는 이 말을 듣고 깜짝 놀랐지만 곧 평정을 되찾으며 말했다.

"이봐, 이렇게 작은 병에 어떻게 당신이 들어가 있을 수 있단 말이야? 거짓말하지 마. 거짓말이 아니라면 다시 이 병 속에 들어가봐!"

"하하하, 내가 속을 줄 알고? 난 이미 『아라비안나이트』를 읽었다. 내가 병 속으로 들어가면 넌 다시 병마개를 막아버릴 거지? 아마 『아라비안나이트』에서는 그렇게 이야기가 끝나던데?"

"뭐? 네가 『아라비안나이트』를 읽었다고? 넌 정말 박학다식한 악마로구나. 그럼 소크라테스의 철학서적도 읽어봤니?"

"하하, 오백 년 동안 병 속에 갇혀 있으면서 난 이 세상에 있는 책이라는 책은 다 읽었다. 서양의 철학 서적은 물론이고 『대학』, 『중용』, 『논어』, 『맹자』 같은 동양 고전도 몇 번이나 읽었지."

"와아! 태사공太史公, 사마천을 높여 부르는 말이 쓴 『사기』에 대해서도 잘 알겠구나? 묵자가 쓴 책도 읽어봤어?"

"물론이지. 역사서나 경전에 대해서는 모르는 것이 없다고."

"하지만, 넌 분명히 『홍루몽』 같은 소설책은 못 읽어봤을 거야. 그것은 아주 구하기 힘든 책이거든. 아무나 볼 수 있는 게 아니라고."

"하하하, 이 쬐끄만 놈이 나를 너무 무시하는데? 그 책을 가지고 있는 몇 안 되는 게 나라고! 기다려, 내가 직접 보여줄 테니까."

악마는 이렇게 말하고 곧바로 연기로 변해 천천히 병 속으로 들어갔다. 어부는 재빨리 병마개를 막았다.

사람은 누구나 특별히 흥미를 느끼는 전문 분야가 있게 마련이다. 상대방의 흥미를 불러일으킬 수 있으면 당신은 그 분야에 대한 새로운 지식을 얻을 수 있을 뿐만 아니라, 이것을 계기로 화를 복으로 만들 수도 있다.

젊은 어부는 바로 이 점을 충분히 이용하여 악마를 제압했다.

일상 속에서 우리는 지금까지 다른 사람이 해왔던 것과는 전혀 다른 계획과 새로운 방법으로 순조롭게 일을 처리할 수 있다. 그것은 종종 말로다 표현할 수 없을 만큼 탁월하고 절묘한 기분을 느끼게 해줄 것이다.

워싱턴 대통령이 잃어버린 말을 되찾은 일화를 살펴보자.

어느 날 워싱턴은 집에서 기르던 말을 도둑맞았다. 그는 경관과 함께 말을 훔쳐간 것으로 의심되는 사람의 농장을 수색했다. 그러나 농장 주인은 혐의를 완강히 부인했다.

"이것은 내가 기르던 말이라고요."

그러자 워싱턴이 두 손으로 말의 두 눈을 가리며 그에게 물었다.

"이 말이 정말 당신 것이라면 어느 쪽 눈이 멀었는지 말해보시오."

농장 주인은 머뭇거리며 "오른쪽 눈이오"라고 대답했다.

워싱턴이 오른손을 떼어냈으나 말의 눈은 멀쩡했다.

"내가 헷갈렸소. 왼쪽 눈이오. 왼쪽 눈이 멀었소."

농장 주인은 서둘러 변명했다.

워싱턴이 왼손을 떼어냈으나 왼쪽 눈 역시 정상이었다.

"그러니까 그게…… 내가 말을 잘못했소……."

농장 주인은 계속해서 둘러대려 했지만 더 이상 할 말이 없었다.

그러자 경관이 말했다.

"그렇소. 당신은 잘못 말했소. 이것은 이 말이 당신 것이 아니라는 것을 증명하기에 충분하오. 어서 주인에게 말을 돌려주시오!"

이런 방법은 사업을 하는 데도 매우 유용하게 이용될 수 있다.

두버노이는 뉴욕의 한 호텔에 자기 회사에서 만드는 빵을 공급하려고 시도하고 있었다. 벌써 4년째 그는 매일 이 호텔 총지배인에게 전화를 걸고 총지배인의 사교 모임에도 참석하였다. 심지어 그는 아예 이 호텔 방에 살면서 거래를 성사시키기 위해 고심했지만 4년 동안 계속 실패할 뿐이었다.

두버노이가 말했다.

"하지만 나는 계속해서 방법을 연구했습니다. 그리고 방법을 바꾸기로 했지요. 나는 그 사람이 좋아하는 것이 무엇인지를 찾아내기로 했습니다. '그가 몰두하고 열중하는 것이 무엇일까?' 드디어 나는 그가 '미국 호텔서비스협회'의 호텔경영인 클럽 회원이라는 사실을 알아냈습니다. 그는 단순한 회원이 아니었습니다. 그는 협회 일에 아주 열성적이었고 협회의 회장인 동시에 국제 호텔서비스협회 회장까지 맡고 있었습니다. 회의가 어디에서 개최되든 그곳이 아무리 먼 곳이라도 그는 반드시 참석해야 했습니다. 그후 나는 총지배인과 마주쳤을 때 협회에 대해 물어보기 시작했습니다. 어느 정도 예상은 했지만 그의 반응은 정말 놀라웠습니다. 정말 그전의 반응과는 천양지차였습니다. 나는 총지배인과 30분가량 이야기를 나누었습니다. 물론 30분 내내 협회에 대한 이야기뿐이었습니다. 그는 아주 열정적으로 다소 흥분한 듯 이야기했지요. 나는 그의 모든 관심사가 협회에 있다는 것을 금방 알 수 있었습니다. 그의 사무실에서 나오기 전에 나는 그에게 협회 회원증을 샀습니다. 그리고 빵에 대해서는 단 한 마디도 하지 않았습니다. 그런데 며칠 후 그 호텔의 수석 요리사가 나에게 전화를 걸어왔습니다. 우리 회사의 빵 샘플과 가격표를 보내달라는 것이었습니다. 그 요리사는 나에게 '당신이 도대체 그 늙은이에게 어떻게 손을 썼는지 모르겠지만 확실히 그의 마음을 바꿔놓았더군요' 라고 말했습니다. 생각해보세요. 나는 오직 그에게 빵을 팔겠다는 일념으로 사 년 동안이나 그 사람을 쫓아다녔습니다. 만약 내가 마지막에 그의 관심분야를 찾아내지 못했다면, 그가 어떤 것에 대해 말하기를 좋아하는지 알아내지 못했다면, 나는 아직도 그를 쫓아다니며 빵을 팔아달라고 조르고 있을 것입니다."

37 잔소리와 말다툼은 결혼과 사랑의 적이다

19세기 프랑스의 나폴레옹 3세와 세기의 미녀 유제니는 첫눈에 사랑에 빠졌고 곧 결혼에 골인했다.

이에 대신들은 유제니가 스페인의 보잘것없는 가문 출신이라는 이유를 들어 두 사람의 결혼을 강력히 반대했다. 그러나 나폴레옹은 "그게 무슨 상관이오?"라는 한 마디로 모든 반대를 일축시켰다.

유제니의 아름답고 우아한 자태, 청춘의 눈부심은 나폴레옹을 완전히 사로잡았고 나폴레옹은 더할나위없이 행복했다. 나폴레옹은 다소 흥분하여 떨리는 목소리로 전 국민에게 선언했다.

"나는 내가 사랑하는 여자를 선택했다. 생전 처음 보는 여자와 만나 결혼할 수는 없다!"

나폴레옹 황제와 그의 아름다운 신부는 소위 말하는 완벽한 결혼 조건을 모두 갖추었다. 사랑, 건강, 명예, 재산, 권력, 아름다움 등등. 이 세상의 모든 결혼식은 신성하고 아름답지만 두 사람의 결혼식처럼 찬란한 결혼식은 다시없을 것만 같았다.

그러나 얼마 지나지 않아 이 찬란한 빛은 점점 사라져 결국 잿더미만 남게 되었다. 나폴레옹은 유제니를 황후로 만드는 힘이 있었으나, 사랑의 힘으로나 황제의 힘으로도 그녀의 시끄러운 잔소리를 막을 수는 없었다.

그녀는 질투와 의심이 많은 여자였다. 나폴레옹의 명령 따위는 아무것도 아니었다. 그녀는 어느 날부터 남편과 한방을 쓰는 것도 거부했다. 그녀는 수시로 나폴레옹이 국사를 처리하고 있는 사무실에 들어가 중요한 회의를 엉망으로 만들곤 했다. 게다가 나폴레옹이 다른 여자와 사랑에 빠질 것을 염려하여 절대 그를 혼자 내버려두지도 않았다. 그녀는 늘 언니를 찾아가 남편을 원망하며 괴로움을 호소하고, 울면서 끊임없이 온갖 불평불만을 늘어놓았다.

한번은 나폴레옹이 서재에서 책을 읽고 있는데 난데없이 들어와서는 펄펄 뛰며 욕을 하기도 했다. 나폴레옹은 프랑스의 황제였고, 십여 개의 호화 궁전을 가지고 있었지만 편히 쉴 곳이 없었다.

유제니는 황후라는 지위에 어느 누구에게도 뒤지지 않는 아름다운 외모를 지녔으나 사랑에는 실패했다. 그녀의 사랑은 시끄러운 잔소리와 말다툼 속에 점점 빛을 잃어갔다.

어느 날 유제니는 "내가 가장 염려했던 일이 결국 터지고야 말았어"라며 대성통곡했다. 그녀의 사랑은 완전히 잿더미가 되고 말았다.

유제니의 불행은 모두 그녀가 자초한 일이었다. 이 불쌍한 여인은 질투와 끊임없는 잔소리가 얼마나 큰 잘못인지 깨닫지 못했던 것이다.

이 세상의 모든 사랑을 불태워버리는 불꽃이 지옥에 있다고 한다. 그 중에서 가장 맹렬히 타오르는 불꽃의 이름이 바로 잔소리이다.

러시아의 대문호 톨스토이의 부인은 잔소리와 말다툼이 얼마나 무서운 것인지 깨달았지만 그녀의 깨달음은 너무 늦었다. 그녀는 임종 직전 딸에게 "네 아버지를 죽음으로 몰아넣은 것은 바로 나다"라고 말하며 후회했다. 딸은 아무 말 없이 눈물만 흘렸다. 딸은 아버지가 어떻게, 왜 죽었는지 잘 알고 있었다. 바로 어머니의 끊임없는 비난과 잔소리 때문이었다. 톨스토이는 부인에게 어떤 것이 행복한 삶인지 논리적으로 설명하려 했지만 모두 허사였다.

톨스토이는 역사상 가장 위대한 소설가 중 한 명이다. 그의 『전쟁과 평화』, 『안나 카레니나』는 문학 역사상 한 획을 그은 작품들이다.

당시 톨스토이를 숭배하는 추종자들은 밤낮없이 그를 찾아왔다. 그리고 항상 톨스토이의 곁에서 그가 하는 말 한 마디 한 마디를 모두 받아 적었다. 심지어 "이제 자야겠소"처럼 일상적인 말까지도 모두 기록했다.

톨스토이 부부는 명성, 재산, 사회적 지위와 예쁜 아이들까지 겉으로 보기에는 완벽한 가정을 이루고 있었다. 두 사람이 막 결혼했을 때까지만 해도 그들의 삶은 아름답고 열정적이었다. 그래서 그들은 하느님에게 이 행복이 영원히 변하지 않게 해달라고 무릎 꿇고 기도하기도 했다.

그러나 미래는 아무도 예측할 수 없는 법, 톨스토이는 갑자기 사고방식에 변화를 보이기 시작하더니 완전히 다른 사람이 되어버렸다. 그는 자기가 쓴 소설을 매우 부끄러워했다. 그런 소설을 쓴 자신이 혐오스러웠다. 세상을 보는 기준이 완전히 달라진 것이다.

이때부터 그는 세계 평화를 이룩하는 데 남은 생애를 바치기로 결심하고는 전쟁과 가난을 퇴치하자는 선전 문구를 작성하는 일을 했다. 또한 자신이 젊은 시절 저질렀던 죄를 깊이 반성했다.

그는 진실한 마음으로 예수의 가르침에 따르고자 했고 모든 재산을 사회에 기부하고 스스로 가난한 삶을 선택했다. 톨스토이는 직접 밭일을 하고, 땔나무를 하고, 잡초를 뽑고, 신발을 만들어 신고, 집안을 청소하고, 나무 그릇에 밥을 먹으며 원수를 사랑하기 위해 최선을 다했다.

그러나 톨스토이의 인생은 결국 비극으로 끝나고 말았다. 그의 비극은 다름 아닌 바로 결혼에서 시작되었다.

톨스토이의 아내는 사치스러운 생활을 즐겼으나, 톨스토이는 사치를 경멸했다. 그녀는 빛나는 명예와 찬사를 얻고 싶어했으나 톨스토이는 이것이 전혀 가치 없는 것이라고 생각했다. 그녀는 금은보석과 돈을 원했지만 톨스토이는 부는 곧 죄라고 생각했다.

결혼 후 몇 년 동안 톨스토이의 아내는 매일 남편에게 잔소리하고 비난을 퍼부었고, 심지어 저주하는 말까지 서슴지 않았다. 톨스토이는 모든 이익을 사회에 환원하기 위해 책 인세조차도 받지 않으려 했으나 아내는 말도 안 된다며 펄펄 뛰었다. 톨스토이가 조금이라도 아내의 의견에 토를 달면 그녀는 당장 미친 듯이 날뛰었다. 심지어 마룻바닥에 드러누워 발을 구르기도 하고 자살하겠다고 위협도 했다.

두 사람은 결혼 초기에 분명 행복했었다. 그러나 48년 후 톨스토이는

그녀를 쳐다보는 것조차 힘들었다. 어느 날 밤 늙고 병약해진 아내는 갑자기 남편의 사랑이 그리웠다. 그녀는 남편에게 50년 전 자신에게 청혼하면서 쓴 아름다운 시를 다시 읊어달라고 간청했다. 톨스토이는 어쩔 수 없이 이미 과거의 환영이 되어버린 시를 읊었다. 그러나 문득 감정이 복받쳐 눈물을 흘리고야 말았다. 그 시를 쓸 당시 꿈꾸었던 미래와 지금 눈앞의 현실은 달라도 너무 달랐다.

82살이 된 톨스토이는 더 이상 가정에서의 고통을 견딜 수 없어 눈보라 치는 어느 겨울 밤 집을 나갔다. 아내가 아닌 혹독한 추위와 어둠을 선택한 것이다.

며칠 후 톨스토이는 어느 작은 마을 정류장에서 폐렴에 걸린 몸으로 쓰러진 채 발견되었다. 그는 죽음을 앞둔 상황에서도 절대 아내를 부르지 말라고 신신당부했다.

톨스토이 부인의 잔소리와 히스테리는 결국 톨스토이에게 이처럼 비참한 죽음을 맞이하게 했다.

"나는 정말 미쳤었던 거예요."

톨스토이의 부인은 깊이 후회했지만 이미 때는 늦었다.

링컨 인생의 최대 비극 역시 결혼이었다.

부스가 링컨에게 총을 쏘았을 때 링컨은 총에 맞아 아프다는 사실을 느끼지 못했다. 그는 매일 고통의 심연에 빠져 있었기 때문이다.

링컨의 동료 변호사인 윌리엄 헌든은 링컨이 23년간 결혼으로 인한 고통 속에서 괴로워했다고 말했다. 링컨은 결혼생활 내내 부인의 잔소리를 듣고 말다툼을 벌이며 살아야 했다.

링컨의 아내는 평생 남편을 미워하고 비난했다. 그녀는 링컨의 모든 것이 마음에 들지 않았다. 눈에 거슬리는 곱사등도 싫었고 고지식하고 융통성도 없는데다 인상은 꼭 인디언 같았다. 그녀는 링컨의 걸음걸이도 마음에 안 들었고 교양 없이 행동한다며 그를 맹렬히 비난했다. 그녀는 링컨의 커다란 귀와 각진 얼굴이 마음에 안 들었고 심지어 코도 비뚤어졌다며 비난했다. 이뿐만이 아니었다. 돌출된 아랫입술도 보기 싫었고 또 손발은 크고 머리는 새처럼 작다며 그를 폐병환자 같다고 놀리기도 했다.

이렇게 마음에 안 드는 것이 많았으니 링컨과 아내는 사사건건 대립할 수밖에 없었다. 문화, 환경, 성격, 취향, 외모 등등 모든 면에서 두 사람은 평생 서로를 미워하고 증오했다.

링컨의 전기를 편찬한 링컨 연구의 권위자이자 상원의원인 비버리치는 이렇게 말했다.

"링컨부인의 음성은 아주 높고 날카로워 길 건너편 집까지 들릴 정도였다. 링컨의 이웃들은 거의 매일 그녀가 울부짖고 화내고 고함지르는 소리를 들었다고 한다. 그녀는 항상 이런 식으로 분노를 터뜨렸는데 그녀가 어떻게 화를 냈는지는 차마 말로 설명할 수 없을 정도이다."

그녀는 평생 링컨에게 끊임없이 잔소리하고 비난했지만 그를 조금도 바꿔놓지 못했다. 아니, 딱 하나 바뀐 것이 있다. 그녀에 대한 링컨의 태도였다. 그녀의 잔소리와 비난은 링컨으로 하여금 불행한 결혼을 후회하게 만들었고 결국 그녀로부터 도망치게 만들었다.

스프링필드에는 총 11명의 변호사가 있었는데, 스프링필드에는 이렇게 많은 변호사가 필요치 않았다. 그래서 이들은 데이비드 판사를 따라 주변 지역의 법정을 순회하며 사건을 맡았다. 이들은 주로 제8사법구역의 법정에서 일거리를 찾곤 했다.

다른 변호사들은 주말마다 스프링필드로 돌아가 가족들과 함께 즐거운 시간을 보낼 꿈에 부풀어 있었지만, 링컨은 전혀 스프링필드에 돌아갈 생각이 없었다. 그는 집에 돌아가는 것이 두려웠다. 그래서 봄에 석 달, 가을에 석 달은 고향에 돌아가 지내면서 스프링필드 근처에도 가지 않았다.

물론 몇 달 동안 작고 허름한 여관에서 생활하다보면 불편한 점이 한두 가지가 아니었다. 그러나 그는 차라리 허름한 여관에 처박혀 있을지언정 집으로 돌아가 아내의 거침없는 욕설과 잔소리를 듣고 싶지는 않았다.

끊임없는 잔소리와 비난은 일종의 집착과 같은 정신병으로 가정의 평화를 깨뜨리고 온 가족을 불행하게 만든다.

어떤 부인이 친구에게 이런 고민을 털어놓았다. 그녀는 항상 남편에게 집 안 구석구석을 손보라고 잔소리하고 재촉하지만 남편은 이런저런 핑계를 대고 시간만 끌 뿐 도대체 말을 들으려 하지 않는다는 것이었다. 그녀가 수리공을 부르지 않고 남편에게 시키는 이유는 돈도 아낄 수 있고 남편의 솜씨가 훌륭하기 때문이었다.

친구는 부인에게 두 사람의 합의하에 규칙을 하나 만들라고 충고해주었다. 집안에 수리할 일이 생기면 남편에게 15일간 말미를 주는 것이다. 그리고 이 날짜를 달력에 잘 보이게 표시해두어 나중에 깜빡 잊었다는 변명을 하지 않도록 한다. 이렇게 한 달이 지난 어느 날 이 부인은 친구를 찾아와 그동안 수리공을 딱 한 번밖에 부르지 않았다면서 매우 즐거워했다.

38 질투는 인생의 독약이다

질투는 이 세상에서 가장 쓸데없는 감정 중 하나이다. 질투는 인간의 이성을 마비시키고 도저히 상상할 수 없는 엄청난 불행을 빚기도 한다.

아주 속이 좁고 질투심 강한 부부가 있었다. 두 사람은 항상 아무 것도 아닌 일로 말다툼을 벌이곤 했다. 어느 날 부인은 기분 좋게 맛있는 요리를 해서 상을 차렸다. 그녀는 술을 한 잔 곁들이면 아주 근사할 것이라고 생각해 국자를 들고 술을 따르러 술항아리 앞으로 갔다.

술항아리에 고개를 들이민 순간 부인은 술에 비친 자기 얼굴을 보고는 깜짝 놀랐다. 부인은 남편이 자기 몰래 다른 여자를 데려다가 술항아리 속에 숨겨놓았다고 생각했다. 그녀는 당장 고래고래 고함을 질렀다.

"이런 나쁜 놈! 세상에, 나를 속이고 몰래 여자를 데려다가 술항아리 속에 숨겨놔? 보라고. 이래도 할 말이 있어?"

헐레벌떡 달려온 남편은 부인이 무슨 소리를 하는 건지 도통 알아들을 수가 없었다. 그는 아내가 시키는 대로 술항아리 안을 살펴보았다. 그 안에 웬 남자가 숨어 있는 것을 보고 남편도 다짜고짜 소리를 지르기 시작했다.

"네가 남자를 집 안에 끌어들여 이 항아리 속에 숨겨둔 것이 분명한데, 오히려 나한테 뒤집어씌우다니!"

"좋아, 언제까지 그렇게 말할 수 있나 보자고."

부인은 다시 항아리 속을 들여다보았다. 보이는 것은 역시 방금 전에 보았던 그 여자였다. 부인은 남편이 자기를 무시하고 희롱한다고 생각하자 끓어오르는 분노를 참을 수 없었다.

"네가 도대체 나를 뭘로 생각하기에, 도대체 뭘 믿고 이렇게 나를 기만하는 거야? 너, 네가 어떻게 나한테 이럴 수 있어?"

부인은 말할수록 더 화가 치밀어올랐고 급기야 손에 들고 있던 국자를 남편에게 집어던졌다. 남편은 살짝 옆으로 몸을 피했다. 남편은 부인이 이유 없이 자기를 모함하더니 국자까지 집어던지자 더 이상 참지 못하고 아내의 뺨을 때렸다. 이 순간 두 사람의 싸움은 돌이킬 수 없는 지경에 이르렀다. 두 사람은 곧바로 서로 뒤엉켜 치고받고 싸우기 시작했고, 이 싸움은 도저히 해결의 실마리가 보이지 않았다.

결국 두 사람은 관부에 끌려갔다. 두 사람의 이야기를 듣고 난 심판관은 대략 어찌된 일인지 짐작할 수 있었다. 심판관은 사람을 시켜 그 술항아리를 가져다가 깨라고 명령했다. 술항아리를 망치로 한 번 내려치자 술이 콸콸 흘러나왔다. 눈 깜짝할 새 술은 전부 땅속으로 스며들어 자취를 감추었다. 그러나 항아리 속에 있다던 남자나 여자는 눈을 씻고 찾아도 보이지 않았다. 두 사람은 그제야 자신들이 질투에 눈이 멀어 자기 모습을 보고 흥분한 것임을 알았다. 두 사람은 부끄러워하며 서로 사과하고 화해했다.

만약 의심스러운 일이 생기더라도 미리 속단하지 마라. 객관적이고 이성적으로 생각하여 진상을 파악해야 한다. 아주 많이 화가 나더라도 이야기 속의 부부처럼 자기 모습도 구별 못하는 지경에 이르면 안 된다. 침착하고 정확하게 상태를 파악하지 못하면 질투에 눈이 멀어 서로에게 씻을 수 없는 깊은 상처를 줄 수 있다.

불경에 다음과 같은 이야기가 있다.

옛날 마가타국摩伽陀國, 현재의 스리랑카 왕이 취미로 코끼리를 길렀다. 왕이 키우는 코끼리 중에 아주 특이하게 생긴 것이 있었다. 온몸이 하얗고 부드러운 털로 뒤덮여 있었는데 멀리서 보면 반짝반짝 빛나기까지 했다. 왕은 이 코끼리를 아주 좋아하여 조련사에게 특별히 잘 돌보라고 명령했다. 조련사는 코끼리의 일상생활을 주의 깊게 살피고 세심히 보살피면서 시간이 날 때마다 말을 알아듣도록 열심히 훈련시켰다.

하얀 코끼리는 아주 똑똑하고 사람 말을 잘 알아들었다. 얼마 후 코끼리는 조련사의 말을 거의 알아들을 수 있게 되었다.

마가타국에서는 1년에 한 번씩 큰 축제가 열린다. 이때 왕은 하얀 코끼리를 타고 경축 퍼레이드에 나가기로 했다. 왕은 조련사에게 코끼리를 깨끗이 목욕시키고 멋지게 치장하라고 명령했다. 조련사는 코끼리 등에 하얀 양탄자를 깔아 왕 앞에 데리고 갔다.

왕은 신하들의 보필을 받으며 하얀 코끼리를 타고 경축 행사에 참여했다. 왕이 시내에 들어서자마자 코끼리는 단번에 사람들의 시선을 사로잡았다. 사람들은 코끼리 주변에 모여들어 끊임없이 탄성을 자아냈다.

"정말 대단해! 코끼리 중의 왕이다! 대왕 코끼리야!"

순간 코끼리 등에 앉아 있던 왕은 모든 영예를 코끼리에게 빼앗겼다는 생각에 화가 나고 질투심이 일어났다. 왕은 서둘러 시내를 한 바퀴 돌고는 불쾌한 표정으로 궁에 돌아왔다.

왕이 조련사에게 물었다.

"이 하얀 코끼리는 특별한 재주를 부릴 수 있느냐?"

조련사는 "왕께서 말씀하시는 재주가 어떤 것입니까?"라고 되물었다.

"그러니까 절벽에서 다리를 들어올리거나 그런 것 말이다."

"물론 할 수 있습니다."

"좋다. 그럼 내일 코끼리를 파라나국波羅奈國, 지금의 비나레스를 중심한 지역과 우리 마가타국 사이에 있는 절벽으로 데려가 재주를 선보이도록 하라!"

왕이 명령했다.

다음 날 조련사는 하얀 코끼리를 데리고 절벽으로 갔다.

왕이 물었다.

"이 하얀 코끼리는 세 발로만 절벽 위에 서 있을 수 있느냐?"

"아주 쉽습니다."

조련사는 왕에게 공손히 대답하고는 코끼리 등에 올라타 코끼리에게 부드럽게 말했다.

"자, 세 발로만 서보아라!"

그러자 코끼리는 정말 신기하게도 한쪽 다리를 들어올렸다.

왕이 다시 물었다.

"그렇다면 두 발은 들어올리고 두 발로만 설 수 있겠느냐?"

"물론입니다."

조련사는 코끼리에게 두 발을 들어올리라고 말했고 하얀 코끼리는 그대로 했다. 왕은 또 다시 "그렇다면 세 발을 들고 한 발로만 설 수도 있느냐?"라고 물었다.

조련사는 왕이 일부러 코끼리를 위험하게 만들려는 속셈이라는 것을 알아차렸다. 그는 코끼리에게 조심하라고 속삭이고는 "세 발을 들고 한 발로만 서보아라"라고 말했다. 하얀 코끼리는 매우 조심스럽게 재주를 선보였다. 주변에 모여든 사람들은 모두 열렬히 박수치고 환호했다. 왕은 환호하는 군중을 보자 더욱 불쾌해졌다.

"그렇다면 뒷발까지 전부 들어올리고 허공으로 솟구칠 수 있겠느냐?"

조련사가 하얀 코끼리에게 조용히 말했다.

"왕은 너를 죽이려고 하시는 것 같구나. 이곳은 이제 우리에게 아주 위험한 곳이 되었다. 저기 반대편 절벽으로 건너갈 수 있겠니?"

그러자 코끼리는 조련사를 태운 채 정말 뒷발을 들어올리고 허공으로 몸을 날려 반대편 절벽으로 건너갔다. 도저히 불가능할 것 같은 일이었지만 코끼리는 해냈다. 그들은 이제 파라나국에 들어온 것이다.

파라나국 사람들은 코끼리가 하늘을 나는 모습을 보고 탄성을 질렀다. 이 소식을 듣고 달려온 파라나국 왕은 매우 흥분하며 조련사에게 물었다.

"너는 어디서 왔느냐? 왜 하얀 코끼리를 타고 이 나라에 온 것이냐?"

조련사는 파라나국 왕에게 사실대로 털어놓았다. 왕은 조련사의 말을 듣고는 매우 탄식했다.

"사람이 어찌하여 코끼리에게 질투를 느낄 수 있단 말이냐?"

당신이 누군가를 질투하여 그 사람을 쓰러뜨렸다면 당신은 분명 그 사람보다 뛰어나다는 것을 증명할 수 있다. 그러나 당신이 모든 면에서 뛰어난 것은 아니다. 최소한 당신은 의지력이나 정신적인 면에서는 완벽한 실패자이다.

질투는 다른 사람의 행동에 대해 일종의 불만을 표시하는 행위이다. 질투는 자신감 부족한 사람들이 다른 사람에게 감정적으로 지배당할 때 생기는 것이다. 질투는 모든 상황을 악화시킨다. 그래서 영국의 시인 존 드라이든은 질투를 "영혼의 황달" 이라고 말했다. 자신감이 넘치고 자신을 사랑할 줄 아는 사람은 질투 따위는 하지 않는다. 질투와 비슷한 감정으로 자신의 마음이 조금이라도 흔들리는 것을 용납하지 않는다.

대형 서점의 점장인 칼라일은 우연히 어떤 직원이 쓴 편지를 발견했다. 그 편지에는 자신에 대한 욕설과 조롱이 가득 담겨 있었다. 그를 무능한 점장이라고 폄하하면서 하루 빨리 부점장에게 자리를 내주어야 한다고 써 있었다. 칼라일은 이 편지를 들고 당장 사장실로 찾아가 사장에게 말했다.

"사장님, 저는 비록 무능한 점장이지만 뜻밖에도 이렇게 훌륭한 부점장을 두고 있었습니다. 어쩌면 내가 채용한 직원들조차 나를 비난하고 있을지 모르지만 나는 내 밑에 이런 부점장이 있다는 것이 아주 자랑스럽습니다."

칼라일은 부점장을 조금도 질투하지 않았고 오히려 이렇게 능력 있는 부점장을 부릴 수 있다는 것에 큰 자부심을 느꼈다.

이 일이 있은 후 사장은 오히려 칼라일을 더욱 신뢰하게 되었다.

칼라일은 확실히 도량이 넓은 사람이다. 자기보다 능력 있는 사람과 비교 당하면서 심한 모욕까지 받았지만 전혀 질투 같은 것은 하지 않았다. 오히려 그 사실을 겸허히 인정하고 기쁘게 받아들였다. 이것은 결코 쉬운 일이 아니다.

세계적인 농구 스타 마이클 조던은 농구 기술이 매우 뛰어나다. 그러나 그가 지금 전 세계 사람들에게 사랑받고 있는 것은 단지 농구기술 때문만은 아니다. 그의 훌륭한 인품과 처세술은 그의 농구 인생을 더욱 빛나게 해주었다. 스코티 피펜이 시카고 불스 팀 내에서 조던을 능가할 수 있는 가장 뛰어난 신예로 주목받고 있을 때 조던은 피펜을 경쟁자로 생각하여 경계하거나 질투하지 않고 오히려 항상 그를 칭찬하고 격려했다.

조던은 시카고 불스가 우승을 하기 위해서는 반드시 '조던왕국' 이라는 이미지를 깨버려야 한다고 생각했다. 시카고 불스에는 조던 한 사람만 있는 것이 아니다. 혼자서는 절대 다섯 명을 상대할 수 없다. 어느 날 조던이 피펜에게 물었다.

"우리 둘 중 누가 삼 점 슛을 더 잘 넣을까?"

"당연히 당신이지요."

"아니야, 자네야."

조던은 강하게 주장했다. 당시 조던의 3점 슛 성공률은 28.6%였고, 피펜은 26.4%였다. 그러나 조던은 이렇게 설명했다.

"피펜의 삼 점 슛 투구 동작은 매우 안정적입니다. 그는 확실히 삼 점 슛에 천부적인 능력이 있어요. 앞으로 더 좋아질 것이 확실합니다. 그러나 내 삼 점 슛 동작에는 아주 문제가 많습니다."

또 조던은 자신은 덩크슛을 넣을 때 주로 오른손을 이용하고 왼손은 그저 보조적인 역할을 할 뿐이지만 피펜은 양손을 모두 사용할 수 있으며 특히 왼손 덩크슛 능력이 아주 뛰어나다고 칭찬을 아끼지 않았다. 이것은 피펜 자신조차도 미처 깨닫지 못한 사실이었다. 조던은 자기보다 세 살 어린 피펜을 친동생처럼 생각했다. 조던은 피펜이 좋은 경기를 펼치면 자기 일처럼 기뻐했다.

이처럼 조던은 겸허히 자신을 낮추고 팀원의 자신감을 고취시켜 최고의 팀워크를 만들어냈다. 이런 연유로 시카고 불스는 연승행진을 이어갈 수 있었다. 1991년 6월 미국 프로농구 최종 결승전에서 피펜은 혼자 33득점을 기록하여 30점을 기록한 조던을 앞질렀다. 그리고 피펜은 이번 시즌 17경기 총득점에서도 조던을 앞질렀다. 이것은 얼핏 보아 피펜 개인의 승리 같지만 조던의 승리였으며 시카고 불스의 승리였다.

질투는 재능과 의지력이 부족할 때 나타난다. 볼테르 역시 "일반적으로 재능과 의지력이 부족한 사람은 쉽게 질투를 일으킨다"라고 말한 바 있다. 자신이 남보다 못하다는 생각이 들 때 불쾌한 감정을 가장 쉽게 해결할 수 있는 방법이 질투이다. 그러나 질투를 남발하면 얼마 못 가 주변 사람들 모두 등을 돌리고 떠나갈 것이다. 이렇게 고립무원이 되면 더 이상 인생에 아무런 발전도 있을 수 없다.

THE WISDOM OF LIFE

영국의 시인 바이런은 "나를 사랑하는 이에게는 한숨짓고, 나를 미워하는 이에게는 웃어주어라"라고 말했다. 우리는 최대한 평화롭고 화목한 마음을 유지해야 한다. 질투는 인생에 아무 도움도 주지 못한다. '내가 서고자 하는 자리에 남을 먼저 세우고, 내가 도달하고자 하는 곳에 남을 먼저 도달하게 하라' 라는 속담이 있다. 다른 사람의 성공에 질투할 것이 아니라 그것을 본보기 삼아 나의 성공을 앞당겨야 한다.

39 자신의 결점에 얽매이지 마라

신체적 결점이 반드시 성공을 가로막는 것은 아니다. 오히려 해결하고 극복해야 하는 일종의 문제점일 뿐이다. 사실 그다지 크게 신경 쓸 필요가 없는 결점들도 많다. 주변 사람들도 그 결점에 신경 쓰지 않는다.

조안나는 지금 성형외과 진료실 의자에 앉아 의사와 상담을 하고 있다. 솜씨 좋기로 유명한 이 의사는 조안나의 얼굴을 천천히 어루만지며 비틀린 근육을 살펴보았다. 그는 부드러운 목소리로 물었다.

"당신은 모델인가요?"

조안나는 기가 막혔다.

나더러 모델이냐고? 이 사람이 지금 농담하는 건가, 아니면 나를 가지고 노는 건가? 이 세상에 어느 누구도 나를 모델로 착각하는 사람은 없어. 이렇게 못생긴 모델이 세상에 어디 있는가? 내 얼굴에 난 이 상처가 그 사

실을 증명해주지 않는가?'

그녀는 조각처럼 잘생긴 의사를 뚫어져라 쳐다보며 비웃음의 흔적을 찾으려 애썼다. 그 순간 그녀의 머릿속에 과거의 아픈 기억이 떠올랐다.

조안나가 초등학교 4학년 때였다. 어느 날 이웃에 사는 남자아이가 돌을 들고 앞으로 힘껏 내던졌다. 그 돌은 정확히 그녀의 뺨을 강타했다. 조안나는 응급실로 실려갔다. 의사는 거트양의 장을 재료로 하여 만든 수술용 봉합 실로 찢어진 근육과 피부를 조심스럽게 봉합했다. 조안나의 뺨에 난 상처는 그해 연말까지 붓기가 가라앉지 않았다. 광대뼈에서 턱까지는 늘 붕대로 칭칭 감겨 있었다.

그 사고가 일어나고 몇 주 후 있었던 학교 신체검사 결과 조안나에게 근시증상이 발견되었다. 그래서 보기 싫은 붕대가 감긴 그녀의 얼굴에는 아주 크고 멍청하게 보이는 두꺼운 안경이 보태졌다. 그녀의 머리는 아주 짧고 잘 어울리지 않는 곱슬머리였는데 꼭 유통기한이 지난 빵에 핀 곰팡이처럼 보였다.

어느 날 저녁 조안나의 아버지는 한숨을 내쉬며 말했다.

"휴, 어찌되었든 내 눈엔 우리 딸이 이 세상에서 가장 예쁘단다."

조안나는 학교에서 다른 아이들이 자기를 놀리고 비웃는 말들을 최대한 못들은 척했다. 또한 선생님들에게 관심과 사랑을 독차지하는 예쁘게 생긴 아이들과 자신은 아무 차이가 없다고 생각했다. 그녀는 단 한 번도 자기의 모습을 거울에 비춰보지 않은 것처럼 행동했다. 그러나 조안나는 사회가 외적인 아름다움을 중시한다는 것을 잘 알고 있었다. 못생긴 여자아이는 사회에서 무시 당하고 버림받을 것이 틀림없었다. 그녀의 외모는 그녀에게 큰 고통을 안겨주었다.

그러나 이렇게 마음 아파하고 눈물을 흘리는 것이 무슨 소용있겠는가? 그래서 그녀는 비록 아름다운 외모를 가질 수는 없겠지만, 최대한 스스로 단정하고 깔끔하게 자신을 꾸미기로 결심했다. 조안나는 스스로 머리를 손질할 수 있는 기술을 배웠고, 안경 대신 콘택트렌즈를 착용했고 화장하는 법도 배웠다.

지금 그녀는 결혼 준비를 하느라 바쁘다. 그러는 동안 얼굴의 상처는 점점 작아지고 희미해졌다. 그러나 그녀는 이 상처가 다가오는 자신의 새로운 인생에서 어떤 문제를 야기하지 않을까 걱정되었다.

"아니요. 물론 저는 모델이 아닙니다."

다시 현실로 돌아온 조안나는 다소 화난 듯한 표정으로 퉁명스럽게 대답했다.

의사는 조안나가 화를 내자 팔짱을 끼고 다시 한 번 그녀를 천천히 훑어보았다.

"그런데 왜 이렇게 이 상처에 신경을 쓰시나요? 직업상의 필요에 의해 반드시 이것을 없애버려야 한다면 모를까, 그것도 아닌데 왜 수술을 하려고 하나요?"

의사의 말을 듣는 순간 조안나는 자기가 잘 알고 있는 남자들을 떠올렸다. 특히 그녀의 기억 속에 고통으로 남아 있는 장면들이 스쳐지나갔다. 그녀는 처음으로 여자가 남자에게 춤을 청하는 댄스파티에 참가했던 날을 기억했다. 그날 조안나는 총 여덟 명에게 춤을 신청했지만, 모두 거절당했다. 그녀가 대학에 다니는 동안 그녀를 무시했던 남자들을 다 모으면 군대를 만들 수 있을 정도였다. 그리고 지금, 그녀는 드디어 그녀와 결혼을 원하는 남자를 만났다. 그러나 그녀는 손을 들어 자기 얼굴에 남아 있는 상처를 만지면서 생각했다.

'이 상처는 아직도 이 자리에 남아 있어. 나는 여전히 못생긴 여자일 뿐이야!'

이때 의사는 의자를 당겨 그녀와 가까이 앉았다.

"내 생각을 들어보시겠습니까? 내가 무엇을 발견했는지 알고 싶지 않으세요?"

의사의 눈빛에는 깊은 신뢰와 온화함이 깃들어 있었고 목소리 또한 침착하고 부드러웠다.

"저는 지금 아주 아름다운 여자를 보고 있습니다. 비록 완벽하지는 않지만 분명히 미인입니다. 물론 당신은 소피아 로렌이나 엘리자베스 테일러를 아시지요? 소피아 로렌은 원래 앞니 사이가 아주 많이 벌어져 있었습니다. 엘리자베스 테일러의 이마에는 작은 흉터가 있었지요."

의사는 잠시 말을 끊고 조안나에게 작은 거울을 건네주며 다시 말을 이었다.

"저는 이렇게 생각합니다. 모든 여자들은 이런 저런 작은 결점을 가지고 있지만 그것이 인생에 큰 영향을 주지는 않습니다. 저는 이런 결점들이 오히려 그녀들의 개성 있는 아름다움을 만들어준다고 생각합니다. 우리는 그런 결점을 가진 사람들에게 더 큰 인간적인 매력을 느낄 수 있습니다."

의사의 말은 그녀의 귓가에 속삭이듯 울려퍼졌다.

의사는 자리에서 일어서면서 말했다.

"잊지 마세요. 여자의 진정한 아름다움은 내면의 아름다움에 있습니다. 제 말을 믿으세요. 이것은 제가 이 일을 하면서 깨달은 것입니다."

그리고 의사는 밖으로 나갔다.

조안나는 거울에 비친 얼굴 흉터를 천천히 들여다보았다. 가만히 생각해보니 의사가 한 말이 모두 옳았다. 구체적으로 어떤 일 때문인지는 모르겠지만 지난 몇 년 동안 예전의 못생긴 여자아이는 어느새 꽤 아름다운 여자가 되어 있었다.

성형외과 의사와 상담을 한 그날 이후 그녀는 수백 명을 대상으로 강연을 하는 직업을 갖게 되었다. 그녀는 강연을 하면서 '아름답다' 라는 칭찬을 수도 없이 들었다.

조안나가 자신에 대한 생각을 바꾸자 주변 사람들 역시 그녀에 대한 시각이 달라졌다. 그 성형외과 의사는 조안나의 얼굴에 남은 흉터를 말끔히 지워주지는 못했지만, 그녀의 마음속 상처는 말끔히 지워주었던 것이다.

여기 또 다른 사랑스런 여자가 있다. 그녀는 지금 강단 위에서 수시로 자신의 두 팔을 아무렇게나 흔들고 있다. 그녀는 목을 길게 빼어 고개를 쳐들고 다시 뾰쪽한 턱을 안으로 잡아당겼다. 그녀는 입을 반쯤 벌리고 실눈을 뜬 채 잘 알아들을 수 없는 말을 내뱉으며 강단 아래 앉아 있는 학생들을 쳐다보았다. 갑자기 그녀가 입을 벌리고 뭐라고 웅얼웅얼거렸으나 사람들은 잘 알아들을 수 없었다. 사실 이 여자는 말을 하지 못했다. 그 대신 귀가 아주 밝았다. 그녀가 뭐라고 하는 말을 상대방이 제대로 알아차리면 그녀는 매우 신나하며 크게 소리를 지르고 오른손을 내밀어 손가락 두 개로 상대방을 가리키거나 박수를 친다. 또 비틀비틀 걸어가 상대방에게 자신이 그린 엽서를 선물한다.

그녀의 이름은 메이리엔이다. 메이리엔은 어렸을 때 뇌성마비에 걸렸다. 뇌성마비에 걸리자 그녀의 몸은 균형감각을 잃었고 그녀는 소리 내어 말할 수 없게 되었다. 그녀는 몸이 불편한 다른 장애우들과 마찬가지로 어려서부터 사람들의 따가운 시선을 받으며 자랐다. 그녀가 자라면서 흘린 눈물은 이루 다 말할 수 없을 정도였다.

그러나 그녀는 이런 외부의 시련과 고통을 이겨내고 끊임없이 분발했다. 그녀는 어떤 어려움이 닥쳐도 씩씩하고 당당하게 불가능에 맞섰다. 그리고 마침내 캘리포니아 주립대학에서 예술학 박사학위를 따냈다.

메이리엔은 떨리는 손으로 붓을 잡았고 아름다운 그림으로 '이 세상에 존재하는 미의 힘'에 대한 메시지와 살아 있는 생명이 얼마나 눈부시게 아름다운지를 전 세계에 알렸다. 졸업식에 참가한 모든 학생들은 그녀를 보며 평소 자유롭게 움직이던 자신의 몸이 주체할 수 없을 만큼 덜덜 떨리는 기분을 느꼈다. 이것은 바로 한 인간이 자신의 모든 생명을 쏟아부어 만들어낸 성공이었다.

이때 맨 앞줄에 앉은 한 남학생이 작은 목소리로 메이리엔에게 질문을 했다.

"박사님, 질문이 있습니다. 당신은 어려서부터 지금까지 그런 모습으로 자랐습니다. 당신은 자신을 어떻게 생각합니까? 당신은 전혀 누구를 원망해본 적이 없습니까?"

객석에 앉아 있던 사람들은 모두 한 남학생의 돌발 질문에 일순간 당황했다.

'이건 정말 말도 안 되는 질문이야. 이렇게 많은 청중 앞에서 어떻게 저런 질문을 할 수가 있지? 저렇게 직접적이고 자극적인 질문을 하다니!'

사람들은 메이리엔이 충격을 받지 않을까 걱정되기 시작했다.

"내가 나를 어떻게 생각하느냐고요?"

메이리엔은 분필을 들고 칠판에 힘주어 '나는 나를 어떻게 생각하는가?' 라고 썼다. 그녀는 분필을 들고 최대한 빨리 쓰려고 온힘을 다했다. 마치 종이 위에다 썼다면 그 기세로 종이를 뚫어버릴 것만 같았다. 그녀는 칠판에 이 질문을 쓰고 나서 분필을 내려놓았다. 그녀는 비뚤어진 머리로 뒤를 돌아보며 방금 전 질문을 한 남학생을 쳐다보았다. 그녀는 남학생을 향해 생긋 웃고 다시 뒤돌아서서 칠판에 힘차게 자신의 생각을 적어내려갔다.

첫째, 나를 보라, 얼마나 아름다운가!

둘째, 내 다리를 보라, 얼마나 길고 아름다운가!

셋째, 나는 부모님에게 얼마나 많은 사랑을 받았는지 모른다.

넷째, 나는 무한한 하느님의 사랑을 받았다.

다섯째, 나는 그림을 그릴 수 있다! 나는 글을 쓸 수도 있다!

여섯째, 나는 정말 귀여운 고양이를 가지고 있다.

일곱째, 나는 또……

여덟째, ……

이 순간 졸업식장은 쥐 죽은 듯이 조용해졌고, 어느 누구 하나 입을 열지 못했다. 그녀는 뒤돌아서서 마음을 가라앉히고 청중을 바라보았다. 그리고 다시 뒤돌아 칠판에 마지막 한 마디를 적었다.

"나는 내가 가진 것만 봅니다. 내가 가지지 못한 것은 보지 않습니다."

청중 사이에서 박수가 터져나오기 시작했고, 메이리엔은 비스듬히 강단 위에 서서 매우 만족스런 표정을 지어보였다. 그녀의 입가에는 희미한 웃음이 감돌았고, 눈은 더 가늘어졌다. 그녀는 영원히 쓰러지지 않을 것처럼 꿋꿋하게 서 있었다.

"나는 내가 가진 것만 본다. 내가 가지지 않은 것은 보지 않는다." 이 말은 우리 모두에게 필요한 말이 아닐까? 사람은 누구나 결점이 있다. 이 세상에 완벽한 사람은 없다. 당신이 가진 장점도 단점도 모두 다른 사람에게는 없는 것이다. 그러나 다른 사람들은 또 그들만의 장점과 단점을 가지고 있다. 그러므로 자신의 단점에 크게 신경 쓸 필요가 없다.

40 시간은 돈이다. 그러나 돈으로 시간을 살 수는 없다

인생은 우리가 이 세상에 머무는 정해진 시간 속에서 만들어진다. '인생은 짧고 고달프다' 라는 말처럼 인생은 정말 짧다. 그래서 장자는 "사람이 하늘과 땅 사이에 사는 것은 마치 흰 말이 달려가는 것을 문틈으로 보는 것처럼 순식간이다"라고 말했다.

어느 날, 진료를 기다리는 환자들로 가득한 어느 병원 진료 대기실에서 한 노인이 벌떡 일어나더니 간호사에게 다가갔다. 그리고 아주 정중하고 예의바르게 말했다.

"간호사 아가씨, 내가 예약한 시간이 세 시인데, 벌써 네 시가 넘었소. 나는 더 이상 못 기다리겠으니 다른 날로 다시 예약하겠소."

이때 옆에 앉아 있던 두 여자가 이렇게 속닥거렸다.

"저 할아버지는 적어도 팔십 살은 돼 보이는데 팔순 넘은 할아버지가 무슨 급한 일이 있다고 저럴까?"

그러자 노인은 두 여자를 돌아보며 말했다.

"정확히 올해 여든여덟 살이오. 이것이 바로 내가 단 일 분 일 초도 낭비할 수 없는 이유라오."

다른 사람의 시간을 빼앗는 것은 돈이나 목숨을 뺏는 것과 마찬가지로 치명적이다. 시간을 낭비하는 것은 천천히 자신을 죽음으로 몰아가는 것과 다름없다.

시간을 소중히 하는 것은 곧 삶을 소중히 하는 것이다. 인간은 도대체 얼마나 많은 시간을 허비해야 인생의 소중함을 깨닫게 될까? "시간은 돈이다. 그러나 돈으로 시간을 살 수는 없다. 시간은 한번 지나가면 다시 되돌릴 수 없다. 충분히 이용하지 못하면 후회만 남을 뿐이다"라는 옛말처럼 때늦은 후회를 하지 않도록 해야 한다.

2천 년 전 공자는 하염없이 흐르는 강물을 바라보며 탄식했다.

"시간의 흐름은 이 강물과 같아서 밤이나 낮이나 멈추지 않는다!"

셰익스피어는 "시간은 소리 없이 지나간다. 우리가 많은 일을 할 수 있도록 잠시 멈추어주지 않는다"라고 말했다.

프랑스의 철학자 볼테르는 이런 질문을 던졌다.

"이 세상에서 가장 길고도 짧은 것이 무엇일까? 가장 빠르면서도 가장 느린 것은 무엇일까? 가장 잘게 쪼갤 수 있으면서도 가장 크게 만들 수 있는 것은 무엇일까? 또한 사람들이 가장 무시하면서도 가장 안타까워하는 것은 무엇일까? 이것이 없으면 아무 것도 할 수 없다. 이것은 이 세상에 보잘것없는 것들을 모두 사라지게 할 수 있으며, 또 모든 위대한 것을 탄생시키기도 한다. 이것이 무엇일까?"

이에 화답하듯 철학자 자디그볼테르의 콩트 「자디그」에 나오는 바빌론의 청년가 대답했다.

"이 세상에서 가장 긴 것으로는 시간만 한 것이 없지요. 시간은 영원하니까요. 이 세상에서 가장 짧은 것 역시 시간입니다. 사람들은 항상 수많은 계획을 세우지만 시간이 없어서 완성하지 못합니다. 시간은 기다리는 사람에게는 아주 더디게 흘러가지만 유흥을 즐기고 있는 사람에게는 아주 빠르게 지나갑니다. 시간은 한없이 확대시킬 수 있는가 하면 또 아주 작게 쪼갤 수도 있습니다. 사람들은 그 순간에는 미처 의식하지 못하다가 시간이 지나가버린 것을 아쉬워합니다. 시간이 없으면 우리는 아무 것도 할 수 없습니다. 시간은 후세에 전할 가치가 없는 것들을 모두 쓸어가버리고 위대한 것들을 영원히 존재하게 해줍니다."

옛날에 어느 왕이 궁 밖으로 나갔다가 길에서 한 노인을 만났다.

왕이 노인에게 물었다.

"노인은 올해 몇 살이시오?"

"위대하신 국왕폐하, 저는 올해 네 살입니다."

왕은 노인의 대답에 어이가 없었다.

"이보시오, 노인장, 그냥 얼핏 보기에도 꽤 나이가 들어 보이는데 그 무슨 헛소리요? 이렇게 다 큰 어른이 거짓말을 하다니. 노인장은 여든 살은 족히 되어 보이는구려."

노인이 대답했다.

"폐하, 정확하게 맞추셨습니다. 그러나 저는 팔십 년 중에 칠십육 년의 세월을 헛되이 보냈습니다. 칠십육 년 동안 저는 그저 아이들을 키우고 먹고 마시며 노는 것 외에는 아무 것도 한 것이 없습니다. 저는 그렇게 사는 것이 가장 즐겁고 행복한 줄 알았습니다. 그래서 나만 생각하고 어려운 사람을 도우려는 생각은 한 번도 해본 적이 없습니다. 그러나 사 년 전 저는 자신만을 위해 살 것이 아니라 다른 사람에게 베풀면서 살아야 한다는 사실을 깨달았습니다. 그리고 지금까지 사 년 동안 다른 사람을 위해 봉사하려고 최선을 다하고 있습니다. 그래서 저는 제 나이가 네 살이라고 말씀드린 것입니다. 그전에는 헛산 것이니까요."

솔로몬이 어느 날 밤 이상한 꿈을 꾸었다.

한 노인이 나타나 그에게 인생의 모든 지혜를 한마디로 정리할 수 있는 말을 해주었다. 그 내용은 다음과 같았다.

'너무 기쁘다고 해서 다른 소중한 일들을 잊어버리지 말고, 상심에 빠졌을 때는 더욱 분발하고, 언제 어디서나 성실하고 부지런히 노력해야 한다!'

그러나 잠에서 깨어난 솔로몬 왕은 아무리 생각해도 어렴풋하게만 기억될 뿐 그 내용을 말로 표현할 수가 없었다. 그래서 지혜로운 대신들을 불러 그들에게 꿈 이야기를 들려주고 그 말을 생각해보라고 했다. 그는 끼고 있던 반지를 빼 건네주며 말했다.

"그 말을 생각해내어 그 문구를 이 반지에 새겨오라. 이 반지를 매일 끼고 다니면서 항상 그 문구를 떠올릴 것이다."

대신들은 장장 일주일 동안 머리를 맞대고 문구를 생각해냈다. 그리고 그 문구를 반지에 새겨 솔로몬 왕에게 바쳤다. 반지에는 '지금 이 순간도 결국 과거라 되리라' 라는 문구가 새겨져 있었다.

사람은 누구나 유한한 인생을 산다. 오늘날 사람의 평균 수명은 80세 정도이다. 결국 한 사람의 인생에 주어진 시간은 길어봤자 60년이 조금 넘을 뿐이다. 그중 잠자는 시간, 밥 먹는 시간 등 의미 없이 지나가는 시간을 제하면 35년밖에 남지 않는다. '해마다 피는 꽃은 항상 같은 모습이지만, 사람의 모습은 해마다 달라진다' 라거나 '젊음을 대충대충 헛되이 보내지 마라' 라는 말은 이처럼 유한한 인생 때문에 생겨난 것이 아닐까?

우리에게 주어진 시간은 지금 이 순간에도 계속 줄어들고 있다. 사람들마다 자신에게 주어진 시간을 이용하는 방법은 모두 다르다. 그렇기 때문에 사람마다 실제 인생의 길이는 다를 수밖에 없다.

예를 들어 분 단위로 시간을 이용하는 사람은 시 단위로 시간을 이용하는 사람보다 시간이 59배 많아진다. 또 초 단위로 시간을 계산하는 사람은 분 단위로 시간을 계산하는 사람보다 시간이 59배 많아진다. 그렇기 때문에 늘 시간에 쫓기는 사람은 오히려 시간을 더 많이 늘릴 수 있다.

프랭클린 인쇄소 앞에 있는 한 상점 안에 한 시간 넘게 물건을 살까말까 망설이던 손님이 드디어 점원에게 물었다.

"이 책 얼마요?"

점원은 "일 달러입니다"라고 대답했다.

손님이 다시 물었다.

"일 달러? 좀 싸게 해줄 수 없소?"

점원은 "그 책 가격은 일 달러입니다"라는 대답만 되풀이할 뿐 다른 말은 하지 않았다.

손님은 잠시 후 "프랭클린 선생 계시오?"라고 물었다.

점원이 대답했다.

"네, 계십니다. 지금 인쇄실에서 작업 중이십니다."

"다행이군. 지금 바로 프랭클린 선생을 만나고 싶소."

손님은 한사코 프랭클린을 만나기를 원했다. 잠시 후 프랭클린이 어쩔 수 없다는 듯 손님을 만나러 나왔다.

손님은 프랭클린에게 물었다.

"프랭클린 선생, 이 책을 좀 싸게 줄 수 없겠소? 최대한 싸게 얼마에 파시겠소?"

프랭클린은 생각해볼 것도 없이 곧바로 대답했다.

"일 달러 이십오 센트입니다."

"일 달러 이십오 센트라고? 방금 전에 점원은 일 달러라고 했소!"

그러자 프랭클린이 말했다.

"맞습니다. 원래 가격은 일 달러입니다. 그러나 저는 그 책을 일 달러에 팔 것이었다면 인쇄실에서 나오지 않았을 것입니다."

이 말을 듣고 놀란 손님은 더 이상 흥정은 불가능하겠다고 생각했다. 그래서 "좋소. 더 이상 깎아달라고 하지 않겠소. 원래 가격대로 사겠소"라고 말했다.

"일 달러 오십 센트입니다."

"뭐요? 일 달러 오십 센트라고? 방금 일 달러 이십오 센트라고 말하지 않았소?"

프랭클린은 침착하게 대답했다.

"그렇습니다. 하지만 지금 최소 가격은 일 달러 오십 센트입니다."

손님은 아무 말 없이 계산대 위에 돈을 올려놓고 책을 가지고 나갔다. 미국의 유명한 과학자이자 정치가인 프랭클린은 그 손님에게 '뜻을 가진 사람에게 시간은 곧 돈이다' 라는 평생 잊을 수 없는 교훈을 주었다.

THE WISDOM OF LIFE

시간은 무한하고 생명은 유한하다. 유한한 인생 속에서 시간을 최대한 늘일 수 있는 사람은 더 많은 자본을 가지고 일할 수 있다. 루쉰은 "시간을 아끼면 유한한 인생을 더욱 풍요롭게 만들 수 있고 우리의 생명을 연장시킬 수도 있다"라고 말했다. 진취력을 가진 위대한 인물, 성공한 사람이 되고 싶다면 시간을 아끼고 1분 1초도 헛되이 보내지 마라.

당신은 머릿속으로 이미 수십 번도 넘게 자신의 아름다운 미래를 그려보았을 것이다. 그러나 미래를 꿈꾸는 일에는 수많은 고민과 걱정이 뒤따른다. 이런 문제 때문에 꾸물거리며 행동하지 못하는 것이다. 그리고 더 좋은 방법을 찾는다는 핑계를 대거나 "놔두었다가 내일 다시 하지, 뭐"라고 말할지도 모른다. 이런 사람은 성공에서 점점 멀어진다. 성공하고 싶다면 곧바로 행동하라. 아무리 훌륭한 계획도 머릿속에만 있으면 아무 소용없다. 설계도가 아무리 멋진 집이라도 짓지 않으면 초가집보다 못하다.

바른 의지를
위한
마음가짐

41 고정관념을 버리고
과감히 새로운 것에 도전하라

　가끔 우리는 아주 작은 변화만으로도 큰 이익이나 효과를 얻을 때가 있다. 여기에서 중요한 것은 용기를 가지고 새로운 것에 도전할 수 있느냐이다.

　한 유태인 신사가 뉴욕의 대형 은행 대출부를 방문했다.

　"손님, 어떤 일로 오셨습니까?"

　대출부 직원은 그의 차림새를 훑어보며 물었다. 최고급 양복에 명품 구두, 그리고 값비싼 손목시계와 넥타이핀으로 보아 분명 평범한 사람은 아니었다.

　"돈을 빌리러 왔습니다."

　"예, 얼마나 필요하십니까?"

　"일 달러입니다."

"일 달러밖에 안 필요하세요?"

"그렇습니다. 일 달러만 빌리는 것도 가능합니까?"

"물론 가능합니다. 확실한 담보만 있으면 더 많은 금액도 가능합니다."

"그렇습니까? 담보는 이 정도면 되겠습니까?"

신사는 가방 안에서 각종 주식과 채권을 무더기로 꺼내어 책상 위에 늘어놓았다.

"아마 전부 합하면 오십만 달러 정도가 될 겁니다. 됐습니까?"

"물론입니다. 됐고말고요. 그런데 정말 일 달러만 필요하십니까?"

"그렇습니다."

대출부 직원은 신사에게 1달러를 주면서 말했다.

"연 이자는 육 퍼센트입니다. 먼저 육 퍼센트 이자만 내고 원금은 일 년 후에 상환하시면 됩니다. 이 주식과 채권은 일 년 후 원금을 상환하실 때 돌려드리겠습니다."

"고맙습니다."

신사는 볼일을 마치자 곧 자리에서 일어났다.

이때 줄곧 옆에서 이 모습을 지켜보고 있던 은행 지점장은 왜 50만 달러를 가진 사람이 은행에 와서 겨우 1달러를 빌려가는지 도저히 이해할 수가 없었다. 지점장은 황급히 신사를 쫓아가 그를 불러세웠다.

"저, 손님……!"

"무슨 일이십니까?"

"실례인 줄 압니다만, 도저히 이해할 수가 없어서 한 가지 물어보려고 합니다. 당신은 오십만 달러를 가지고 있으면서 왜 은행에 와서 겨우 일 달러를 빌려가십니까? 만약 손님께서 원하시기만 한다면 삼십만, 사십만 달러도 대출이 가능합니다만……."

"제 걱정을 하실 필요는 없습니다. 저는 이 은행에 오기 전에 여러 군데 은행을 다니며 대여 금고에 대해 알아봤습니다. 그런데 생각보다 금고 사용료가 너무 비쌌습니다. 그래서 저는 이 은행에 제 주식과 채권을 맡기기 위해 일 달러를 빌린 것입니다. 금고 사용료에 비하면 일 달러 대출 이자는 아주 싼 것이지요. 일 년에 육 센트만 내면 되니까요."

대부분의 사람들은 귀중품을 안전하게 보관하기 위해 은행 금고를 대여하는 것이 최선책이라고 생각한다. 그러나 이야기 속의 유태인 신사는 상식에서 탈피하여 좀 더 저렴한 비용으로 은행 금고에 자신의 주식과 채권을 보관할 수 있는 새로운 방법을 찾아냈다. 금고를 대여하든 1달러를 빌리고 담보로 맡겨두든 똑같이 안전하게 은행 금고에 주식과 채권을 보관할 수 있지만 비용 면에서는 차이가 아주 컸다.

일반적으로 사람들은 돈을 빌리려고 담보를 맡기기 때문에 최소한의 담보로 최대한 많은 돈을 빌리기를 원한다. 그러나 은행에서는 대출금을 안전하게 회수하고 더 많은 이자 수익을 얻기 위해 담보금의 액면가에 훨씬 못 미치는 금액만을 대출해준다. 그래서 보통 대출 상한 금액은 정해져 있지만 반대로 최저 금액에 대한 규정은 없다. 즉, 최저 금액은 대출 당사자가 마음대로 정할 수 있는 것이다. 바로 이 '빈틈'에 주목하여 유태인은 문제를 해결했다. 이 유태인의 사고방식은 아주 절묘했다. 이렇게 사고를 전환할 수 있는 사람은 당연히 다른 사람들보다 더 많은 성공 기회를 얻게 될 것이다.

　사고의 전환은 일종의 창조이다. 그것이 크든 작든 새로운 것을 창조하는 습관을 길러야 항상 다른 사람보다 한 걸음 앞서나갈 수 있다.

　어쩌면 "하지만, 늘 새로운 돌파구를 찾는 것은 정말 쉬운 일이 아닙니다. 내가 무슨 훌륭한 과학자나 발명가도 아닌데, 어떻게 새로운 것을 창조한단 말입니까?"라고 말하는 사람이 있을지도 모른다. 그러나 사람은 누구나 자신만의 고유한 창의력을 가지고 있다. 다만 누군가는 그것을 인식하고 이용할 수 있는 것이고, 누군가는 영원히 그 사실을 깨닫지 못하는 것뿐이다.

　미국의 한 여의사가 아프리카에서 구호활동을 하고 있었다. 그리고 그녀의 남편 링컨은 지금 그녀를 보러 갈 준비를 하고 있다. 아내가 쓴 편지의 내용은 대략 이러했다.

'아프리카 생활은 너무 적막하여 견디기 힘들다. 그래서 대부분의 봉사자들이 이곳 생활을 견디지 못하고 예정을 앞당겨 본국으로 돌아가고 있다.'

아내는 편지에 그곳에는 원주민과 황량한 들판 외에는 아무 것도 없다고 썼다. 유흥이나 사교를 즐길 수 있는 공간이 전혀 없었다. 그녀는 아프리카에는 반드시 있어야 할 것이 하나도 없다고 말했다. 그래서 링컨은 준비할 게 아주 많았다.

사실 링컨은 처음에 아내의 말을 100% 다 믿지는 않았다. 그러나 아프리카에 도착해보니 그곳의 환경은 그가 상상했던 것보다 훨씬 끔찍했다. 링컨과 아내는 황량한 들판 위에 세워진 작은 집에서 살았다. 두 사람은 아프리카 말을 못했기 때문에 통역이 없으면 집에서 한 발짝도 나갈 수가 없었다. 그러나 통역은 환자가 있을 때만 같이 오기 때문에 환자가 없으면 통역도 없었다.

이곳에서는 부부 외에는 대화할 사람도 없었고 할 일도 없었다. 집 밖으로 나가도 그저 황량한 들판뿐이었다. 해가 지면 주변은 온통 칠흑 같은 어둠으로 변한다. 가로등도 하나 없었기에 밤하늘에는 개똥벌레와 귀찮은 모기만이 가득했다.

밤이 되면 링컨은 왜 그렇게 많은 사람들이 서둘러 이곳을 떠났는지를 새삼 깨닫곤 했다. 이런 곳에서 적막한 삶을 견뎌낼 수 있는 사람은 아무도 없을 것 같았다. 그러나 링컨은 다행히 준비해온 것이 많았기 때문에 적당히 시간을 때울 수 있었다.

어느 날 링컨은 책을 보다가 '사고를 전환하면 세상 모든 것을 얻을 수 있다' 라는 내용의 글을 읽었다.

링컨은 책을 내려놓고 아무 것도 없는 황량한 아프리카 들판을 바라보았다.

'생각을 바꾸면 세상 모든 것을 얻을 수 있다고?'

정말 우스웠다. 그런 이론이 이런 곳에서도 적용될 수 있을까? 이런 곳에서도 장사를 하고 돈을 벌 수 있을까? 링컨은 고개를 흔들었다. 말도 안 되는 얘기이다.

물론 링컨은 이 이론이 이 세상 어디에서나 통용되는 진리이기를 바란다. 정말 그렇게만 된다면 그 역시 자신의 삶을 바꿀 수 있을 터였다.

'사고를 전환하면 세상 모든 것을 얻을 수 있다.'

링컨은 이 말이 아프리카에서만은 예외라고 생각했지만 한번 도전해 보기로 했다. 어차피 이곳에서는 아무 것도 할 일이 없었기 때문이다. 그는 당장 생각 바꾸기에 도전했다.

그때부터 링컨의 삶은 놀라움의 연속이었다. 그는 생각을 바꾸기 위해 시각을 바꾸었다. 그는 그동안 자신이 전혀 관심을 두지 않았던 것을 주의 깊게 보기 시작했다. 그곳에는 정말 새로운 세상이 있었다. 링컨은 가장 먼저 원주민들의 수공예품에 관심을 갖기 시작했다. 그는 '이것을 다른 곳에 팔 수 있을까?' 라고 생각해보았다. 그리고 링컨은 이곳의 토양이 매우 특이하다는 사실을 알았다.

'이 흙으로 특별한 도자기를 만들 수 있지 않을까?'

집 밖으로 나오니 새로운 것들이 아주 많았다. 이것은 링컨에게 아주 행복한 발견이었다. 링컨은 들판에서 귀리풀 비슷한 것을 발견했는데 이 것은 외상 치료에 아주 탁월한 효과가 있었다. 상처에 이 풀을 빻아 바르면 상처가 금방 아물었다. 만약 좀 더 많이 발라 농도를 진하게 하면 어떤 효과가 나타날까?

링컨은 끝없는 발견에 흥분을 감출 수 없었다. 이제 그곳은 더 이상 적막하지 않았다. 할 일이 너무 많았다.

아프리카는 변하지 않았다. 황량한 들판도 원주민도 개똥벌레와 모기도 변한 것은 아무 것도 없었다. 변한 것은 오직 링컨뿐이었다. 그가 생각을 바꾸자 모든 것이 달라졌다.

몇 년 후 링컨은 미국에서 손꼽히는 부자가 되었다. 그는 아프리카를 세계 시장과 연결시켜 아프리카 발전에 크게 공헌했다. 아프리카의 수많은 신기한 물건들이 그를 통해 세계 시장으로 나갔다. 링컨이 성공할 수 있었던 것은 타인이나 외부 조건이 변하기를 바라지 않고 스스로 생각을 바꾸었기 때문이다.

세계 과학자연맹이 과학계에 가장 큰 영향을 끼친 500가지 사건을 조사한 결과 대부분의 기적은 이미 세상에 존재하고 있었던 것들로 나타났다. 다만 고정관념을 타파하지 못해 미처 발견하지 못했던 것뿐이다. 시각은 사고방식이 바뀌는 대로 따라간다.

사고 전환은 모든 과학자들이 각종 연구를 하면서 지켜야 할 기본 원칙이다. 가장 먼저 버려야 할 것은 바로 가장 버리기 힘든 것이다. 가장 버리기 힘든 것을 버리는 순간 사고가 전환된다.

우리도 과연 사고를 전환할 수 있을까? 우리가 생각만 바꾸면 이미 이 세상에 존재하고 있던 수많은 기적들이 눈앞에 나타날 것이다.

틀에 박힌 고정관념을 버리기 위해서는 반드시 무언가를 버리고 바꾸려고 하기보다는 의지력을 키우는 일이 중요하다. 두 눈으로 정확히 살피고 마음으로 느끼고 매일 쉬지 않고 끊임없이 방법을 찾다보면 하루하루 이런 노력들이 쌓이고 쌓일 것이다. 그러면서 더 지혜로워지고 더 효율적인 방법으로 한 단계씩 수준을 높여가면 결국 언젠가 스스로 놀라고 감탄할 결과를 얻게 될 것이다.

창조는 과학자나 소설가의 전유물이 아니다. 우리처럼 평범한 사람들에게도 행운의 여신이 찾아올 것이다. 우리 주변을 살펴보면 결코 대단한 학벌이나 훌륭한 재능을 타고나지 않았어도 치밀한 관찰력과 탐구 능력으로 성공한 사람들이 분명히 있다. 그 사람이 할 수 있는 일이라면 우리도 할 수 있다.

THE WISDOM OF LIFE

실패의 원인은 대부분 항상 고정관념에 젖어 있거나, 옛것을 그대로 답습하거나, 융통성 없이 기계적으로 움직이기 때문이다. 이런 습관을 극복하지 못하면 성공은 영원히 요원하다. 용감하게 새로운 것을 찾아나서는 사람은 보통 사람보다 더 많은 기회와 다양한 방법을 발견하게 될 것이다. 창조는 인간의 삶을 더욱 가치 있고 행복하게 해준다. 새로운 사고 방식으로 고정관념을 탈피해야 과거를 뛰어넘고 미래를 만들 수 있다.

42 굳은 의지를 지닌 사람은 절대 패배자가 되지 않는다

미국의 심리학자 윌리엄 제임스는 다음과 같이 말했다.

"이 세상에는 두 종류의 사람이 있다. 하나는 의지가 매우 강한 사람이고 다른 하나는 의지가 아주 약한 사람이다. 후자는 시련에 부딪히면 도망가거나 행동이 크게 위축된다. 타인의 비난을 받으면 쉽게 상처받고 의기소침해한다. 그래서 이들 앞에는 언제나 고통과 실패뿐이다. 그러나 의지가 강한 사람은 절대 이렇게 행동하지 않는다. 의지가 강한 사람들은 아주 다양한 곳에서 찾아볼 수 있다. 이들 중에는 공사 현장에서 육체노동을 하는 사람도 있고, 기업인도 있고, 어머니도 있고, 아버지도 있고, 교사도 있고, 노인도 있고, 젊은이도 있다. 어떻든 이들은 모두 강한 특질을 타고났다. 강한 특질이란 어떤 어려움에 부딪혔을 때 내재된 용기와 잠재력을 발휘하여 외부의 시련에 맞서나갈 수 있는 힘이다."

뉴욕 교외의 작은 마을에 로버트라는 남자아이가 살고 있었다. 로버트는 귀여운 외모에 남자다운 성격을 가진 아이로 아주 강한 의지가 있었다. 또한 로버트는 선천적으로 뛰어난 운동신경을 타고났다. 그러나 로버트는 중학교에 입학한 지 얼마 되지 않아 다리를 절뚝거리기 시작했고, 암이라는 진단을 받았다.

의사는 다리를 절단하는 수술이 불가피하다고 말했다. 로버트는 수술을 받았고 퇴원 후 목발을 짚고 학교로 돌아갔다. 그러나 로버트는 웃음을 잃지 않고 매우 밝은 표정으로 친구들에게 곧 나무로 만든 의족을 달게 될 것이라고 얘기했다.

"의족을 달면 나는 나무다리에 양말을 신기고 압정으로 고정시킬 거야. 아마 너희들은 그렇게 못할걸."

축구 시즌이 시작되자 로버트는 당장 코치를 찾아가 축구팀의 서포터가 되고 싶다고 말했다. 축구 시합에 대비해 몇 주간 연습 게임을 하는 동안 로버트는 하루도 빼놓지 않고 늘 같은 시간에 운동장에 나와 선수들을 응원했다. 그는 코치가 선수들에게 작전을 지시하는 모래 모형판을 늘 잊지 않고 챙겨왔다. 선수들은 모두 로버트의 끈기와 용기에 큰 감동을 받았다.

그러던 어느 날 오후 로버트가 연습 게임에 나오지 않자 코치는 매우 불안했다. 나중에 알고 보니 그날 로버트는 다시 병원에 입원해서 검사를 받았다고 했다. 로버트의 병세가 더 악화되어 폐암으로 전이되었다고 했다. 의사는 로버트의 부모에게 말했다.

"로버트는 앞으로 두 달을 넘기기 힘들 것 같습니다."

　　로버트의 부모는 이 사실을 아들에게 말하지 않기로 결정했다. 그들은 로버트가 삶의 마지막 순간까지 평소와 다름없이 행복하게 지내기를 바랐다.

　　퇴원한 로버트는 다시 축구장으로 돌아왔다. 그는 온 얼굴에 웃음을 가득 머금고 선수들에게 시합에서 이길 수 있도록 응원하고 격려했다. 로버트의 격려에 힘입어 이 학교 축구팀은 전승으로 우승하는 대기록을 세웠다.

　　이들은 승리를 자축하는 파티를 열기로 했다. 그리고 축구팀 선수 전체의 사인이 담긴 축구공을 로버트에게 선물하기로 했다. 그러나 파티는 계획대로 진행되지 못했다. 로버트의 병세가 갑자기 악화되어 그가 파티에 참석하지 못했기 때문이다.

몇 주 후 로버트가 다시 돌아왔다. 그는 이번에 농구 경기를 보러 왔다. 로버트는 안색이 매우 창백했지만 평소와 다름없는 모습이었다. 늘 그랬던 것처럼 그는 밝게 웃으며 친구들과 즐겁게 이야기를 나누었다.

경기가 끝난 후 로버트는 축구부 코치를 찾아갔다. 마침 그 곳에는 축구부원들이 모두 모여 있었다. 코치는 나직한 목소리로 "파티에는 왜 안 왔니?"라고 물었다.

"코치님, 아직 모르세요? 저 요즘에 다이어트 하고 있거든요."

로버트의 환한 웃음은 창백한 그의 얼굴을 무색하게 만들었다.

그때 축구부원 중 한 명이 로버트에게 축구공을 내밀면서 말했다.

"로버트, 우리가 우승할 수 있었던 것은 모두 네 덕분이야!"

로버트는 눈시울이 붉어지면서 작은 목소리로 "고마워"라고 말했다. 코치와 로버트 그리고 축구부원들은 다 함께 다음 시합에 대한 전략을 세웠다. 회의가 끝나자 모두들 집으로 돌아갈 채비를 했다.

로버트는 문 앞에 서서 무언가 결심한 듯한 눈빛으로 천천히 돌아서서 코치와 축구부원들에게 말했다.

"안녕, 얘들아. 코치 님, 안녕히 계세요."

코치가 물었다.

"로버트, 그 말은 내일 다시 만나자는 뜻이지? 그렇지?"

로버트는 환하게 미소 지으며 말했다.

"제 걱정은 마세요. 전 괜찮으니까요."

이틀 후 로버트는 세상을 떠났다.

사실 로버트는 자신이 얼마 살지 못한다는 것을 알고 있었다. 그러나 그는 강한 의지와 긍정적인 사고방식을 발휘하여 그 사실을 침착하게 받아들였다. 로버트는 이 비극적인 사실을 알고 난 후 자신의 남은 삶을 다양하고 새로운 체험의 시간으로 만들었다. 그는 위기를 느낀 타조가 모래 속에 얼굴을 파묻으며 그 순간을 회피하려는 것과 달리 모든 것을 운명으로 받아들였다. 그러나 그는 절대 병마 앞에 무릎 꿇지 않았다.

비록 로버트의 삶은 아주 짧았지만 그는 그 짧은 시간을 완전히 자기 것으로 만들었다. 그의 용기와 믿음과 미소는 영원히 그를 아는 사람들의 마음속에 간직될 것이다.

이렇게 강한 의지를 지닌 사람이 짧은 인생을 마감했다고 해서 그가 과연 인생에 실패했다고 말할 수 있을까?

THE WISDOM OF LIFE

자신의 능력을 정확히 파악하고 자신 있게 행동하는 사람은 아무 것도 두려울 것이 없다. 이들은 자신의 생명을 매우 소중히 여기지만 죽음을 두려워하지는 않는다. 이들은 어떤 시련에도 무릎 꿇지 않기 때문에 영원히 실패하지 않는다. 그리고 어떤 상황이든 자신에게 유리하게 만들어낼 수 있다.

43 의지는
성공의 열쇠이다

독일의 시인 괴테가 말했다.

"청소년 시기에 확고한 의지를 가지고 일을 도모해야 중년 이후에 성
공할 수 있다."

그러자 한 노인이 반문했다.

"나는 예순 살이 넘었지만 아직 성공하지 못했소. 그렇다면 내가 목표
를 세우지 않았기 때문이란 말이오?"

괴테는 웃으며 대답했다.

"당신이 목표를 너무 많이 세운 것은 아닙니까? 스스로에게 한번 물어
보시지요."

그렇다. 목표를 세우는 일은 반드시 청소년에게 해당되는 것이 아니
다. 아직 목표가 없는 중년이라도 늦지 않다. 가장 안타까운 것은 평생 목

표 없이 사는 사람이다.

탐 뎀프시는 태어날 때부터 신체적 장애가 있었다. 그는 왼쪽 다리가 없었고 오른손은 기형이었다. 그러나 뎀프시의 부모는 아들이 신체장애 때문에 마음이 병드는 것을 원치 않았다. 그래서 그들은 아들을 강하게 키웠다. 뎀프시는 신체 건강한 보통의 남자아이들이 할 수 있는 일은 뭐든지 할 수 있었다. 예를 들어 또래의 보이스카우트 대원들이 4킬로미터를 행군하면 뎀프시도 똑같이 4킬로미터를 완주했다.

후에 뎀프시는 럭비를 배웠다. 그는 럭비 경기를 하면서 자신이 다른 아이들보다 훨씬 더 멀리 공을 찰 수 있다는 사실을 발견했다. 그래서 그는 부모님에게 부탁하여 자신의 발에 맞는 럭비화를 특별 제작했다. 그리고 럭비선수 선발 테스트에 참가했고 합격했다.

그러나 담당 코치는 최대한 완곡한 표현을 써가며 그에게 "프로 럭비 선수가 되기는 힘들다"라고 말하면서 다른 일을 찾아보라고 권유했다. 그래서 그는 다른 팀에서 기회를 찾아보기로 했다. 뎀프시는 뉴오리건주 세인트팀에 입단 신청서를 내고 감독을 찾아가 기회를 달라고 간청했다. 감독은 반신반의했지만 뎀프시가 워낙 자신 있게 말하는 바람에 마음이 움직였다.

2주 후 감독은 뎀프시가 아주 마음에 들기 시작했다. 친선경기에서 뎀프시가 찬 공이 55야드를 날아가 득점했기 때문이다. 이 일을 계기로 뎀프시는 세인트팀의 정식 선수가 되었고 한 시즌에 99점을 득점했다.

그리고 드디어 뎀프시에게 인생 최고의 날이 왔다. 이날 경기장에 모인 럭비팬은 6만 6천명에 달했다. 공은 28야드 선상에 있었고 이제 경기

는 몇 초밖에 남지 않은 상황이었다.

　세인트팀은 공을 45야드 선까지 밀고 나갔다. 이때 감독이 큰소리로 외쳤다.

　"뎀프시, 경기장으로 들어가!"

　경기장으로 들어가는 뎀프시의 머릿속에는 득점 선까지 55야드가 남았다는 생각뿐이었다. 마침내 기회가 왔고 뎀프시는 있는 힘껏 공을 찼다. 공은 곧게 뻗어나갔다. 공이 얼마나 날아갈 수 있을까? 6만 6천 관중은 숨을 죽이고 뎀프시가 찬 공을 지켜보았다.

　공이 골대 위로 아슬아슬하게 넘어가자 득점 선에 서 있던 심판이 양손을 번쩍 들어 3점을 표시했다. 결국 세인트팀은 19대 17로 승리했다. 6만 6천 관중은 역사상 최장거리 골로 기록된 뎀프시의 골에 홍분하며 미친 듯이 환호했다. 더구나 이것은 왼쪽 다리도 없고 오른손이 기형인 장애 선수가 넣은 골이었다.

"정말 믿을 수 없어."

사람들은 탄성을 질렀지만 뎀프시는 조용히 미소 지으며 부모님을 생각했다. 부모님은 항상 그에게 말해주었다.

"넌 뭐든지 할 수 있다. 네가 할 수 없는 일은 없단다."

그는 자신이 만들어낸 위대한 기록에 대해 "나의 부모님은 나에게 어떤 일이든 할 수 없을 거라는 말씀을 한 적이 단 한 번도 없습니다"라고 말했다.

THE WISDOM OF LIFE

자신이 어떤 모습으로 성공할지 구체적으로 그려보라. 당신은 반드시 그 모습 그대로 성공할 수 있다. 성공에 대한 강렬한 의지만 있으면 누구나 그 꿈을 이룰 수 있다. 의지가 성공의 열쇠라는 사실을 잊지 마라.

44 자신의 인생은
자신의 방식대로 개척해야한다

아프리카 빈민 출신인 A는 자신이 존경했던 에이브러햄 링컨과 부커 T.워싱턴처럼 스스로 삶을 개척하여 모두가 불가능하다고 여겼던 일을 현실로 만들어냈다.

그의 성공 비결은 다소 무모하고 집착에 가까운 용감한 도전정신에 있었다. 그의 도전정신은 어두운 바다에서 밝게 빛나는 등대와 같이 그가 자신의 삶을 개척할 수 있도록 밝은 빛을 밝혀주었다.

A는 아프리카의 가난한 하층민 집안에서 태어난 평범한 소년이었다. 어린 시절 그는 다른 아프리카 아이들처럼 공부는 시간 낭비일 뿐이라고 생각했다. 그러던 어느 날 이 마을에 포교 활동을 온 전도사로부터 링컨과 워싱턴에 대한 이야기를 들었다. 그리고 A는 전도사에게 평생 목숨보다 소중히 여긴 두 권의 책 『성경』과 『지혜의 여정』을 선물받았다. 이 책

은 마치 알라딘의 램프처럼 그의 찬란한 꿈과 이상에 불을 붙였다.

"나는 내 방식으로 삶을 개척하겠다."

이때부터 A는 자신이 링컨처럼 가난과 온갖 어려움을 극복하고 위대한 인물이 되는 꿈을 꾸기 시작했다.

1958년 10월, A는 마침내 굳은 결심을 했다. 5일치 식량과 그의 '보물'인 책 두 권, 그리고 간단한 호신용 손도끼와 담요만 가지고 배움을 찾아 길을 찾아 떠난 것이다.

A는 아직 어디로 가야 할지 정하지 못했다. 어느 대학에서 자신을 받아줄지도 알 수 없었다. 무조건 미국으로 가야 한다는 생각뿐이었다. 카이로에서 워싱턴까지는 3천 마일이 넘는 거리였지만 그는 오직 자신만의 방식으로 삶을 개척하겠다는 신념으로 기나긴 여정에 발을 내딛었다.

몸이 너무 힘들고 지쳐 마음이 약해지면서 몇 번이나 포기하고 싶었는지 모른다. A는 그때마다 생각했다.

"이렇게 끝이 보이지 않는 멍청한 모험을 하는 것보다 집으로 돌아가는 것이 나을지 몰라."

그러나 A는 집으로 돌아가지 않았다. 그는 집으로 돌아가고 싶은 생각이 들 때마다 이미 몇 번이나 읽었던 『성경』과 『지혜의 여정』을 펼쳤다. 그러면 다시 자신감과 목표에 대한 확신이 생겼고 계속해서 전진할 수 있었다.

A는 1960년 1월 19일까지 15개월 동안 거의 쉬지 않고 천 마일을 걸어서 우간다의 수도 캄팔라에 도착했다. 15개월 동안 온갖 고초를 겪었지만 그는 아직 건강했고 그동안 삶에 대한 많은 경험과 지혜를 쌓았다. 그는 캄팔라에서 온갖 잡일로 생계를 유지하며 6개월 동안 머물렀다. 그리고 시간이 날 때마다 도서관에 가서 끝없는 학구열을 불태웠다.

어느 날 그는 도서관에서 멋진 사진과 문장이 가득한 미국의 대학 소개서를 발견했다. 그중 그의 시선을 사로잡는 사진이 한 장 있었다. 그 사진에는 웅장하면서도 활기가 넘치는 대학 캠퍼스가 담겨 있었다. 짙푸른 하늘 아래 아름다운 분수와 풀밭이 펼쳐져 있었다. 이 사진은 배움에 목말라 있는 A의 영혼을 완전히 사로잡았다.

A는 당장 워싱턴 시애틀 교외에 있는 스카짓 밸리 대학에 입학 신청서를 보냈다. 이것은 거의 불가능한 일이었지만 그는 망설이지 않고 곧바로 대학 입학처장에게 편지를 썼다. 그는 편지 안에 자신의 상황을 설명하고 그 학교에 입학하고 싶으며 가능하면 장학금도 받기를 원한다고 썼다.

그는 스카짓 밸리 대학에서 자신의 요청을 받아들여주지 않을 수도 있

다고 생각하여 자신이 가진 돈으로 가능한 많은 학교에 신청서와 간곡한
바람을 담은 편지를 보냈다.

정성과 의지는 대단한 잠재력을 지니고 있다. 스카짓 밸리 대학의 입
학처장은 이 젊은이의 굳은 의지에 깊이 감동하여 입학을 허가함은 물론,
장학금뿐만 아니라 그가 대학 생활에 필요한 생활비를 충당할 수 있도록
일자리까지 마련해주었다.

1960년 12월, 장장 2년이 넘는 긴 여정 끝에 A는 드디어 스카짓 밸리 대
학에 도착했다. 그는 『성경』과 『지혜의 여정』을 가슴에 품고 당당하게 대
학 정문을 통과했다.

A는 대학을 졸업한 후에도 배움에 대한 열정의 고삐를 늦추지 않았다.
그는 대학원에 진학했고 훗날 영국 캠브리지 대학의 정치학 교수가 되었
다. 또한 그는 많은 독자들로부터 사랑받는 작가가 되었다.

THE WISDOM OF LIFE

자신만의 방식으로 삶을 개척한다는 것은 평범하고 편안한 삶을 거부하고 온갖 모험과 고
난에 도전하여 위대한 성공을 만들어내겠다는 것을 의미한다. 고지식하고 틀에 박힌 삶은
자기도 모르는 사이 자신을 더 큰 위기와 고난에 빠뜨릴 수 있다. 당신은 어떤 삶을 선택
하겠는가?

45 환상을 좇는 마음보다 당장 행동할 수 있는 자세가 중요하다

세상에는 두 가지 종류의 사람이 있다. 하나는 항상 환상에 빠져 평생 행동하지 못하는 사람이다. 다른 하나는 자신의 생각을 구체적인 계획을 세워 과감히 행동으로 옮기는 사람이다.

당신은 어느 쪽에 속하는가? 자신의 경험을 뒤돌아보면 답은 금방 찾을 수 있다.

위의 두 가지 부류 중 어느 쪽이 정답인지 모르는 사람은 없을 것이다. 그러나 그 중요성을 인식하지 못하는 사람이 대부분이다. 대부분의 실패 자들은 그 원인을 외부 탓으로 돌리고 자신에게는 아무 문제가 없다고 생각한다. 이런 실패자 중에는 현실과 동떨어진 환상을 꿈꾸는 사람들이 많다. 이들은 볼 수도 만질 수도 없는 무언가에 마음을 빼앗긴다. 그러나 그 무언가가 무엇인지는 스스로도 잘 알지 못한다. 이들은 항상 자신이 꿈꾸는 것은 모두 이룰 수 있다고 생각한다. 그리고 세상 사람들이 자신의 성공을 부러워하게 될 것이라고 믿는다.

불행히도 우리 주변에는 이런 사람들이 아주 많다. 어쩌면 당신도 예외가 아닐 것이다. 하루 종일 머릿속에서만 자신의 미래를 설계하는 사람은 발전할 수 없다. 우리는 '마음'을 움직이는 능력이 아니라 '몸'을 움직이는 능력을 키워야 한다.

'인생은 자신이 생각하는 대로 만들어진다'라는 명언이 있다. 물론 틀린 말은 아니다. 그러나 실제로 이렇게 할 수 있는 사람은 극소수이다. 대부분은 자신의 이상을 머릿속에만 가두어두고 행동으로 표현하지 않기 때문이다. 머릿속에만 맴도는 이상과 꿈은 현실 속에서는 아무 의미가 없다. 비록 실천 능력이 다소 떨어지더라도 생각이 깊은 사람은 생각 없이 '몸'만 움직이는 사람보다는 훌륭하다. 그러나 결국 최종 목표에 도달하지 못하기는 마찬가지이다.

'백 번 생각하는 것보다 한 번 행동하는 것이 낫다'라는 말이 있다. 행동은 자아를 발견하고 계발할 수 있는 유일한 방법이며 이것은 곧 한 사람의 잠재능력을 가늠할 수 있는 기준이 된다. 머리로 생각만 하거나 입으로 떠들어대기만 하는 것은 모두 진실성이 없으며 현실적으로 별 의미가 없다.

미국의 성공학자 제퍼슨은 "행동 하나만 봐도 그 사람의 약점과 장점이 무엇인지 충분히 파악할 수 있다. 행동하는 사람은 너무 늦지 않게 인생의 돌파구를 찾아낼 수 있다"라고 말했다.

위대한 인물들은 대부분 과감하고 치밀하게 자신의 계획을 실천한 행동철학의 대가였다. 이러한 예는 너무 많아 일일이 다 열거할 수 없을 정도이다. 성공이란 바로 자신의 머릿속에 그려진 꿈과 이상을 행동으로 완성하는 것이다.

어린 시절의 가난을 이겨내고 크게 성공한 화교가 있었다. 어느 날 그는 학교에서 돌아오자마자 어머니에게 물었다.

"다른 애들은 아침마다 아빠가 자동차로 데려다주는데, 나는 왜 매일 걸어다녀야 해요?"

어머니는 슬픈 표정으로 대답했다.

"우리는 가난하기 때문이란다."

"우리는 왜 가난해요?"

"얘야, 잘 들어보렴. 네 할아버지의 아버지는 아주 가난한 선비였단다. 그러나 십 년 동안 열심히 공부한 끝에 마침내 과거에 장원급제하셨고 정이품 관직에까지 올라 재산도 많이 모으셨단다. 그러나 네 할아버지는 늘 빈둥거리며 놀기만 좋아하고 전혀 노력할 줄 모르는 분이셨단다. 아무리 재산이 많아도 놀고먹으면서 까먹는 것은 순식간이란다. 네 할아버지는 평생 스스로 한 일이 아무 것도 없으셨으니 집안이 망한 것은 당연한 결과였다. 네 아버지는 그렇게 몰락한 집안에서 태어나 전쟁까지 겪어야 했으니 평생 좋은 시절 한번 겪어보지 못한 것을 내내 한스러워하셨단다. 네 아버지는 군인이 되자니 전쟁에 나가는 것이 무섭고 장사를 하자니 잘못해서 망할까봐 겁이 나서 평생 아무 것도 하지 못하고 그렇게 한만 품은 채 세상을 떠나셨다. 네 아버지가 세상을 떠나기 전에 마지막으로 남긴 말이 있단다. '작은 물고기는 큰 물고기에게 잡아먹히고, 느린 물고기는 빠른 물고기에게 잡아먹힌다' 란다. 아들아, 우리 집안은 너에게 달려 있다. 확실한 생각이 떠오르면 곧바로 행동해야 한다. 세상에 부딪히고 남들과 경쟁하면서 더 큰 능력을 키울 수 있단다. 그렇게 꾸준히 자신을 발전시켜야 성공할 수 있다."

이 화교는 어머니의 말을 가슴속에 깊이 새겼다. 그리고 아버지가 남긴 열 평 남짓한 땅과 낡은 시골집을 밑천으로 장사를 시작하여 지금은 「포춘」이 선정한 화교 갑부 5위에 오를 만큼 성공했다. 이 화교는 자서전 첫머리에 이렇게 적었다.

"어떤 생각이 떠올랐다면 그것이 곧 기회이니 곧바로 행동하라. 쉬지 않고 노력하는 사람만이 한 발 앞서 성공에 도달할 것이다."

당신은 머릿속으로 이미 수십 번도 넘게 자신의 아름다운 미래를 그려 보았을 것이다. 그러나 미래를 꿈꾸는 일에는 수많은 고민과 걱정이 뒤따른다. 이런 문제 때문에 꾸물거리며 행동하지 못하는 것이다. 그리고 더 좋은 방법을 찾는다는 핑계를 대거나 "놔두었다가 내일 다시 하지, 뭐" 라고 말할지도 모른다. 이런 사람은 성공에서 점점 멀어진다.

성공하고 싶다면 곧바로 행동하라. 아무리 훌륭한 계획도 머릿속에만 있으면 아무 소용없다. 설계도가 아무리 멋진 집이라도 짓지 않으면 초가집보다 못하다.

미국의 해안 경비대 주방에서 일하는 한 요리사가 있었다. 그는 '목표가 확실해지면 곧바로 행동해야 한다' 는 인생철학을 가지고 있었다. 그는 쉬는 시간에 동료들을 대신해서 연애편지를 써주곤 했는데, 그러는 동안 글쓰기의 매력에 푹 빠져들었다. 결국 그는 2~3년 안에 장편 소설을 쓰는 목표를 세웠다. 그리고 언제나처럼 당장 계획을 실천했다. 다른 친구들이 퇴근하고 밤마다 클럽에 가서 유흥을 즐기는 동안 그는 집안에 틀어박혀 글쓰기를 멈추지 않았다. 이렇게 8년이 지난 어느 날 그는 드디어 한 잡지에 자신의 작품을 발표했다. 그러나 그의 첫 작품은 크게 인정받지는 못했다. 원고료도 겨우 100달러였다. 그러나 그는 상심하지 않았다. 오히려 이 경험을 통해 자신에게 무한한 잠재력이 있음을 확신했다.

그는 즉시 경비대 일을 그만두고 글쓰기에 매진했다. 원고료 수입이 얼마 되지 않았기 때문에 그의 삶은 아주 궁핍해졌다. 점점 빚이 늘어났고 가끔 빵을 살 돈조차 없었다. 그러나 그는 아무리 어려운 상황에서도 글쓰기를 포기하지 않았다. 친구들은 그가 이렇게 고생하는 것을 보고 안타까운 마음에 일자리를 소개해주었다. 그러나 그는 "나는 반드시 작가로 성공할 거라네. 그러기 위해서는 계속해서 글을 써야 하네"라고 말하며 친구들의 호의를 거절했다.

이렇게 몇 년이 더 지나고 드디어 그는 꿈에 그리던 소설을 완성했다. 그는 이 소설을 쓰기 위해 장장 12년 동안 힘겨운 고통과 시련을 참아냈다. 그는 오랫동안 글쓰기에 몰두하느라 손가락이 기형적으로 변하고 시력도 크게 떨어졌다.

그러나 그는 확실히 성공했다. 그의 소설은 출판되자마자 엄청난 반향을 일으켰다. 미국에서만 정장본 160만 부, 페이퍼북 370만 부가 팔려나갔다. 그리고 시나리오로 편집되어 텔레비전 드라마로 재탄생했고 1억 3

천만 명이 이 드라마를 시청했다. 이 드라마는 역사상 최고 시청률을 기록하기도 했다. 그는 그해 퓰리처상을 수상했고, 500만 달러가 넘는 수익을 벌어들였다.

이 작가의 이름은 헤일리이고 그가 12년간 온갖 시련을 이겨내며 완성한 작품은 『뿌리』라는 제목으로 우리 곁에 존재하고 있다. 헤일리는 다음과 같이 말했다.

"성공으로 향하는 유일한 지름길은 '당장' 행동하는 것뿐이다. 목표를 정했으면 자신을 의심하지 말고 끊임없이 노력하라. 이 세상에 당신을 하루아침에 성공자로 만들어줄 신비한 비법 따위는 존재하지 않는다. 이상과 자신감을 겸비한 사람은 어떤 시련도 이겨낼 수 있다."

THE WISDOM OF LIFE

마음을 움직이기보다는 몸을 움직여야 한다. 마음의 움직임은 당신을 하루 종일 환상에 묶어둘 뿐이다. 몸을 움직여야 더 빨리 성공에 도달할 수 있다. 우리에게 필요한 것은 환상을 좇는 마음이 아니라 과감한 행동이다.

46 타인에게 의지하지 말고 스스로 계획하고 결정하라

성공한 사람들은 기회가 지나가버리기 전에 곧바로 결단을 내려 그 기회를 자기 것으로 만든다. 이들은 다른 사람이 자기 대신 선택을 내려줄 것이라고 기대하지 않는다. 자신의 일은 스스로 판단하고 스스로 계획한다. 그리고 목표를 세운 후에는 의심하지 않고 과감하게 행동한다. 스스로 계획하고 결정할 수 있는 사람은 자신이 원하는 것은 무엇이든 이룰 수 있다. 반대로 항상 다른 사람의 의견에 좌지우지되는 사람은 자신이 무엇을 원하는지조차 알지 못한다.

개구리들이 모여 누가 가장 먼저 탑 꼭대기에 오르는지 시합을 열었다. 시합을 구경하려는 개구리들로 탑 주변은 발 디딜 틈이 없었다.

시합이 시작되었으나 개구리들은 탑 꼭대기에 오르는 일에 대해 매우 회의적이었다. 그들은 투덜거렸다.

"이건 말도 안 돼. 저 탑은 너무 높잖아. 개구리가 어떻게 저렇게 높이 올라갈 수 있단 말이야?"

여기저기에서 이런 말이 들려오자 시합에 참가한 개구리들은 하나 둘기가 죽어 시합을 포기했다. 그러나 그중 한 개구리는 주변에서 하는 말에 전혀 개의치 않고 계속해서 위로 올라가기 위해 애쓰고 있었다.

구경하는 개구리들은 계속해서 외쳤다.

"이건 너무 힘든 일이야. 개구리가 저 탑에 오르는 건 불가능해."

결국 시합에 참가했던 개구리들은 모두 도전을 포기하고 말았다.

그러나 오직 한 마리만이 계속해서 위로 올라가기 위해 안간힘을 쓰고 있었다.

드디어 시합이 끝났다. 혼자 남은 개구리는 대단한 의지력을 발휘하며 끝까지 포기하지 않았고 결국 탑 꼭대기에 올랐다.

개구리들은 눈앞에서 기적을 직접 목격하고도 이해할 수 없는 것이 하나 있었다. 그 개구리는 어떻게 주변 상황에 전혀 개의치 않고 계속해서 위로 올라갈 수 있었는지, 어떻게 목표에 도달할 때까지 포기하지 않을 수 있었는지 궁금했다. 개구리들은 우승한 개구리를 에워싸고 이것저것 묻기 시작했다. 그 순간 개구리들의 모든 궁금증이 풀렸다. 우승한 개구리는 귀머거리였던 것이다.

당신은 성공을 향해 가겠는가, 아니면 다른 사람의 말을 따라가겠는가? 만약 누군가 당신에게 '너는 절대 네 꿈을 이룰 수 없어'라고 말할 때 가장 좋은 방법은 귀머거리가 되는 것이다. 그리고 스스로 자신의 운명을 결정하라.

　사람들이 가장 쉽게 물드는 나쁜 습관이 있다. 이미 심사숙고하여 철저한 계획을 세워두고도 마지막 결단을 내리지 못하거나 과감히 행동으로 옮기지 못하고 주저하는 태도이다. 그리고 계속해서 이 사람 저 사람 붙잡고 어떻게 해야 할지 묻는다. 그러나 사람들의 조언은 모두 제각각 다르고 생각이 너무 많아져 도대체 어느 것이 옳은지 분간할 수 없게 된다. 이렇게 에너지가 분산되기 시작하면 제대로 시작해보지도 못하고 실패자가 된다. 그러므로 어떤 일을 하든지 스스로 계획하고 결정하는 습관을 기르는 것이 아주 중요하다.

　주관적인 생각, 계획, 자신감을 가진 사람은 자신의 일을 다른 사람이 대신 생각하고 결정 내려주기를 바라지 않는다. 물론 이들이 생각하고 계획하는 것이 가장 뛰어나다고는 할 수 없다. 그러나 이들은 전후사정을 세밀히 분석할 줄 안다. 사령관이 전쟁을 개시하기 전에 전쟁이 일어날 지역의 지형과 비행 조건 등을 면밀히 분석한 후 완벽한 전략을 세우고 공격을 개시하는 것과 같은 이치이다.

　또렷한 정신과 과감한 판단력을 지닌 사람은 의지가 굳고 애매모호하거나 불확실하게 대충 일을 넘기거나 비겁한 수단으로 부당한 이득을 취하지 않는다. 이들은 한 번 결정하면 절대 주저하거나 방황하지 않고, 의심하거나 의문을 갖지 않는다. 또한 일시적인 감정으로 경솔하게 행동하여 공든 탑을 무너뜨리지도 않는다. 완벽한 계획을 세우고 생각이 정해지면 주변 상황에 영향을 받거나 흔들리지 않는다.

　어떤 일이든 정확한 판단이 섰으면 곧바로 계획하고 행동해야 한다.

정확한 계획을 세우느냐 마느냐는 일의 성패에 가장 큰 영향을 끼친다. 정확한 계획과 판단은 정확하고 총체적인 정보를 바탕으로 이루어진다. 만약 당신이 세운 계획이 지엽적이거나 불확실한 정보를 바탕으로 세워졌다면 절대 성공할 수 없다. 물론 계획을 세우는 일이 말처럼 쉽고 간단한 일은 아니지만 다른 사람에게 맡기거나 의지하지 말고 스스로 해결해야 한다.

지금 이 순간부터는 어느 누구도 나에게 이렇게 해라 저렇게 해라라고 말할 수 없도록, 내가 하는 일에 그 어떤 주변 사람도 영향을 끼치지 못하게 철저히 막아야 한다. 스스로 계획을 세우려면 물론 수많은 어려움을 극복해야 한다. 이 과정에서 과거의 경험과 내가 습득한 지식은 큰 도움이 될 수 있다. 그러므로 더 많이 경험하고 부지런히 배워야 한다.

THE WISDOM OF LIFE

자신의 행동이 타인의 관점에 의해 좌우된다면 이것은 분명 고쳐야 할 나쁜 습관이다. 자신의 일은 스스로 계획하고 결정할 수 있어야 한다. 이것은 성공의 기본 조건이다.

47 다른 사람의 시선을 의식하지 마라

로버츠는 키 158센티미터에 몸무게 66킬로그램의 신체조건을 가지고 있다. 현대사회에서 로버츠와 같은 몸매를 가진 여성은 어디에서도 환영받기 힘들다. 로버츠는 지금까지 딱 한 번 미용실에 간 적이 있었다. 당시 헤어디자이너는 로버츠에게 그녀의 얼굴은 어떤 헤어스타일을 해도 어울리기 힘들다며 투덜거렸다. 로버츠의 얼굴 골격이 너무 크고 지방도 많다고 말했다. 그러나 로버츠는 이런 모욕에도 상심하지 않았다. 그녀는 외모지상주의에 절대 무릎 꿇지 않았다. 로버츠는 언제나 자기 일에 최선을 다하고 자신 있고 당당하게, 쿨하고 유쾌하게 생활했다.

로버츠는 체육 전문 신문사에서 일하고 있다. 그 덕분에 그녀는 일반 사람들은 평생 한 번 가보기도 힘든 곳을 돌아다닐 수 있었다. 그녀는 올해 열리는 이탈리아 프로축구 1부 리그인 세리에 A의 전 경기를 전담 취재하게 되었다. 그중 전 세계인의 이목을 집중시키는 AC밀란 대 인터밀란의 대격돌을 취재하기 위해 로버츠는 밀라노 산시로 경기장으로 갔다. 바로 그곳에서 그녀는 평생 잊지 못할 경험을 하게 되었다. 이 경험으로 그녀는 세상에 순응하는 법을 깨달았고 다른 사람보다 우월해 보이기 위해 애쓰는 것이 얼마나 바보 같은 일인지 알게 되었다.

로버츠는 산시노 경기장의 관중 분위기를 모니터하다가 자기보다 더 작고 뚱뚱한 여자가 아주 정성껏 꾸미고 앉아 있는 모습을 발견했다. 그 여자는 높고 챙 넓은 화려한 모자에, 분홍색 리본이 달린 이브닝드레스를 입고, 팔꿈치까지 올라오는 하얀색 장갑을 낀 손에 뾰족한 지팡이를 들고 있었다. 그녀가 지팡이 위에 발을 올렸을 때, 지팡이는 그녀의 몸무게에게 뿜어내는 힘을 받아 의자 사이 틈으로 아주 깊숙이 박혀버렸다. 지팡이는 너무 깊숙이 박혀 쉽게 뽑히지 않았다. 그녀는 온힘을 다해 지팡이를 빼내려 안간힘을 썼고 그 바람에 눈물이 맺힐 지경이었다. 그녀는 몇 번인가 힘을 쓰다가 간신히 지팡이를 뽑아냈으나 그와 동시에 손에 지팡이를 들고 그대로 땅바닥에 넘어지고 말았다.

로버츠는 그녀가 넘어지는 것을 보면서 그 자리를 떠났다. 그녀는 아마도 오늘 하루를 완전히 망쳤다고 생각할 것이다. 그녀는 오늘 열정적이고 멋진 축구 경기를 보려는 기대에 부풀어 그 자리에 앉았을 것이다. 이렇게 많은 관중들 앞에서 망신을 당하게 되리라고는 전혀 상상하지 못했을 것이다. 물론 관중들은 잠시 후면 그녀의 일을 까맣게 잊어버릴 것이다. 그러나 그녀의 마음속에는 영원히 지울 수 없는 깊은 상처가 남을 것이며 그녀는 눈물을 흘리며 스스로를 완벽한 실패자라고 생각할 것이다.

로버츠에게도 이와 비슷한 상처를 받은 경험이 있었다. 당시 그녀는 아무도 자신의 행동에 깊은 관심을 기울이지 않는다는 사실을 알지 못했다. 그동안 로버츠는 다른 사람들이 자신을 어떻게 생각하고 있는지 시험해보곤 했다. 그러고 나서야 그녀는 주변의 친구나 동료들이 자신과 관계된 일들을 거의 기억하고 있지 않다는 것을 알게 되었다.

로버츠에게 상처로 기억되는 그 사건은 생애 첫 댄스파티에서 일어났다. 댄스파티는 사회에 첫발을 내딛는 여자들에게 있어 아주 환상적이고 아름다운 경험이 아닐 수 없다. 이것은 물론 그다지 읽을 가치도 없는 싸구려 잡지에 나온 표현이지만 전혀 틀린 말이라고는 할 수 없었다. 그때는 커다란 큐빅 귀고리가 아주 유행했는데, 로버츠도 이 성대한 댄스파티에 참가할 때 이 귀고리를 착용하기로 했다. 그러나 매일 커다란 귀고리를 하고 춤 연습을 하다 보니 나중에는 귀가 너무 아파왔다. 귓구멍이 귀고리 무게를 이기지 못했던 것이다. 로버츠는 어쩔 수 없이 귓구멍 자리에 연고를 붙여야 했다. 이 연고 때문인지 아닌지는 확실치 않지만 어떻든 댄스파티 내내 로버츠에게 춤을 청하는 남자는 한 명도 없었다. 로버츠는 댄스파티가 끝날 때까지 의자에 혼자 앉아 있어야 했다.

그러나 로버츠는 집에 돌아와 그녀를 기다리고 있던 부모님에게 "오늘 댄스파티는 너무 재미있었어요. 춤을 너무 많이 췄더니 발이 아파 죽겠어요"라고 말했다. 로버츠의 부모님은 딸이 즐거워하는 모습을 보고 자신들도 기뻐하며 침실로 들어갔다. 로버츠는 자기 방으로 들어가자마자 귀에 붙인 연고를 떼어내고 이불을 뒤집어쓴 채 밤새도록 울었다. 그날 이후 그녀는 밤마다 혹시 지금 그 댄스파티에 왔었던 아이들 중 누군가가 부모님에게 '로버츠에게 춤을 청하는 사람은 아무도 없었어요' 라고 말하고 있는 것은 아닐까 불안했다.

어느 날 로버츠는 공원 벤치에 혼자 앉아 있다가 갑자기 '혹시 나를 아는 누군가가 이곳을 지나가면서 이렇게 혼자 앉아 있는 나를 불쌍하게 생각하거나 아니면 바보라고 여기지 않을까?' 라는 생각이 들었다. 그녀는 일부러 책 읽는 척이라도 하려고 당장 손에 들고 있던 프랑스 단편 소설집을 펼쳤다. 이 소설에는 항상 현실을 생각하지 않고 환상적인 미래만을 꿈꾸는 여자가 나왔다. 로버츠는 소설을 읽으면서 '나도 이 여자와 다르지 않잖아?' 라는 생각이 들었다. 소설 속의 여자는 하루 종일 어떻게 해야 다른 사람들에게 좋게 보일 수 있을까 고민하느라 정작 자기가 원하는 것이 무엇인지는 전혀 생각하지 못한다.

이 순간 로버츠는 자신이 20년 가까이 해온 무의미한 걱정을 벗어던지기로 했다. 그녀는 20년 가까이 다른 사람의 눈에 들기 위해 노력했지만 아무 효과도 없었다. 왜냐면 아무도 그녀에게 자신에게 관심을 기울이는 것만큼 큰 관심을 기울이지 않기 때문이다.

THE WISDOM OF LIFE

나는 내 길을 갈 뿐이다. 다른 사람이 뭐라고 하든 신경 쓰지 마라. 다른 사람의 평가와 시선을 의식하고 사는 사람은 항상 피곤하고 아무리 노력해도 자신이 바보 같다는 생각을 떨쳐버릴 수 없다. 자신의 삶을 즐기는 사람은 남들이 하는 말에 신경 쓰지 않는다. 자기 스스로 만족스럽고 즐거우면 그것이 행복이다.

48 똑똑한 것이 지나치면 어리석음만 못하다

항상 자신이 남들보다 똑똑하고 옳으며, 훌륭하고 고상하다고 여기는 사람은 자기 꾀에 자기가 넘어가기 쉽다. 때로는 너무 똑똑한 것이 어리석음만 못하다.

아빠와 아이가 함께 동물원에 놀러 갔다. 아빠는 우리 안에 있는 원숭이를 가리키며 아이에게 물었다.

"얘야, 저 동물이 무엇인지 아니?"

아이는 펄펄 날뛰는 원숭이를 보며 "모르겠어요"라고 대답했다.

"잘 기억해두렴. 저건 원숭이라고 하는데, 우리 인간을 즐겁게 해주려고 존재하는 동물이란다."

"그걸 어떻게 알아요?"

"자, 잘 보렴."

아빠는 주머니에서 땅콩을 하나 꺼내 우리 안에 있는 큰 원숭이의 등 뒤로 던졌다. 원숭이는 깜짝 놀라 뒤를 돌아보고는 잠시 주저하는 듯하더니 입으로 땅콩을 주웠다. 그리고 다시 발로 땅콩을 잡고 껍질을 까서 입 속에 넣었다. 그냥 발로 집으면 될 것을 입으로 주워서 발로 옮기는 모습이 아주 바보스럽고 우스꽝스러웠다. 아이는 "정말 웃겨요"라고 말하며 웃음을 터뜨렸다. 아빠도 원숭이의 우스꽝스러운 행동이 재미있어서 원숭이 등 뒤로 땅콩을 하나 더 던졌고, 원숭이는 방금 했던 그대로 몸을 돌려 허둥지둥 뛰어가 입으로 땅콩을 집었다. 그리고 역시 발로 껍질을 까서 다시 입으로 집어넣었다. 아빠는 신이 나서 계속 땅콩을 던졌고 원숭이도 계속해서 똑같은 행동을 반복했다. 원숭이는 땅콩을 입으로 집어 껍질을 까서 자기가 먹기도 하고 뒤에 있는 아기 원숭이에게 먹이기도 했다. 잠시 후 땅콩을 모두 던져버리고 나자 아빠와 아이는 아쉬워하며 집으로 돌아갔다.

돌아가는 길에 아이가 아빠에게 물었다.

"왜 땅콩을 원숭이 등 뒤로 던졌어요?"

"원숭이를 정신없이 허둥지둥 왔다갔다하게 만들어야 더 재미있지 않겠니?"

아빠는 아주 자신 있게 대답했다.

"와, 아빠는 정말 대단해요!"

아이가 감탄하며 말했다.

아빠가 말했다.

"원숭이는 자신이 대단히 똑똑하다고 생각하지만 사실 사람들의 장난

감에 불과하거든. 하지만 원숭이는 이런 사실을 절대 알지 못할 테니 정말 불쌍하지 뭐냐!"

한편, 동물원의 엄마 원숭이는 우리 밖에 있는 사람들을 가리키며 아기 원숭이에게 물었다.

"얘야, 저 동물을 뭐라고 부르는 줄 아니?"

아기 원숭이는 열심히 손짓, 발짓하고 있는 사람을 쳐다보며 "모르겠어요"라고 대답했다.

엄마 원숭이는 아기 원숭이에게 말했다.

"잘 기억해두렴. 저건 인간이라고 하는데, 우리 원숭이를 즐겁게 해주려고 존재하는 동물이란다."

"그걸 어떻게 알아요?"

이때 마침 우리 밖에 서 있던 남자가 우리 안으로 땅콩을 던졌다.

"자, 잘 보렴."

땅콩이 엄마 원숭이 등 뒤로 떨어지자 엄마 원숭이는 얼른 몸을 돌려 입으로 땅콩을 집었다. 그리고 다시 허둥지둥 발로 땅콩 껍질을 까며 우스꽝스러운 모습을 연출했다. 결국 그 남자는 호주머니에 가득 들어 있던 땅콩을 전부 원숭이에게 던져주었다.

남자와 아이가 돌아가자 아기 원숭이가 엄마 원숭이에게 물었다.

"왜 사람들이 던져준 땅콩을 입으로 주웠어요?"

엄마 원숭이가 자랑스럽게 웃으며 말했다.

"만약 내가 발로 땅콩을 집었다면 사람들이 땅콩이 다 없어질 때까지 계속해서 던져주었겠니?"

아기 원숭이는 감탄하며 "와, 엄마는 정말 대단해요!"라고 말했다.

엄마 원숭이가 말했다.

"사람들은 자기가 세상에서 제일 똑똑한 줄 알지만 사실 우리한테 이용당하고 있거든. 하지만 사람들은 절대 이 사실을 알지 못하니, 정말 불쌍하지 뭐냐!"

자신이 똑똑하다고 생각하는 사람들은 자신이 남들을 이용하고 있다고 생각하지만 사실 그들 역시 다른 사람에게 이용당하고 있다.

중국 속담에 '도道가 한 자 높아지면 마魔는 열 길 높아진다'라는 말이 있다. 즉, 어느 정도 성공을 거두어도 반드시 그 성공을 압도하는 더 큰 힘이 있게 마련이니 절대 자신을 과대평가하지 말라는 의미이다.

우리 주변에는 다른 사람을 무능하고 쓸모없다고 생각하면서 자신의 작은 지혜를 뽐내고 상대방을 놀려 먹으려는 사람이 있다. 하지만 우리 모두가 교활한 방법으로 기회를 잡으려 하거나 가식적이고 간사한 사람을 경멸한다는 사실을 기억해야 한다. 그렇기 때문에 기어이 자신의 지혜를 뽐내는 사람에게는 정반대의 결과가 나타나게 마련이다.

또 하나의 이야기를 살펴보자.

도시 사람과 시골 사람이 함께 기차를 타고 가고 있었다. 도시 사람은 시골 사람을 얕잡아보며 그와 내기를 하면 분명히 자신이 이길 것이라고 생각했다.

도시 사람이 말했다.

"우리 심심한데 수수께끼 놀이나 합시다. 한 사람이 수수께끼를 내고 상대방이 답을 맞히는 것이지요. 만약 답을 맞히지 못하면 상대방에게 만 원을 주는 것으로 합시다. 어때요?"

시골 사람은 잠시 생각하더니 대답했다.

"그건 좀 곤란해요. 도시 사람은 우리 시골 사람보다 훨씬 똑똑하지 않습니까? 그렇게 하면 분명히 내가 손해를 볼 텐데. 그러지 말고 좀 봐주시오. 만약 당신이 맞추지 못하면 나한테 만 원을 주고, 내가 맞추지 못하면 당신에게 오천 원을 주는 것으로 합시다. 어떻소?"

도시 사람은 자신이 훨씬 똑똑하기 때문에 절대 지는 일은 없을 것이라고 생각하여 흔쾌히 동의했다.

시골 사람이 먼저 수수께끼를 냈다.

"하늘을 나는 것 중에 다리가 셋 달린 것이 무엇이오?"

도시 사람은 이리저리 생각해보았지만, 도무지 답이 떠오르지 않았다. 그는 어쩔 수 없이 시골 사람에게 만 원을 내주면서 물었다.

"하늘을 나는 것 중에 다리가 셋 달린 것이 도대체 무엇이오?"

그러자 시골 사람은 5천 원을 도시 사람에게 주면서 말했다.

"당신이 낸 수수께끼의 답은 나도 모르겠소. 오천 원 여기 있소."

또 다른 이야기가 있다.

밀림의 왕 사자가 병이 나서 동굴 속에 누워 있었다. 숲속 동물들이 모두 병문안을 다녀갔지만 사자의 병은 하루하루 깊어갔다.

어느 날 이리가 사자에게 말했다.

"사자님, 알고 계세요? 여우가 지금까지 병문안을 오지 않았습니다. 여우는 틀림없이 사자님이 병이 들자 사자님을 무시하는 것입니다. 사자님이 건강할 때는 여우가 얼마나 충성을 다했습니까?"

이때, 마침 여우가 사자를 찾아왔다가 이리가 하는 말을 들었다. 여우는 긴 적갈색 코를 사자 가까이 들이밀며 말했다.

"대왕님, 이리가 아무 것도 모르면서 한 말입니다. 저는 어느 누구보다 대왕님의 병세를 걱정하고 있었습니다. 이리가 대왕님 옆에서 잠시도 쉬지 않고 수다나 떨고 있는 동안 저는 백방으로 수소문하여 대왕님께 드릴 약을 구하느라 이렇게 완전히 지쳐버렸습니다."

"그래서 약을 찾았느냐?"

사자가 황급히 물었다.

"그렇습니다. 확실한 약을 찾았습니다. 저는 수소문 끝에 의술의 달인이라 불리는 한 유명한 의사를 찾아갔습니다. 그 의사가 말하길, 사자님은 방금 죽은 따끈한 이리 가죽 이불을 덮어야 한다고 했습니다. 이것만이 사자님의 병을 낫게 할 수 있는 유일한 방법입니다."

이리가 무슨 일이 일어나고 있는지 미처 깨달을 새도 없이 사자는 재빨리 달려들어 이리를 물어 죽인 뒤 따끈따끈한 이리 가죽을 얻었다.

여우는 '하하하' 웃음을 터뜨리며 중얼거렸다.

"이리 선생, 그러니 남을 험담하거나 이간질하지 말았어야지."

THE WISDOM OF LIFE

총명한 것은 좋지만 너무 지나치면 오히려 멍청한 것만 못하다. 바위를 옮기면서 제 발등을 찍는 것처럼 결국 자기가 파놓은 함정에 빠질 수 있기 때문이다.

내 편이 아니라도
적을 만들지 마라

에디션 1쇄 발행 2021년 9월 15일
에디션 8쇄 발행 2024년 8월 15일

지은이 | 스샤오옌
옮긴이 | 양성희
펴낸이 | 박찬근
펴낸곳 | 주식회사 다연
주 소 | (10550) 경기도 고양시 덕양구 삼원로 73 한일윈스타 1422호
전 화 | 031-811-6789
팩 스 | 0504-251-7259
메 일 | judayeonbook@naver.com

본 문 | 글꽃
표 지 | 강희연

ISBN 979-11-972921-7-0 (03320)